北京城的历史密码

王光镐 著

华夏出版社

图书在版编目（CIP）数据

北京城的历史密码／王光镐著．－－北京：华夏出版社有限公司，2025.8
ISBN 978-7-5222-0457-4

Ⅰ．①北… Ⅱ．①王… Ⅲ．①文物—考古—概况—北京 Ⅳ．①K872.1

中国国家版本馆CIP数据核字（2023）第012984号

北京城的历史密码

作　　者	王光镐
责任编辑	刘　伟
责任印制	周　然
装帧设计	赵萌萌

出版发行	华夏出版社有限公司
经　　销	新华书店
印　　装	三河市万龙印装有限公司
版　　次	2025年8月北京第1版 2025年8月北京第1次印刷
开　　本	710mm×1000mm　1/16
印　　张	24.75
字　　数	298千字
定　　价	88.00元

华夏出版社有限公司　地址：北京市东直门外香河园北里4号
　　　　　　　　　　邮编：100028　网址：www.hxph.com.cn
　　　　　　　　　　电话：（010）64663331（转）

若发现本版图书有印装质量问题，请与我社营销中心联系调换。

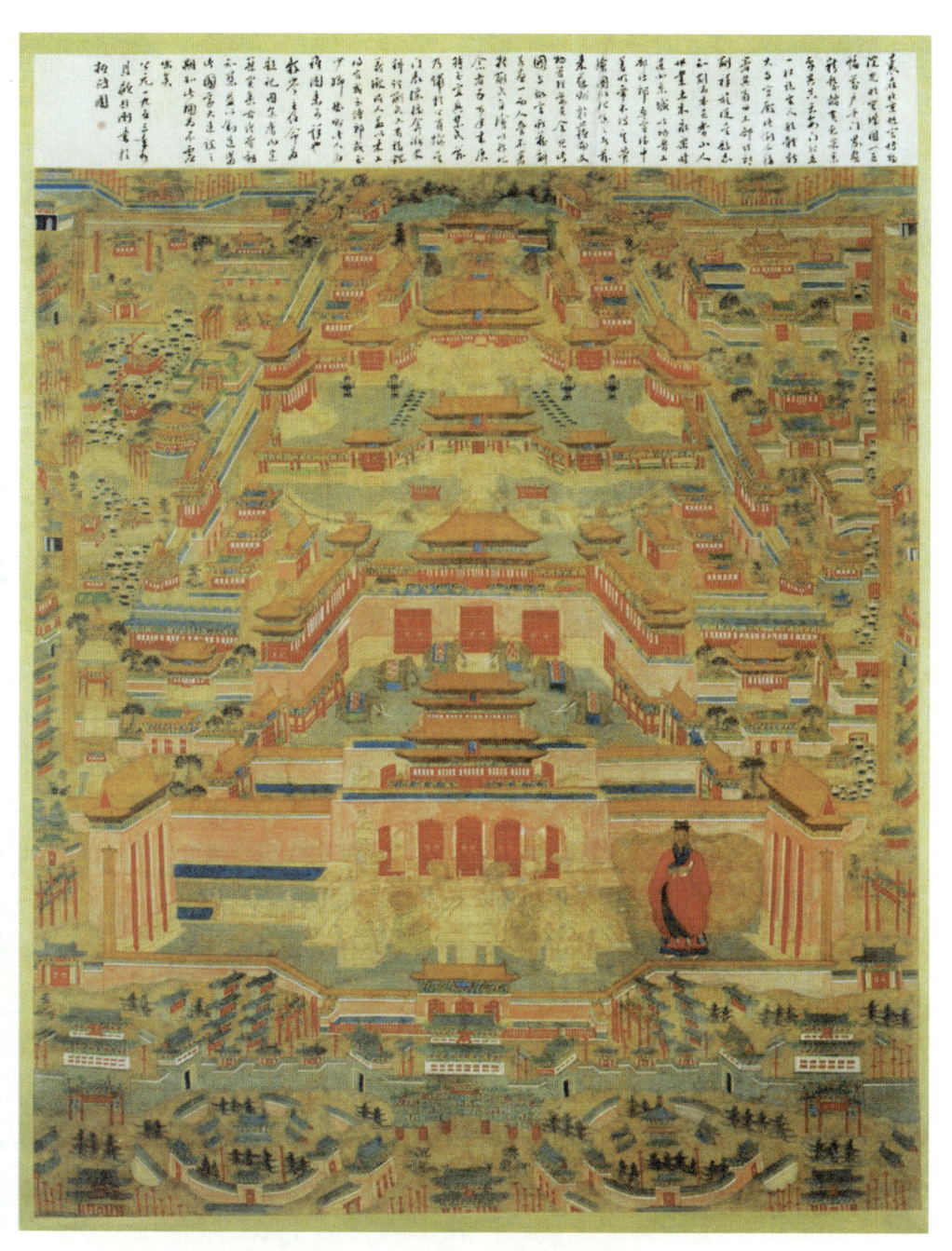

明·北京宫城图（南京博物院藏）

唐·石文官俑、石武官俑
（首都博物馆藏）
北京市房山区长沟镇坟庄村刘济墓出土

唐·中华第一铜坐龙
（首都博物馆藏）
北京市丰台区王佐镇史思明墓出土
这是目前国内所见最早的铜坐龙，整体造型为蹲坐姿态，前肢直立，后肢曲踞，尾部上卷至腰部，呈蓄力待发之势。中原唐及唐以前的龙多以游动、腾飞或行走姿态为主，与此大相径庭。

辽·马镫壶（首都博物馆藏）
北京多地出土

辽·金花银龙纹"万岁台"砚盒（内蒙古自治区文物考古研究院藏）
内蒙古自治区赤峰市阿鲁科尔沁旗耶律羽之墓出土

金·金丝凤冠、凤鸟纹玉饰件（首都博物馆藏）
北京市房山区金帝陵出土

金丝凤冠是金代皇后的专属舆服品，同时出土的还有两件绶带鸟玉饰。根据黑龙江省阿城市金齐国王夫妇墓出土的王妃头部所戴圆顶巾帽推测，这件金器或为帽撑。

金·石坐龙（首都博物馆藏）
北京市房山区金帝陵出土

元·石狮（首都博物馆藏）
北京多地出土

元·磁州窑白地黑花龙凤纹四系扁壶（首都博物馆藏）
北京元大都遗址出土
壶为唇口、直颈，扁方形，腹部扁平微鼓，平底，颈两侧各有双系。腹部绘有黑彩龙凤纹，衬以鳞片和羽毛纹饰，腹侧饰卷草纹。

明·嘉靖款景德镇窑青花红彩鱼藻纹盖罐（首都博物馆藏）

北京市西城区郝家湾出土罐盖及腹部满饰青花红彩莲塘鱼纹，十二尾红彩游鱼穿梭于鱼藻、莲花间，青花与红彩产生了强烈的视觉张力，清丽动人、生机一片。底书青花双圈"大明嘉靖年制"双行楷书款。

明·嘉靖款五彩龙纹盘
（首都博物馆藏）
北京市朝阳区北獐鹿房出土

明·隆庆款景德镇窑青花云龙纹盘
（首都博物馆藏）
北京市朝阳区大屯出土

清·京锈（首都博物馆藏）

北京多地出土

从左到右依次为京绣福寿瓜瓞绵绵钱袋、京绣云纹"明察秋毫"眼镜套、京绣月白缎四合团寿纹镜套

清·故宫九龙壁

位于紫禁城宁寿宫区皇极门外

九龙壁长29.4m，高3.5m，厚0.45m，是一座背倚宫墙而建的单面琉璃影壁，乾隆三十七年（1772年）改建宁寿宫时烧造。

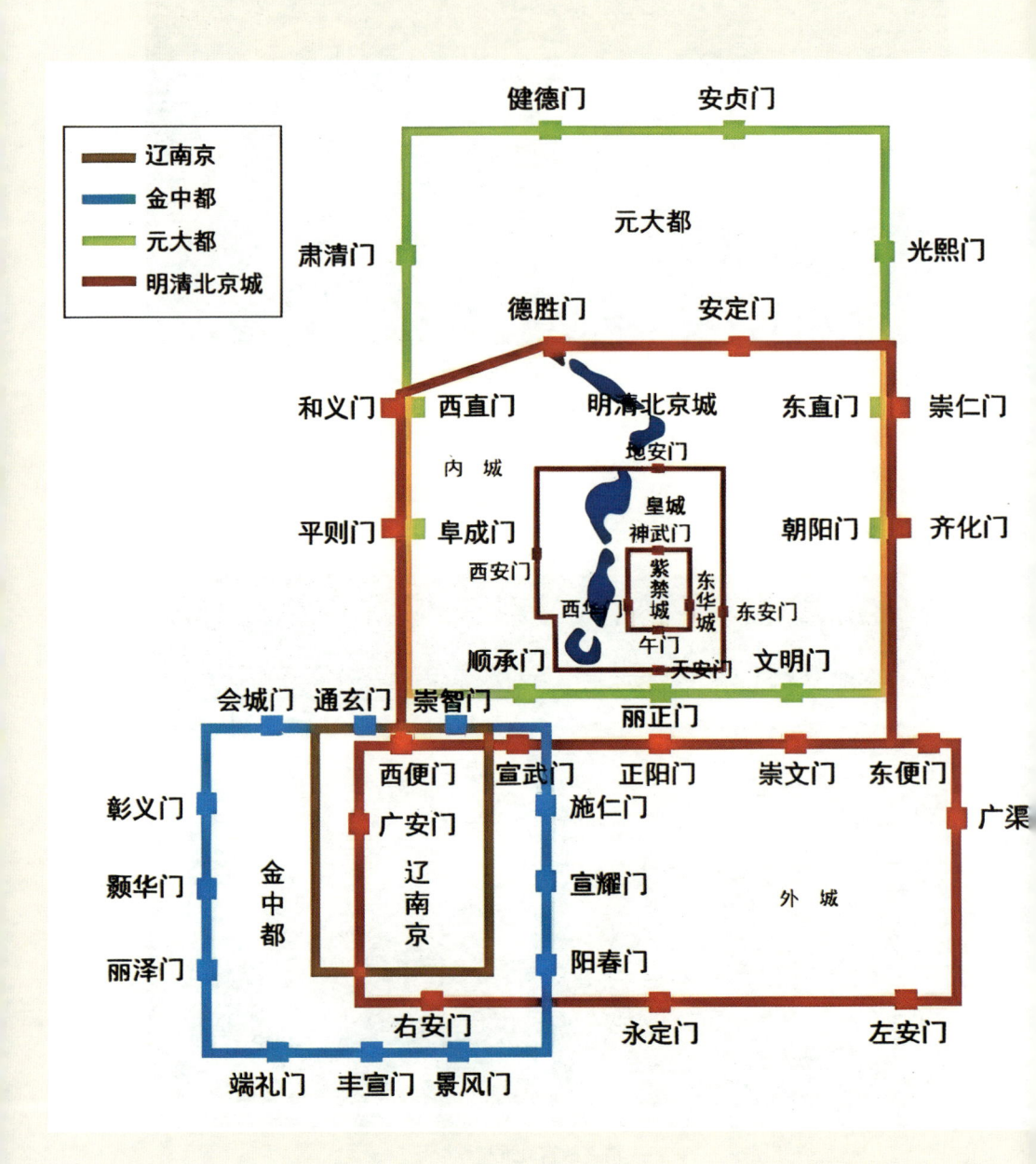

北京历代都城示意图

目录

第一章　导　论　/1

第二章　黄帝后人的蓟——北京城的起源　/11
　　寻根究底话源头　/14
　　"黄帝后人"与北京的"蓟"　/20
　　燕都与蓟邑　/26
　　蓟城考古拾零　/33
　　蓟国墓葬辩证　/42
　　结语　/51

第三章　召公奭的燕——燕地的首位霸主　/55
　　召公奭封燕　/60
　　独木擎天，廓清幽燕　/72
　　燕都代蓟　/82
　　千秋基业铸辉煌　/89
　　结语　/104

第四章　人文渊薮，亘古不息　/ 107
　　　历史长河　/ 107
　　　吊古寻幽见芳踪　/ 117
　　　文明的阶梯　/ 152
　　　结语　/ 157

第五章　多元世界的多彩景象　/ 159
　　　燕地文化的多元一体　/ 162
　　　汉文明奠定的多元一统　/ 176
　　　肇始于唐的一统多元　/ 189
　　　结语　/ 212

第六章　煌煌京都，巍巍紫禁　/ 217
　　　建都之始　/ 220
　　　葱茏玉峰定京华　/ 241
　　　紫禁城与世界五大宫　/ 259
　　　结语　/ 273

第七章　坛庙一炷香，所敬究是谁　/ 275
　　　民族传统信仰　/ 279
　　　皇家坛庙　/ 285
　　　沿革与发展　/ 323
　　　结语　/ 331

第八章　古都北京探秘　/333
　　　　北京城六大奥秘　/334
　　　　历史的桂冠　/353
　　　　天佑中华，永灿京城　/355
　　　　结语　/362

后　记　/365

参考文献　/373
北京城历史沿革简表　/381

第一章
导　论

北京，北京，这是一座怎样的城市？

——这是一座辉煌的城市。

早在元世祖忽必烈时期，来到元大都城的意大利人马可·波罗就对这座城市的大气磅礴盛赞不已。他在《马可·波罗行纪》一书中描述元大都的景象时说："全城的设计都用直线规划，大体上所有街道全是笔直走向，直达城根。一个人若登城站在城门上，朝正前方远望，便可看见对面城墙的城门。城内公共街道两侧，有各种各样的商店和货摊……整个城市按四方形布置，如同一块棋盘。"对这座大都市的繁荣昌盛，身临其境的马可·波罗更是感同身受，他说："凡世界上最为稀奇珍贵的东西，都能在这座城市找到，特别是印度的商品，如宝石、珍珠、药材和香料。"于是，他情不自禁地赞叹道：此城"美善之极，未可言宣"[1]。

又经过数百年的扩建与更新，当俄国公使尼·斯·米列斯库于康熙年间来到北京城时，更惊叹北京"皇城之瑰丽与雄伟，使欧洲所有皇宫都相形见绌"。他在觐见康熙帝时有幸目睹了紫禁城的高大巍峨和金碧辉煌，于是在《中国漫记》一书中记录下了别人无法

---

[1] [法]沙海昂注：《马可·波罗行纪》，冯承钧译，商务印书馆，2012年，第192页。

得到的感受："（皇宫）里有豪华的宫殿、宽阔的御花园、参天的树木、小溪、假山。……皇宫里有许多汉白玉石狮，做工精巧细致，还有许多亭台楼阁、精妙的小桥，以及其他工艺品，令人赏心悦目，赞叹不已。宫中所有的建筑均用黄色——皇帝的标志——琉璃瓦盖成。木制品都是镏金的，或髹以别的色彩，表面再涂一层中国漆。宫殿的建筑结构与欧洲不同：一般为砖墙，木制天花板支撑在高大的圆柱上，柱上有精巧的浮雕，并以镏金粉饰，大梁上有五彩缤纷的绘画。……总之，中华帝国一切稀世珍宝，皇城里无不应有尽有。另外，国外进贡的所有珍宝也都收藏在这里。所以，整个皇城犹如一座宝山，拥有的珍宝璀璨夺目，举世无双。"①

美国著名城市规划学家埃德蒙·培根早在上个世纪三十年代就亲身考察了北京城，当他登上景山公园的万春亭时，南边的故宫、西边的北海尽收眼底，使他获得了此生最为震撼的审美享受。他在《城市设计》一书中热情洋溢地赞美道："在地球表面上，人类最伟大的个体工程大概要算是北京城了！"

北京景山万春亭

---

① [罗马尼亚] 尼·斯·米列斯库：《中国漫记》，蒋本良、柳运凤译，中华书局，1989年，第70页。

欧洲城市规划学家罗斯穆森也对这座东方古都赞不绝口，他在传世之作《城市与建筑》的开篇第一章就啧啧称奇说："北京的整个城市，乃是世界一大奇观。它的布局和谐而明朗，是一个卓越的纪念物，一个伟大文明的顶峰。"[①]

对于自己民族的这个辉煌成就，中国建筑学泰斗梁思成更是无比自豪，他多次骄傲地指出：北京"为世界现存古时代都市之最伟大者"[②]，"北京对我们证明了我们的民族在适应自然，控制自然，改变自然的实践中有着多么光辉的成就。这样一个城市是一个举世无匹的杰作"[③]。

著名地理学家、中科院院士侯仁之先生终生探索北京的城市地理，他对这座千年古都"知之愈深，爱之弥坚"。他饱含深情地写道："我不是北京人，可是北京城从我青年时代起，就把我引进了一座宏伟瑰丽的殿堂。恍惚之间，多半个世纪已经在翻天覆地的日子里匆匆逝去，我还仍然徘徊在这座科学殿堂里，为它深厚的蕴藏和探索不尽的奥秘所吸引，终于使我对它产生了无限的爱。"[④]

这就是我们的北京，一座无与伦比的城市！这里有人类最绵长的军事防御工事——万里长城；有世界上跨度最大的运河——京杭大运河；有全球历史最悠久的宏伟宫殿群——紫禁城；有天下最宽阔的城市中心广场——天安门广场；有现存最古老的皇家御苑——北海；有举世最壮观的祭天建筑群——天坛；有史上埋葬帝后最多且保存最完整的大型皇陵区——十三陵……北京的历史文化不知蕴

[①] 侯仁之：《评西方学者论述北京城市规划建设四例》，《奋蹄集》，北京燕山出版社，1995 年，第 122~123 页。
[②] 梁思成：《中国建筑史》，百花文艺出版社，2005 年，第 374 页。
[③] 梁思成：《梁思成文集》（四），中国建筑工业出版社，1986 年，第 51 页。
[④] 侯仁之：《奋蹄集》，北京燕山出版社，1995 年，第 29 页。

藏了多少光前裕后的伟大成就，怎不叫人为之惊叹！

截至目前，北京市已有周口店北京猿人遗址、八达岭长城、京杭大运河北京段、明清皇家陵寝、明清故宫、天坛、颐和园、北京中轴线八处古迹载入了世界文化遗产名录，数量之多在全球的单体城市中可谓举世无匹。我们知道，联合国教科文组织评选的世界文化遗产有多种不同形式，其中既有把整座城市列入世界文化遗产的，如捷克的布拉格、意大利的威尼斯、西班牙的托莱多、英国的巴斯古城、中国的泉州古城等；也有把整座城的某片区域划入世界文化遗产的，如意大利罗马城的历史中心区，约占全城的40%，就被整体纳入了世界文化遗产。以上世界文化遗产的类型虽多，但总体而言，每座城中单列的世界文化遗产数量都难以达到8个。所以可以说，北京的世界文化遗产数目不仅高居全国各大城市之首，也位居世界历史文化名城之冠。此外，再加上北京市近140项国家级文物保护单位，以及近260项市级文物保护单位，北京历史文化遗产之多就更是举世罕见。

然而，在辉煌的背后，她还是一座充满奥秘的城市。

或许是太过辉煌之故吧，这座城市奥秘重重，至今仍给人们留下了许多未解之谜。甚至不妨说，在全球各大历史文化名城中，像北京这样，发展到今天仍存在如此之多历史悬案的，实在屈指可数。

很早以来，人们就对北京历史上的种种秘闻传说热议不止。例如，明北京城到底是不是由刘伯温创建的，他建造时是否模仿了八臂哪吒？玉渊潭的钓鱼台是否原为姜子牙兄妹钓鱼的地方，后来姜子牙为了镇住水下作妖的龙王才特意垒筑了此台？建造东直门时是否有一处凸起的楼檐，后来被神匠鲁班凌空一脚踢平？今天的高梁桥是不是原称"高亮桥"，是工匠高亮奉命追赶龙王龙母时不幸被水淹死的地方？……这一类传说在古都北京的历史长河中不计其数，至今仍为人们所津津乐道。

毋庸讳言，上面这些扑朔迷离的传说，今后还会被不断热议下去。可是，如果说北京历史上还有其他一些疑案，并且这些疑案桩桩都与北京历史文化发展的大势有关，是否更应该引起公众的关注呢？例如：

北京城究竟始建于何时，她的源头到底在哪里？

召公奭是不是在周武王时被封在房山琉璃河古燕都的，为什么位至三公的他竟会被封在偏远的燕地？

燕国是何时以今北京城为都城的，是不是人们通常所说的春秋中期？

姬周燕国究竟承担了怎样的历史使命，又是怎样为北京城带来划时代变迁的？

北京的都城史到底源出于何时，是不是一直要晚到金海陵王贞元元年（1153年）的迁都燕京？

北京历史文化从始至终贯穿的多元性征令人瞩目，但它在不同阶段是如何呈现出来的，给中华民族和中华文明的成长带来了哪些启迪？

今北京城的地理位置是怎么确定下来的，她的历史原点在哪里？

世界上的皇家宫殿比比皆是，北京故宫的独特性何在？

北京为什么会有如此之多的皇家坛庙，它们到底蕴含了什么意义？

……

此类谜团在古都北京的历史上同样不可胜数。相比前一类谜团而言，此类谜团似乎更容易被人们所忽略，甚至从不为人所提起。可是两相比较，两类谜团的孰轻孰重显然是不言而喻的。通观后一类谜团，它们不仅桩桩事关北京历史文化发展的大势，而且个个都隐藏在古都北京的深处，可以说是北京历史文化最深藏不露的密码。倘若不把这些密码破解开，古都北京的历史真相就很难全面展现出来。

本书的目的，就是以"城"的起源与发展为主线，综合运用地下考古、纸上文献、地面古建各类资料，全方位透视北京城的发展史，从而对上述北京城的历史密码逐一做出解析，藉以还原古都北京的历史原貌。

其实，破解上面这些密码的钥匙，早已蕴含在北京历史文化的几大基本属性中。

在《人类文明的圣殿：北京》（修订版）一书中，我们已从解读北京的历史文化入手，通过纵向、横向的条分缕析和比较研究，归纳梳理出了贯串其中的五大属性。[1] 它们是：

一、悠久性

人类起源、新石器时代革命、国家文明的肇兴，是迄今为止彻底改变了世界的三大创世纪发展。在这三大发展中，北京地区皆独树一帜，率先而行，表现出了无可争议的历史悠久性。北京的这三大步历史性跨越，对北半个中国的全面均衡发展乃至整个东亚文明

---

[1] 详见王光镐《人类文明的圣殿：北京》（修订版），华夏出版社，2023年。

的腾飞，都起到了举足轻重的作用，也使北京当之无愧地成了东方人类、东方文化、东方文明的一大发源地。

二、持续性

北京的历史、文化、文明不但起自远古，而且从一开始就持续不断地发展起来，从无大的间隔，更无跨时代的断裂。这从未间断的，不仅仅是它的历史与文化，还包括了它的城市文明，这尤其是人类城市发展史上罕见的奇迹。

三、递进性

自亘古以来，北京地区由部落而方国，由方国而诸侯国，由诸侯国而东北首府，由东北首府而辽金陪都，由辽金陪都而金中都，由北中国的中心而至大一统王朝中心，整个历史始终按逐次递进的轨道不断前行。循着这一步步由低到高的发展，北京的影响范围不断扩大，文明程度不断提高，城市规模不断增长，社会功能不断完善，各方面都呈梯度上升。

四、多元性

北京地区南承中原、西望长安、北临草原、东沐海风，地势险要，交通发达。地理结构的多元性和交通状况的自然天成，使北京地区自古就成了孕育、生成多元民族与多元文化的摇篮，也成了四方民族与各地文化交汇融合的中心。它因此而活力四射，成为地理上相对封闭的古代中国一个特有的开放系统。公元十世纪初以后，由于辽金的西进、蒙元的东渐、明朝的北上和满清的南下，更不断造就了北京地区的历史多元性、民族多元性和文化多元性，由此缔造出一个底蕴深厚的东方文明之都。

尤其令人瞩目的是，古都北京的多元性不仅表现在民族和文化上，还表现在宗教文化的色彩纷呈上。纵观人类历史，维护世俗文化的差异较易，包容不同宗教的文化甚难。特别是当统治者早已有自己根深蒂固的宗教信仰时，要接纳不同性质的宗教就更是难上加难。但遥看当年，佛教、道教、伊斯兰教、基督教的全国中心全部并存于古都北京，而且每一个都取得了长足的发展，由此创造了宗教史上一个罕见的奇迹。时至今日，北京城内保留的古寺院、道观、教堂、清真寺鳞次栉比，不仅直观再现了古都北京多元文化的共生共荣，更昭示了中华文明海纳百川的博大胸襟。[1]

五、一统性

从多元民族、多元文化相对独立又相互依存的多元一体，到多元民族、多元文化通过不同渠道相继融入汉民族和汉文明的多元一统，是中华文明的总体发展规律，也是北京历史文化的实际演进过程。史前时期及夏商时期燕山南北各部族的血脉相连，以及他们在经济、文化上的交相互动，体现了这些部族与生俱来的联系，恰是上古时期多元一体特征的反映。及至周天子封燕，幽燕大地纳入了华夏主流文化圈，中华文明从此在这里相沿不替，又在历史的多样性中彰显了它的一统性。

在历史学家看来，中华文明的一统性应该是由中华版图的完整与否决定的，似乎只有统一的王朝才能维系中华文明的一统。但事实上，对历来重视"心性教化"作用的中华民族来说，文化纽带的

---

[1] 详见拙作《人类文明的圣殿：北京》（修订版），华夏出版社，2023年，第552～594页。

联系丝毫不亚于地缘纽带的联系，甚至有过之无不及。而由此所决定，即使在天下分治时，文化与文明的因素仍在统摄一切，继续起着制约历史发展的导向作用。这就是说，对中国而言，不尽是大一统王朝维系了中华文明的一统，更重要的是中华文明的一统维系了国家的统一。

以上悠久、持续、递进、多元、一统发展的辉煌结晶，就是成长至今的古都北京。这些特征是人文北京最深刻的内涵，也是它最基本的属性。通过对这些属性的认真梳理，古都北京的任何历史密码都不难破解出来。

当破解了一个个历史密码后，当古都北京的历史真相越来越清晰地呈现出来后，蕴含在北京城更深处的一大悬念是——像她这样，起源如此之早且始终保持了持续、递进发展的城市；像她这样，奇迹般地将主流民族、主流文明和多元民族、多元文化融汇起来，实现了不同民族与文化共生共荣和谐发展的城市，在世界上到底有几座呢？或者说，像她这样的城市，在人类文明史上究竟处于何种地位呢？这无疑是更值得探究的。毫无疑问，在这些问题里，一定隐藏着更多不为人所知的奥秘，而只有把这些奥秘一一揭示出来，古都北京的整体形象才会更加清晰地展现出来，她的独特性也才会真正彰显出来。

谜一样的北京，谜一样的古都，古往今来不知令多少人为之倾倒。下面就让我们跟随一个老考古人的脚步，穿越历史的隧道，去探寻古都北京深藏不露的奥秘。

第二章
黄帝后人的蓟——北京城的起源

作为一个老考古人,无论走南闯北地来到哪一座城市,耳畔最常响起的话,就是东道主往往十分自豪地向你介绍他的城市发展史,说这座城市是什么时候起源的,到现在已经有了多少年历史。而作为一个北京人,作为一个世界历史文化名城的居民,可曾静下心来认真想过,我们这座城市究竟是什么时候起源的,到现在已经年满多少岁了呢?

综观全球,世界上的各大历史文化名城基本上都有自己的"生日谱",而且都是它们隆重的节日。下面不妨试举几例,看看这些城市的生日都是怎么来的。

● 最神奇之例——罗马古城

很多人可能不知道,大名鼎鼎的罗马城的来源竟然和一只母狼有关,以至如今的罗马城城徽仍是一尊母狼的雕像。

相传在远古时代的意大利半岛,一个国王被其胞弟谋弑篡位,老国王的一儿一女均被杀害,其女儿刚生出的一对孪生婴儿也被抛入台伯河中。不料这对孪生子命不该绝,装载他们的箩筐冲到荒凉的河滩后被岸边的一棵无花果树挂住。婴儿的哭声引来了一只正在河边饮水的母狼,这只母狼非但没有伤害他们,反而用自己的奶水

罗马城母狼雕像

哺育了嗷嗷待哺的双胞胎，并将他们交给一对牧人夫妇抚养。这对喝过狼奶的孪生子长大后，先为亲人报了仇，然后哥哥罗慕路斯便在母狼哺乳他们的地方建立了城市，并以自己的名字命名，这就是罗马。

虽然源于一个神话，但这并不妨碍浪漫的意大利人为罗马城推定出一个生日，并且早在纪元前就推算出来。最神的是，这个推算出来的生日不但有年份，还有具体的月和日，据说是在公元前的753年4月21日，罗慕路斯创建了这座城市。于是每到这一天，罗马人都会为这座城市"庆生"，举行各种各样的狂欢和复古游行，年复一年，乐此不疲。

- 最隆重之例——莫斯科城

莫斯科最早源起于一个小居民点，始建于1147年，至今已满877岁[1]。在具体日期无从稽考的情况下，莫斯科市政府决定把每年9月的第一个双休日定为自己的城市日。近些年来，在每年的城市日，莫斯科城都会举办上千场丰富多彩的庆祝活动，包括艺术节、音乐会、游园会、体育比赛、书市、烟火秀等。2015年9月4日，莫斯科举行了"建城868周年"庆祝活动，中国人民解放军三军仪

---

[1] 本书所引年代皆截止到2024年，下同，不另注。

仗队应邀出席了红场上的庆典。这是三军仪仗队的女兵首次亮相海外，瞬间惊艳了世界。

每逢"城市日"，数百万莫斯科市民倾巢而出，参与到各种庆祝活动中，整座城市顷刻变成了欢乐的海洋。庆典的中心活动皆由国家领导人或莫斯科市长亲自主持，并向市民发表热情洋溢的讲话。总之，无论参与人数之多、活动范围之广、典礼规格之高，莫斯科的城市日都堪称世界上最隆重的城建日。

● 最正式之例——圣彼得堡市

1703年5月27日，沙皇彼得一世下令在涅瓦河口的兔子岛上建立一座要塞，由此搭起了几座木头房子，取名"彼得保罗要塞"，这便是圣彼得堡市的由来。于是每年的5月27日，圣彼得堡市都要举行隆重的建城庆典。庆祝的规格也很高，不仅要举办各种纪念活动，还要邀请很多外国政要参加。2003年5月27日，圣彼得堡建城300周年，俄罗斯工艺大师专门制作了一个纪念彩蛋，

圣彼得堡建城300周年纪念彩蛋

上面镶嵌了1100多颗钻石和象征皇室权威的黄金制品，彩蛋里还藏了一个标识俄国疆域的地球仪，以此作为永久纪念。

2020年5月，适逢新冠疫情在欧洲四处蔓延，各大城市都采取了管控措施，但到了5月27日这一天，圣彼得堡市仍不忘庆祝它的317岁生日。往年备受欢迎的户外游行不得不停止了，当晚的

庆祝焰火也取消了，但该市仍然举办了140多场纪念活动，并通过网络和电视台向全球直播。由此可见，圣彼得堡的城建日是世界上最郑重的城建日，任何灾难都无法阻止它。

大千世界，同上之例尚多，不一而足。例如德国的莱比锡、意大利的佛罗伦萨、古巴的哈瓦那、哥伦比亚的波哥大、印尼的雅加达等等，无不有自己隆重的城建日。当然，世界上也有许多不知道"生日"而只知道"生年"的城市，但这也并不妨碍它们每逢五周年和十周年时大大庆祝一番。

——那么，我们的北京呢？

北京无疑也是举世瞩目的历史文化名城，当然也有她诞生的日子。可是，她究竟诞生于何时？又到底是怎样诞生的？这些问题恐怕没有几个人真正知道。作为一个北京人，作为一个享誉世界的历史文化名城的居民，这方面的常识还是应该有一些的，下面就让我们来讨论一下这件事情，看能不能给你一个较为明确的答案。

著名地理学家侯仁之

寻根究底话源头

最早提出"应尽早考虑北京建城之始，始于何年"的，是著名地理学家、中科院院士侯仁之教授。早在1987年5月4日，他就致信当时的北京市领导，建议把北京城市起源的研究提上重要议事日程。①侯老这封信当时引起了一定的反响，拉开了探索北京城历史源头的序幕。但37年过去了，这个问题并未真正解决。其中的一个重要原因是，在整个大北京行政区划内，存在着多条城市文明起源的线索。

揭开历史的面纱，拂去时代的风尘，可以发现北京地区城市文明的起源存在着如下几种可能：

一是黄帝创建的"涿鹿之邑"。

《史记·五帝本纪》载："（黄帝）邑于涿鹿之阿。"《史记正义》引《括地志》云："涿鹿故城……本黄帝所都也。"这是有关黄帝筑城的记载，说明黄帝曾经筑城于涿鹿平川上，而此涿鹿就是今涿鹿。

在今河北省涿鹿县矾山镇西，确实有一座"黄帝城"。此城呈不规则方形，东西宽450～500米，南北长510～540米。该城的东城墙南段已经浸没在轩辕湖中，其他三面则城垣犹在，残高3米以上，皆用夯土筑成。过去城址地面上曾散落着不少陶片，有陶鼎足、陶鬲足和口沿残片等，还有人采集到完整的石杵、石斧、石

黄帝城地面陶片鉴定

---

① 侯仁之：《关于京东考古和北京建城的年代问题——致北京市领导的一封信》，《北京史研究通讯》1987年9月8日第2期。

凿、石纺轮、石簇、石刀等石器。① 其中有相当部分遗物的年代在距今五千年上下，恰与黄帝的年代相符。

在历史上，涿鹿是燕国治下或幽州治下的一部分，属于今北京的辖区。更有甚者，今北京城还曾一度与涿鹿同属一郡，今北京延庆甚至和黄帝的"涿鹿之邑"同属一县。② 因此，不妨把黄帝的"涿鹿之邑"看作北京建城史的开始。

二是黄帝集团在今北京市创建了城邑。

于史可稽，黄帝集团在距今五千年前后进入了北京小平原，点燃了这里的文明之光。③ 于是另一种可能性也是存在的，即那时中华文明的始祖黄帝已经在今北京一带创建了初级城邑。

三是五帝时代的"幽都"。

《尚书·尧典》云："（帝尧）申命和叔，宅朔方，曰幽都。"以上所言"幽都"，是中国历史上最早称"都"的地方，其地就在幽燕地区。唐朝时今北京城宛平一带仍称"幽都"，辽代初年还将今北京城整体称为"幽都府"④，凡此都证明了古幽都即今北京。《释名》云："都者，国君所居，人所都会也。"据此便有学者指出："'幽州'指北方的一个地区，而'都'显然是一种人们聚集的场所，也许是城邑。"⑤ 于是这也提供了北京地区城市起源的一种可能，即其可以早到《尚书·尧典》所说的帝尧之时。

---

① 王北辰：《黄帝史迹涿鹿、阪泉、釜山考》，《北京大学学报》1994年第1期。
② 王光镐：《人类文明的圣殿：北京》（修订版），华夏出版社，2023年，第87~88页。
③ 同上注第88~92页。
④《辽史·地理志·南京道》。
⑤ 侯仁之主编、唐晓峰副主编：《北京城市历史地理》，北京燕山出版社，2000年，第15页。

四是黄帝后人的蓟。

商末周初之际,发生了一件与黄帝有关的事,此即周武王的"命封黄帝之后",其地就在蓟。根据《水经注》等文献的记载及侯仁之先生的考证,这个蓟城恰位于今北京西城区。

五是西周的燕都。

西周初期的北京地区迎来了一个新的封国,这就是召公奭的燕。经过长达数十年的考古发掘,已知这个古燕都就在今北京房山区琉璃河镇董家林村一带。

以上五说的年代各不相同,早的约当黄帝时代,距今五千年左右;晚的到了西周时期,距今三千余年,上下相差了不下两千年。

索诸史实,第一说的黄帝建都涿鹿持之有故,言之成理,是可以成立的,唯待考古工作做进一步的发掘与探索。第二说的可能性也是不能排除的,但尚未取得必要的实证,目前只能聊备一说。第三说也只能存疑,因为"幽都"虽然是华夏历史上最早称都之处,但其"都"的本义并非指"都邑"。《左传·庄公二十八年》云:"凡邑,有宗庙先君之主曰都,无曰邑。"许慎《说文解字》云:"都,有先君之旧宗庙曰都。"综合上述,可知"都"的本义是指祖先宗庙的所在。在华夏先民看来,祖先宗庙的所在即本族宗神的所在,而本族宗神的所在即部族的中心,由此才使"都"字在后来衍生出一国之都的含义来。《楚辞·招魂》云:"魂兮归来,君无下此幽都些。"这里便以"幽都"为人死后魂魄的归依之所。所以,北京的古称"幽都",并不足以证明当时这里已有城邑。

略去上述种种无法确知或无法确信的线索,我们看到,在北京城市文明的起源上,目前最为确凿的证据有两个:一个是周武王封的黄帝后人的蓟,一个是西周初年周王室封的召公奭的燕。

公元前 11 世纪中叶，周武王灭商，建立了周王朝。周有天下后，采取的首要举措就是"封建亲戚，以藩屏周"[1]，全面推行了诸侯分封制。从性质上说，周初的分封可以区分为两种截然不同的情况：

一种是对周天子兄弟、宗亲、姻亲、功臣的分封，此即《左传·昭公二十八年》所说的"昔武王克商，光有天下，其兄弟之国者十有五人，姬姓之国者四十人"。此类分封的特点要之有三：

一是受封者大多是周天子的兄弟或宗亲、姻亲，由此编织出一个以血缘为纽带的庞大政治体系。

二是受封者皆"受民受疆土"[2]，诸侯得到的是一块实实在在的被征服土地和土地上的臣民。

三是其封国皆为全新的政体，与此前的邦国大不相干。

在上述诸侯国中，最具权威性和代表性的几大封国即姜太公的齐、周公旦的鲁、召公奭的燕[3]，而其中与幽燕地区有关的，便是召公奭的燕。

另一类分封则是周武王对先圣王后裔的"褒封"，此即《史记·周本纪》所说的"武王追思先圣王，乃褒封神农之后于焦，黄帝之后于祝……"

何为"褒封"？《公羊传·隐公元年》何休注云："有土嘉之曰褒，无土建国曰封。"此言说明，褒封的先圣王后裔与"无土建国"的齐、鲁、燕等截然不同，区别就在于这些接受褒封的先圣王后裔

---

[1]《左传·僖公二十四年》。
[2]《大盂鼎》铭文，见刘桓《大盂鼎铭文释读及其他》，《北方论丛》2005年第4期。
[3]《史记·周本纪》："封尚父于营丘，曰齐；封（武王）弟周公旦于曲阜，曰鲁；封召公奭于燕；封（武王）弟叔鲜于管，弟叔度于蔡。"

大多是传承已久的邦国，受封者实际上有土有国也有民，周天子只是给他们新加了一个封号而已。虽然只是名誉上的嘉封，但对周室而言，这意味着承认了受封者的合法地位，并由此承担起保护和扶持他们的责任。而对受封者来说，这表明从此成了宗主国的藩属，要听从周天子的号令，服事贡纳于周。

上述封国主要包括了黄帝后人的蓟、帝尧后人的祝、帝舜后人的陈、夏禹后人的杞、殷商后人的宋等[1]，而其中与幽燕地区有关的，就是黄帝后人的蓟。

当侯仁之先生提出要尽早解决"北京建城之始"的问题后，通过各种形式的讨论，当时学者们认为周武王灭商后在北京分封了姬周燕国，这个燕国建都于房山琉璃河古城，这便是北京建城之始。根据文献记载并结合天象、历法的推算，武王伐纣灭商是在公元前1045年左右[2]，于是到了1995年，北京市隆重举行了纪念北京建城3040周年的大型活动，正式确认了公元前1045年是北京建城之始。辗转至今，此说已成不易之论，以房山琉璃河古燕都为源头的北京建城活动也一再举办下来。2015年首都博物馆隆重推出了一场以纪念北京建城3060周年为主题的展览，展览名称是"鼎天鬲地——北京从这里开始"，展示的就是房山琉璃河古燕都遗址。这就再清楚不过地向世人昭示，北京城源起于琉璃河古燕都。

但考诸史实，事情并没有这么简单。而问题的关键，就在周武王"命封黄帝之后"的蓟上。

---

[1]《礼记·乐记》。
[2] 见赵光贤《武王克商与周初年代的再探讨》，《人文杂志》1987年第2期。还有一说认为周武王伐纣是在公元前1046年，相差一年。

"黄帝后人"与北京的"蓟"

关于周武王的"命封黄帝之后",代表性的说法见载于《礼记·乐记》:"武王克殷反商,未及下车,而封黄帝之后于蓟,封帝尧之后于祝,封帝舜之后于陈。下车而封夏后氏之后于杞,投殷之后于宋。"《乐记》在这里记述的,是周武王取得天下后采取的种种大政方针,其中除了褒封先圣王后裔外,还列举了武王犒赏三军、弃武修文、振兴礼乐、奖励耕藉等施政措施。从这些记载可以看出,褒封先圣王后裔是武王夺取政权后采取的首要举措,而文中特别强调,根据分封的先后次序,褒封的先圣王后裔又可区分为两种情况:一种是周武王伐纣灭商后未及走下战车就立即予以嘉封的,包括黄帝、尧、舜的后裔;再一种是武王走下战车后再从容加封的,包括夏、商两朝的后人。通过对此事的条分缕析,可以给我们带来诸多启示,主要是:

其一,武王之所以把追封先圣王后裔当作头等大事,无非意在表明,姬周是历史上正统王朝的承嗣者,周的立国是上承天祚。以此推之,周武王褒封的先圣王,便是商周之际人们心目中王道霸业的突出代表。也就是说,迄至周朝,在国家文明缔造史上最具突出地位的,莫过于黄帝、尧、舜、禹、汤。

其二,按武王下车前后区分的两类受封者,缓急之中体现的自然是高下之分。"未及下车"就立即褒封的黄帝、尧、舜位高一等,而在这一等中又以黄帝为首,这就突出了黄帝的至隆至尊地位。由此说明,早在商末周初之际,黄帝已是人们公认的帝王之祖。

其三,对这两大类加以区分的更深层涵义在于,它揭示了中国早期文明的两大发展阶段。第一个是初始阶段,也就是源起阶段,包括了从黄帝以迄尧、舜的整个五帝时代。当此之时，中国古代的国家文明初现雏形，各方面都还带有相当浓厚的原始社会孑遗，国家机器的运作在相当程度上还要靠儒家所说的原始社会的"大道"来维持。① 第二阶段是夏商时期，此时中国式的早期文明已经取得了长足发展，进入了早期国家文明的成熟期。

其四，武王封黄帝后人的事实还告诉我们，黄帝的史迹，黄帝的地位和作用，在西周以前便广为天下人所知，而且声名赫赫，这才使武王褒封黄帝后人有了如此刻不容缓的意义。在过去一个世纪中，"古史辨派"及不少史家认为，黄帝史迹是汉以后人凭空想象出来的，完全不足为据。可是，姑不论黄帝自身的种种史迹早已撰著于上古典籍，姑不论先秦青铜器陈侯因齐敦上早已明白无误地镌刻了黄帝的大名②，单就商末周初武王褒封黄帝后人的事实而言，这种说法不是已经不攻自破了吗？

在明确了武王封蓟的历史意义后，随之而来的问题是，被封的这个"蓟"究竟何在呢？答曰：就在今北京城区。

《史记·周本纪》南朝宋人裴骃《集解》注云："《地理志》（按即《汉书·地理志》）燕国有蓟县。"这里明言武王所封的蓟邑就在汉代广阳国的蓟县，此即今之北京。数百年后，北魏郦道元《水经注·湿水》云："水又东北迳蓟县故城南……昔周武王封尧后于蓟，今城内西北隅有蓟丘，因丘以名邑也。"③ 这里又将武王所封的蓟与汉魏蓟县的某个地标（蓟丘）对应起来，定位更加准确。在此基础

---

① 《礼记·礼运》。
② 丁山：《由陈侯因齐敦铭黄帝论五帝》，《历史语言研究所集刊》第3本第4分册，1934年。
③ 本书所引《水经注》，皆出自国学大师王国维亲自校订之《水经注校》，上海人民出版社，1984年，第447页。

上，著名地理学家侯仁之教授通过反复考证和实地踏勘，最终确定汉代广阳国蓟县就在今北京城内，具体方位即"今北京外城之西北部，现在白云观所在，差不多正处于蓟城的西北隅附近"[1]。白云观既然位处古蓟城的西北隅，那么以此为原点，古蓟城自当向白云观的东南方向寻之。综合各类资料可知，蓟的中心位置大致在今宣武门、和平门一线以南及广安门一带，相当于今西城区的南半部。[2]

对于古蓟邑的位置，历来的治史者鲜有异词，但对武王褒封的对象，从古至今却存在两种不同说法：一说认为受封的是黄帝之后，一说认为受封的是帝尧之后。

《史记·周本纪》云："武王追思先圣王，乃褒封……帝尧之后于蓟。"此文便以封于蓟的是帝尧之后。郦道元的《水经注》亦以封于蓟的是帝尧之后，引文已见前。两相比较，以武王封帝尧之后于蓟的说法影响较大，时下通行的权威工具书如《辞海》《辞源》《中国古今地名大辞典》等莫不以此为说。影响所致，今之学人每言及此也都不假思索地认定武王"封帝尧的后裔于蓟"[3]。五帝时代的颛顼、帝喾、唐尧、虞舜皆为黄帝后裔，对此史有明证[4]，于是从宽泛的血缘关系上说，帝尧之后亦可称为黄帝之后。但中国古代的宗法制度十分严格，所称的某某之后必指一脉嫡传的直系后人，因此黄帝之后和帝尧之后仍是两个不同的概念。

那么，封在蓟邑的到底是帝尧之后还是黄帝之后呢？综合各方

---

[1] 侯仁之：《关于古代北京的几个问题》，《文物》1959年第9期。
[2] 于德源：《北京古代城址变迁》，《京华旧事存真》（第二辑），北京古籍出版社，1992年。
[3] 鲁琪、葛英会：《北京市出土文物展览巡礼》，《文物》1987年第4期。
[4] 详拙作《人类文明的圣殿：北京》（修订版），华夏出版社，2023年，第68页。

面的情况看，必当以后者为是，理由如次：

一、虽然《史记·周本纪》称武王褒封"帝尧之后于蓟"，但在同一书中，《史记·乐书》引孔子之言谓："武王克殷反商，未及下车，而封黄帝之后于蓟"，又以封于蓟的是黄帝之后。以上《史记》两说，后说语出孔子，材料的来源更早，出处也更为可靠，显然应以后说为是。

二、在先秦两汉文献中，明言封黄帝之后于蓟的不乏其例，如《礼记·乐记》《韩诗外传》《史记·乐书》《说文解字》等皆如是。其中《韩诗外传·三》云："《诗》曰：'（武王）既反商，未及下车，封黄帝之后于蓟，封帝尧之后于祝，封帝舜之后于陈。'"此文便以封于蓟的是黄帝之后，并且申明此语出自《诗经》，来源甚古。但与上述情况判然有别的是，先秦两汉典籍中明言封帝尧之后于蓟的只有《史记·周本纪》一个孤例。可见若就最古老的原始文献言之，无疑以封黄帝之后于蓟者为著。

三、综合文献记载、考古发现及地上遗迹等资料可知，黄帝集团的大多数重要活动皆发生在与蓟地紧相比邻的涿鹿和北京西北一带[①]，于是以封黄帝后人于蓟才更符合历史的逻辑。

四、见于史学大师王国维亲自校订的郦道元《水经注》，其《湿水》云："黄帝与蚩尤战于涿鹿之野，留其民于涿鹿之河，即于是处也。"[②] 这就是说，当黄帝集团离开涿鹿后，仍在涿鹿及北京西北一带留下了部分黄帝族裔。前面在谈到武王封黄帝之后时，我们曾一再强调这是"褒封"。所谓"褒封"，就是受封之前蓟国早已存

[①] 详拙作《人类文明的圣殿：北京》，华夏出版社，2023年，第72～76页。
[②]（北魏）郦道元著、王国维校：《水经注校》，上海人民出版社，1984年，第443页。

在。事既如此，那就说明蓟地一带确实早有黄帝的后人，而这应该就是《水经注》所载黄帝"留其民于涿鹿之河"的黄帝族裔，于是受封于蓟的也就只能是黄帝后人了。

总之，溯其源而循其流，周武王封黄帝后人于蓟实属不易之论，世所盛称的武王封帝尧之后于蓟的说法可以休矣。

在论证了蓟的地望在北京，其受封者必为黄帝后人后，随之而来的又一个问题是，这个蓟国究竟始建于何时呢？

关于蓟的始建国年代，最早似可追溯到黄帝之时或稍后不久。一个重要的依据即前引《水经注·湿水》的"黄帝……留其民于涿鹿之河"。根据此文的记载，黄帝集团曾于涿鹿一带留下了部分族裔，而这应该就是古蓟国的由来，于是其年代便可早到黄帝之时。至于蓟人始建国年代的下限，则再晚也晚不过殷商时期，其理由是：

一、武王"封黄帝之后于蓟"既然属于"褒封"，可见商末周初武王封蓟之前蓟国早已存在。

二、殷商甲文、金文中有以"丌"为国族称谓者，学者指出"'丌'就是'其'字，也就是后来的'蓟'字"[1]。这就是说，甲文、金文材料已经证实了殷商蓟国的存在。

三、殷墟卜辞一期有"亚其"之谓，而卜辞一期的年代约当商王盘庚至商王武丁之时。武丁配偶妇好墓出土的也有"亚其"铭文，这也是有关其国的一个原始材料，其年代亦属商王武丁时期。

四、《殷墟书契前编》收录的帝乙、帝辛时期甲骨卜辞有"其侯"之称，辽宁喀左发现的商代晚期铜器铭文有"其侯"之谓[2]，凡

---

[1] 鲁琪、葛英会：《北京市出土文物展览巡礼》，《文物》1987年第4期。

[2] 韩嘉谷：《论北京地区为"其"国（族）故地》，《北京文博》1995年第1期。

此皆表明蓟国位列侯爵，地位显赫，是殷商强族。

五、综合各类资料可知，殷商"其"国就在今北京地区[①]，而这个"其"只能是蓟。

综合上述五项，可知创建蓟邑的年代再晚也晚不过殷商时期，甚至晚不过殷墟卜辞一期所在的盘庚至武丁时期。

商王朝从商汤建国至商纣亡国共历五六百年，此时期可分为前后两大阶段：第一阶段共有十八王，总计二三百年，曾先后建都于亳、隞（嚣）、相、邢[②]；第二阶段共有十二王，始于商王盘庚迁殷（今河南安阳），此后再未迁都，因此迁殷之后的商朝又称殷朝、殷商或商殷，总之都离不开一个"殷"字。据《竹书纪年》等文献的记载，盘庚迁殷的年代约在公元前1300年，这就是商朝两大阶段的分水岭。

由此可知，殷墟卜辞一期所在的年代，起于商王盘庚迁殷的公元前1300年左右，止于商王武丁所在的公元前1250～前1192年左右[③]，前后经历了约百年。蓟的甲骨文材料既然见载于这个时期，蓟的始建国年代也就只能早于或等于此时，而绝不可能晚于此时。于是，保守地说，蓟人始建国的下限年代再晚也晚不过殷墟卜辞一期截止的武丁时期，即晚不过公元前1200年，迄今已有3200余载。

[①] 韩嘉谷：《论北京地区为"其"国（族）故地》，《北京文博》1995年第1期。
[②] 《史记·殷本纪》。
[③] 参考方诗铭编著《中国历史纪年表》（修订本），上海人民出版社，2007年，第153页。

燕都与蓟邑

前文已述,在北京城市文明的起源上,目前最为确凿的证据有二:一个是位在今北京西城区的黄帝后人的蓟邑,一个是位在房山琉璃河的召公奭的古燕都。那么,这二者当以何者为是呢?或者说,它们究竟谁才是最无可置疑的北京城市源头呢?

这里首先需要判明的是,蓟和燕的建国时间并不相同,而且差距明显。

见诸史乘,每当述及黄帝后人的蓟和召公奭的燕时,古人都言之凿凿地说"武王克殷反商,未及下车,而封黄帝之后于蓟"[1],或"周武王之灭纣,封召公于北燕"[2],即一概将其归之于周武王。因此,学者每论及此,也都不假思索地认定燕、蓟两国必始建于武王之时。殊不知,虽然蓟国受封于武王,但这却是性质截然不同的"褒封",即它早在受封之前便已存在。召公奭的燕国则不然,有种种迹象表明,其建国不仅早不到武王以前,甚至早不到武王之时。

自从1973年起,考古工作者就对琉璃河古燕都进行了连续不断的发掘,由此揭开了召公燕国之谜。在考古收获的大量资料中,恰恰有几条不容忽视的"铁证",证明了召公奭的受封年代无论如何早不到周武王之时:

一是琉璃河1193号大墓的墓主被认定是燕国的第一代诸侯,而根据铜器铭文的记载及器物类型学的分析,可知其受封的时间早

---

[1]《礼记·乐记》。
[2]《史记·燕召公世家》。

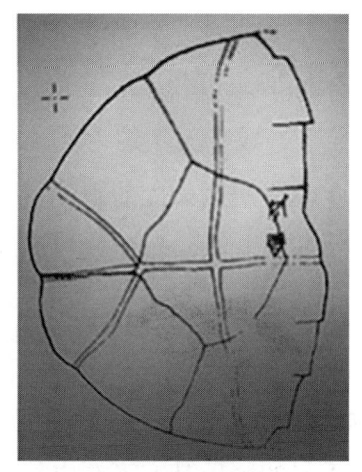

琉璃河遗址所出"成周"卜甲（首都博物馆藏）

不到武王之时，只能晚到成王之世。①

二是1996年在清理琉璃河古城一处层位最深、年代最早的灰坑时，发现了刻有"成周"两字的甲骨文。②按照考古学的基本原理，这证明琉璃河古燕都再早也早不到"成周"问世之前。今按：成周是周王朝的东都，始建于周成王五年。这就是说，周武王时这个"成周"根本不存在，于是出土了"成周"卜甲的琉璃河古燕都也就绝对早不到武王之时。

三是无独有偶，在琉璃河墓葬的出土物中也发现了"成周"铭文，例如琉璃河1193号墓就出土了铸有"成周"铭文的戈兵。事如墓葬发掘者所言，这也说明"其时代上限不得早于成王营建成周之前"③。

---

① 北京市文物研究所：《北京琉璃河1193号大墓发掘简报》，《考古》1990年第1期；陈平：《再论克罍、克盉铭文及其有关问题》，《考古与文物》1995年第1期。

② 琉璃河考古队：《琉璃河遗址1996年度发掘简报》，《文物》1997年第6期。

③ 中国社科院考古所：《北京琉璃河出土西周有铭铜器座谈纪要》，《考古》1989年第10期。

上述证据表明，琉璃河古燕都只能始建于周武王之后，甚至要晚到周成王五年之后。据推算，周成王在位于公元前1042～前1021年[1]，成王五年约为公元前1037年。这就是说，琉璃河燕都的上限年代早不过公元前1037年。

然而，文献每每说到召公奭的燕，都言之凿凿地说是武王分封的，这又该如何解释呢？对于这个疑惑，古人其实早有明判。《左传·僖公二十四年》疏云："封建兄弟，归功于武王耳，亦非武王之时已建五十五国，其后不复封人矣。"此文说得明明白白，武王之后受封的诸侯其实不在少数，但因周之分封皆源于武王的伐纣灭商，应当"归功于武王"，于是就把这种分封一概归之于武王了。《史记·汉兴以来诸侯王年表》云："武王、成、康所封数百，而同姓五十五。"此文便明确指出，周之封国不仅来自武王，而且来自武王之后的成王和康王。

《太平寰宇记》卷六十七透露了一个信息，说是"周公封召公"，即以召公的燕是由周公分封的。一个公爵怎么会去分封另一个公爵呢？这个说法看似荒诞不经。然而，如果此事发生在成王初年周公旦摄政之时，那就顺理成章了。

史载"（周）武王克殷二年，天下未宁而崩"[2]，即武王在伐纣灭商后不久就驾鹤西去，其子成王姬诵继位。成王继位时年齿尚幼，故由周武王的弟弟周公旦摄政，代行天子之职。既然是代行天子之职，那么由摄政的周公分封召公也就不足为奇了。《尚书·大传》称周公摄政后"七年致政成王"，即周公摄政的时间并不长，前后只有七年。事既如此，那么"周公封召公"也就不可能晚于周公归

---

[1] 方诗铭编著：《中国历史纪年表》，上海人民出版社，2007年，第153页。
[2]《史记·封禅书》。

政的成王七年了。上文已述召公奭的受封不会早于成王五年，这里又知其不会晚于成王七年，于是召公奭的受封就只能在成王五年至七年间，以定在成王六年左右为宜。周成王六年为公元前 1036 年，距今约 3060 年。这就是召公燕国的始封年代，也就是琉璃河燕都的始建年代。

前文已述，蓟国建城不晚于距今 3200 年前。现在又知，琉璃河古燕都的创建不早于距今 3060 年。两相比照，后者比前者至少晚了近 150 年。

蓟城与琉璃河燕都不仅在年代上相去甚远，在地理位置上也相距遥远。

关于蓟城的所在，我们已知其在今北京城区，位于北京西城区的南半部。而召公奭的燕都却偏在房山琉璃河一带，地处今北京大行政区的最西南隅。仅就地图上标示的直线距离而言，这二者就

蓟城与琉璃河燕都的距离

相差了不下八九十里。最关键的还不在于这个距离，而在于琉璃河燕都的空间位置完全和今北京城沾不上边，怎么能说它是北京城的源头呢？即使后来燕都曾经北徙蓟城，但迁都之时不仅有"蓟"，而且有"城"，那么这个"蓟城"不才是北京城的源头吗？更何况，人所共知的是，琉璃河古燕都所在的房山县（今北京房山区），是1958年才从河北省划入北京的，此前一直归属河北。如果当初没有划过来，那北京城不是就没有"头"了吗？这显然是说不过去的。

这里必须严格加以区分的是，"北京城"和大行政区划的"北京市"是截然不同的两个概念。按照老北京人的说法，北京城指的是"内九外七皇城四"的城，即特指有内城九门、外城七门、皇城四门的老北京城。这种说法看似平淡无奇，却用城垣和城门把"北京城"的空间概念十分严格地界定出来，不可谓不精准。至于大行政区划的"北京市"，则是一个总面积达16412平方公里，内含西城、东城两个核心区及另外十四个区，与天津、河北接壤的大北京。如果说琉璃河燕都是大北京行政区划的城市文明源头之一，那是毋庸置疑的。但如果说它是"内九外七皇城四"的"北京城"的源头，那就不免张冠李戴了。

综上所论，无论时间还是空间，召公奭的琉璃河燕都和"黄帝后人"的蓟城都不可同日而语。而在这两者当中，事关"北京城"起源的，只有一个蓟。

在北京地区城市文明的历史长河中，还有一个不可忽略的因素，即从很早的时候开始，北京平原上就出现了不止一座城邑，后来更是累有增加，城邑的密度相当之大。突出一例即早在西周早中期时，北京平原就同时存在蓟城和燕都这两座中心城邑，周围势必还会有其他一些小卫星城。到了东周时期，燕国更创建了上、中、下三都，上都即蓟城，中都"汉为良乡县，属涿郡"[①]，已探明在房山区窦店镇西[②]，下都在河北易县。除此之外，北京地区的其他先秦古城还有许多，例如仅在房山区一带，就探明了有先秦时期的蔡家庄古城[③]、广阳古城、长沟古城[④]等，已呈星罗棋布之状。

到了秦汉时期，随着铁器和犁耕农业的普及推广，社会生产力明显提高，促进了手工业和商业的不断发展，更大大刺激了城市文明的兴起。仅就西汉时期而言，见于《汉书·地理志》的记载，北京地区大小不等的城邑已达十六座，分别是燕国（广阳国）的国都或广阳郡的郡府，以及各县的县治。前不久在通州潞城镇发掘出土了西汉时期的路县县城，城址平面呈方形，四面城墙用很坚实的夯土筑成，总长 555～606 米。[⑤] 这是西汉的一个县级城邑，在当时北京地区的各类城邑中是等级最低的，但其总面积阔达 35 万平方米，规模并不小，质量也不低。

而在北京地区这个密集的城市群中，蓟邑是在各方面都最得天独厚的一个，具有琉璃河古燕都和其他古城无法比拟的天然优势。

首先在地理方位上，蓟城位于今北京城区，恰好位处北京平原的腹心。这不仅使它占尽了优质的自然地理资源，还在人文地理上尽收北京平原的中心优势，对北京地区具有最强的控制力、内敛力和辐射力。

其次在水利资源上，蓟城的条件更是无出其右。古人很早就知

---

① 《太平寰宇记》卷六十九幽州良乡县。
② 说详下章。
③ 王汉彦：《周口店蔡家庄古城遗址》，《文物》1959 年第 5 期。
④ 北京市文物工作队：《北京房山县考古调查简报》，《考古》1963 年第 3 期。
⑤ 靳宝：《通州汉代路城遗址》，《文史知识》2017 年第 8 期。

道，水利是古代城市兴废的重要因素，水源枯竭或水患恣肆都能使一座城市顷刻间化为乌有。《管子·乘马篇》云："凡立国都，非于大山之下，必于广川之上。高毋近旱而水用足，下毋近水而沟防省。"以上即古人对都城选址既要靠近水源又要防止水患的辩证思维。而观诸蓟城，一如《水经注》所述，城址四周水路纵横，北京平原的最大河流永定河也正好从其身旁流过，水源极为充沛。但与此同时，它又处在永定河洪冲积扇的脊背上，地势较为高亢，可以很好地防止洪涝灾害。正是这两大相辅相成的因素，全面应合了城址选择的两大前提。

相比之下，西周燕国都城的水利条件就远不如蓟城了。琉璃河燕都的水源主要来自大石河，即古之圣水。此水发源于太行山脉的大房山山谷，在今房山镇东南与众水汇流而下，直泻琉璃河古城，水道的涨落极为明显。因此，每逢雨季到来，琉璃河古都一带的水患都难以避免，明显不符"下毋近水而沟防省"的原则。今琉璃河燕都古城的南部被大石河水冲毁，就是历史的明证。后来燕人之所以要放弃琉璃河古城而迁都蓟城，恐怕最重要的原因之一，就是为了避开涨落无常且水量较小的圣水，去依傍水量充沛但相对平稳的永定河水系。

另外在交通状况上，蓟城的优势更是非同一般。英国著名历史学家阿诺德·汤因比说："交通系统之所以名列榜首，是因为它们是大一统国家赖以生存的主要制度。"[①] 可见交通状况是古代都城选址的又一核心因素。察蓟城的所在，南面是开阔的华北平原，其他三面环山，自古就是南联华北平原、北接松辽平原、西去黄土高

---

① [英]阿诺德·汤因比:《历史研究》，上海人民出版社，2000年，第258页。

原、西北入内蒙古高原的交通枢纽。正如侯仁之先生所说："蓟城所在既是南北大道的北方终点，又是继续向北进入北方山后地区几条道路的起点，实质上它就是南北交通的枢纽。"相比之下，琉璃河燕都虽然也在古代的南北要道上，但它仅仅是中原北上的必经之地，而非通达各方的交通要冲。因此，又如侯先生所言：蓟的交通优势"应该是燕国势力强盛之后就驱兵北上占领蓟城并且迁都到蓟的主要原因"[①]。

总之，琉璃河燕都与蓟城的差距不仅表现在时间和空间上，还表现在地理资源、战略地位、水利条件、交通状况等方面，差异之大一望可知。

正因此，这两座城邑便有了截然不同的命运。一方面，恰如考古工作所揭示，琉璃河燕国都城突兀而起，骤然而逝，很快便沦为废墟。但另一方面，丰富的文献史料和地下、地上文物却清清楚楚地展现出，蓟的历史一脉相承、贯通古今，一步接一步孕育出了今天的北京城。

蓟城考古拾零

在古蓟城的原址上，一步步发展起来的，有先秦的燕都、秦汉的广阳城、三国的燕郡郡治、晋至隋的幽州治所、唐的幽州城、辽的南京城、金的中都城、元的大都城和明清两朝的京师城，一直到今天的北京城。数千年来，历代城址层层叠叠，早已把"黄帝后人"的蓟深埋于地下，难得窥其原貌。好在早自上个世纪五十年代

[①] 侯仁之：《迎接北京建城 3035 周年》，《地理知识》1990 年第 2 期。

以来，考古工作者沐风栉雨，坚持不懈，不断在地面和地下寻找着它的踪迹，终于发现了一些被黄沙掩埋的印记。

- 一把宝尺

考古发掘曾出土过一把"宝尺"，十分准确地指明了蓟城的所在。这把"宝尺"发现于1965年，出土在京西八宝山西晋永嘉元年（307年）幽州刺史王浚之妻华芳墓中。墓里出土的《华芳墓志铭》明言，该墓"假葬于燕国蓟城西廿里"[1]，由此提供了该墓和燕国蓟城的相对位置。尤为难得的是，墓里出土了一把晋尺，每尺约24.2厘米，藉此可以换算出晋的20里（廿里）约合今天的8712米。而按照墓志铭指示的方向，由墓地向东8.7公里许，恰好直抵白云观以西的今会城门下。前文已述，侯仁之教授曾做出"现在白云观所在，差不多正处于蓟城的西北隅附近"的论断。两相比较，会城门到白云观只差了不到3华里，侯说与此证可以说若合符节。

毋庸讳言，华芳墓志铭所说的燕国，指的是晋武帝泰始元年（265年）封其弟司马机为燕王的燕国，而非先秦燕国。其所谓的"假葬于燕国蓟城西廿里"，当然也是指由墓葬向东二十里可直抵西晋燕国的西城垣。但亦如《晋书·地理志上》所言："武王定殷，封召公于燕，其后与六国俱称王。……（汉昭帝）元凤元年，改燕

华芳墓晋尺（首都博物馆藏）

[1] 郭仁：《北京西郊西晋王浚妻华芳墓清理简报》，《文物》1965年第12期。

曰广阳郡。幽州所部凡九郡，至晋不改。"即从先秦燕国所都的蓟邑，到汉代广阳郡的郡治，再到魏晋时期燕国所都的蓟城，是前后一以贯之的，没有发生大的位移。所以这把宝尺所指的"燕国蓟城"，应该就是先秦蓟城的所在。

- 小陶片里有大文章

早在1957年，就在一次考古调查中发现了一处位于广安门南的先秦遗址，出土了先秦时期的陶器及饕餮纹半瓦当。此遗址地处广安门桥南约700米，位于辽南京城和金中都城的中心位置，叠压在附近居民取土时挖出的一个深约2米的土坑之下。通过现场清理，可知这个埋在深处的文化堆积厚达1米以上，而且仍未见底。这个堆积包含了丰富的先秦遗物，有粗绳纹陶片、碎绳纹砖、陶鬲足、陶豆和饕餮纹半瓦当等。经过考古学家苏秉琦先生鉴定，这些遗物统属先秦时期，其中年代最早的甚至可以早到西周时期。

说到这里，不能不特别提及的是，对这批陶片做出鉴定的苏秉琦先生，可谓中国考古界一个神一般的存在。他的最神之处不在于他在学科理论上是如何的高屋建瓴，也不在于他作为北京大学考古专业的首位掌门人，曾经培养出多少考古学大咖，最神的是，他对中国陶器文化的认知简直到了出神入化的地步。曾有笑话说，他的大弟子故意把不同灰坑的陶片混在一起，放到他面前谎称说这都出自同一个考古单位。但要不了多久，稳坐在小马扎上的他就能不声不响地把这些不同灰坑、不同年代的陶片一清二楚地区分开。笔者未曾亲眼目睹此类神奇场面，但因为时处楚文化考古第一线，也曾有幸被苏先生私下召见过两次，向他汇报楚文化的研究状况。交谈中，苏先生轻声细语地谈起笔者在北大考古专业学习时的老师，一口一个"小俞"（原国家博物馆馆长俞伟超）、"小邹"（夏商周考古第一人邹衡教授）地叫着，吓得笔者一声不敢吭，完全接不上话来。就是这样一位考古学大神，他鉴定的陶片会有错吗？估计中国考古界没人敢这么说。

这次清理还发现了饕餮纹半瓦当，而这恰是先秦时期的高等级建筑构件，是燕国宫殿建筑的标志性遗物。

燕国饕餮纹半瓦当
（上：蓟城出土；下：燕下都出土）

于是，综合这些发现，现场清理的考古工作者说："我们推想瓦当和古陶的出土地点，是一个很重要的古代遗址——'燕上都'和它的前身所在地"[1]，即以其为先秦蓟城的所在。无独有偶，1972年在和平门外又发现了饕餮纹半瓦当，同时出土的还有战国时期的燕明刀货币和细绳纹陶片[2]，这也揭示了同一个事实。

● 古井密处即市井

自从上个世纪五十年代以来，陆续在宣武门、和平门、白云观、琉璃厂、新华街、象来街、北线阁、广内大街、校场口、牛街、陶然亭、姚家井、白纸坊乃至西单大木仓等地，发现了成片的

---

[1] 赵正之、舒文思：《北京广安门外发现战国和战国以前的遗迹》，《文物参考数据》1957年第7期。

[2] 北京市文物管理处：《北京又发现燕饕餮纹半瓦当》，《考古》1980年第2期。

古陶井，数量多达数百口。其中尤以白云观至宣武门豁口一带最为集中，仅一次探查就发现了130口，最密处在6平方米内就有4口。这些古陶井的制作相当考究，是用陶井圈一节一节迭砌而成的，井底还残留着汲水用的水罐。根据地层叠压关系及出土物的类型学分析，考古工作者认为这些水井的年代统属"东周到西汉初期"[①]。于是这又证明了古蓟城的所在，因为从先秦时期的蓟城到西汉时期的蓟城，本就是一脉相承的。

按照《水经注》的记载，蓟城一带水路纵横，并不缺乏灌溉用水，那为什么还要开凿如此之多的人工水井呢？这自然说明了这里是人口稠密的城区所在。有一个大家熟悉的词叫"市井"，就很形象地说明了有井就有市、有市就有井的道理。[②] 至于这些井的用途，或者是为了满足居民就近饮用清洁水的需要，或者是为了解决手工业作坊区的供水需求，或者是为了方便大型建筑工地的取水用水，总之都说明了这里是人口聚集的城区。至于为何一些地段的水井竟然密集到了在6平方米内就有4口，则很可能和古代社会的"改水"习俗有关。按照古代民俗，每当旧井被污染，禽鸟不饮其水

蓟城陶井圈（首都博物馆藏）

[①] 苏天钧：《北京西郊白云观遗址》，《考古》1963年第3期；北京市文物管理处：《北京外城东周晚期陶井群》，《文物》1972年第1期；北京市文物管理处：《北京地区的古瓦井》，《文物》1972年第2期。

[②] "市井"的初义为"井田"，后引申为人口聚集的城镇，如《初学记》卷二四云："古者……因井为市，故云也。"

时，古人就会舍弃这口容易传染疾病的水井而在旁边另凿新井，称为"改水"，于是便有了这一处紧挨一处的水井。

● 墓葬瘗处非荒郊

在上述陶水井密集区以南，今天的北京南站、陶然亭、天坛、蒲黄榆、宝华里一带，考古工作者还发现了数量众多的战国至汉代墓葬。特别是1973年在法源寺附近，以及1974年在白纸坊以北的地图出版社院内，接连发现了两处战国墓群，这都为先秦蓟城的定位提供了可靠的证据。

综合上述考古发现，考古工作者于是得出结论："看来蓟城的位置当在发现瓦井最密集的宣武门至和平门一带。从法源寺发现有战国墓群来看，可能蓟城南墙在法源寺以北，而北城墙在西长安街以南。"[1] 此文说水井区的所在即蓟城的所在，这显然是不错的。但为什么强调"从法源寺发现有战国墓群来看，可能蓟城南墙在法源寺以北"呢？考古工作者对此未加解释，但意在不言中的是，似乎同时期的墓葬绝不可能在城址内，于是蓟城也就理应位在墓葬区以北了。这个观点至今无人论证过，但影响却大，以至在所有探讨蓟城地望的论文中，但凡提起墓葬区，就立即否定这是蓟城城区的所在。然而，这种看法真的那么无可争议吗？恐怕未必。

中国古人向来以死者为大，以先祖为大，故而很早以来就有了视生死两界为一体的传统。早在相当于龙山时代的山西襄汾陶寺遗

---

[1] 北京市文物局考古队：《建国以来北京市考古和文物保护工作》，《文物考古工作三十年》，文物出版社，1979年。

址中，墓葬区就集中在中期小城的西北部，未超出城邑的范围。①下至相当于夏代的河南偃师二里头城址，大多数墓葬与生活区混在一起，其中最大的一座墓葬甚至紧傍大型宫殿区。②再就列国都城而言，河南新郑的郑韩故城的墓葬既有位在城垣外的，也有位在城垣内的，其中的贵族墓就多在城垣内。③燕下都的墓葬区甚至位在东西并列的两座城址的中心，其中的虚粮冢墓地就是贵族墓葬区。④更如大名鼎鼎的周公旦所封的曲阜鲁故城，从西周到东周，八百多年的墓葬大都在城址内。⑤当然，我们无意说先秦时期的墓葬一概在城址内，因为琉璃河古燕都的墓葬就在城址外。但如果想当然地认定所有古墓葬都必须在城址外，那就大错特错了。客观事实是，同属燕国都城，琉璃河古燕都的墓葬在城址外，燕下都的墓葬在城址内，就代表了截然不同的两种做法。所以，若就先秦的古蓟邑而言，其墓葬也完全有可能在城址内。

● 蓟丘与蓟邑

郦道元《水经注》已经明确指出，北京城之所以古称"蓟邑"，是因为"城内西北隅有蓟丘"之故。在此基础上侯仁之先生又进而考订说："现在白云观以西的高丘，有可能即是古代蓟丘的遗址。"那么，这个"蓟丘"又能给我们带来些什么考古线索呢？

---

① 中国社会科学院考古研究所山西队等：《陶寺城址发现陶寺文化中期墓葬》，《考古》2003年第9期。

② 中国科学院考古研究所二里头工作队：《河南偃师二里头早商宫殿遗址发掘简报》，《考古》1974年第4期。

③《春秋战国时期郑韩故城位置初步查明》，《人民日报》1962年5月10日。

④ 河北省文物工作队：《河北易县燕下都故城勘查和试掘》，《考古学报》1965年第1期。

⑤ 参考山东省文物考古研究所等编《曲阜鲁国故城》，齐鲁书社，1982年。

北京城源头——蓟丘所在地

根据1956年的考古勘查，今白云观以西确实有一处大遗址，也有一座大土丘。经过初步试掘，可知这里分布着相当密集的陶井，已发现的有战国陶井36口、汉代陶井115口。在大土丘的地面上，当时散布着许多先秦陶片，几乎俯拾即是，但随着土丘的被铲平而荡然无存。[1] 1972年，考古工作者对"蓟丘"再次进行了局部发掘，果然发现了一道古城墙。但令人遗憾的是，这道城墙的墙基下面压着三座东汉时期的墓葬，而按照考古地层学的基本原理，这说明该城墙的建造不会早于东汉。于是考古工作者得出结论，判定此处"不可能是蓟城的所在"[2]。此论的影响也很大，以至后来只要谈起蓟邑，所有学者都会不假思索地说："由后期蓟城留下的遗迹，经考古发掘证明为东汉以后所筑"[3]，直接否定了白云观一带有一座先秦时期的古蓟城。

然而，我们必须强调的是，即使白云观以西的古城墙下压着东汉墓葬，但在进行较大范围的揭露之前，特别是在全面发掘到生土

---

[1] 北京市文物工作队:《北京西郊白云观遗址》,《考古》1963年第3期。

[2] 北京市文物局考古队:《建国以来北京市考古和文物保护工作》,《文物考古工作三十年》,文物出版社, 1979年。

[3] 陈旭:《北京建城年代及地点论证工作综述》,《北京文博》1995年第1期。

层之前，仍然不能说此处的东汉墓下一定没有叠压着更早的城垣和城址，更不能说白云观一带就一定不是古蓟城的所在。上面这种观点显然是把复杂的问题过于简单化了，君不见，1962年北京大学考古系邹衡先生带队去琉璃河古城发掘时，因为只在城墙夯土里找到了一些辽代的陶片，就一度认定城邑是辽代的。而当邹衡教授1972年再次率领一个庞大的考古队到琉璃河古城发掘时，因为接连挖掘了许多探方和探沟仍一无所获，以至所有考古队员都认为那里绝不可能有一个燕国的都城。若非琉璃河黄土坡村的"老施家"在挖掘菜窖时掏出了两个"铜疙瘩"，上面镌有铭文，说不定召公奭的燕国到现在都还沉睡在梦里呢！考古工作的经验告诉我们，一切考古发现只能证其有，不能证其无。倘若非要信誓旦旦地说地下没有什么埋藏，那说不定很快就有让你打脸的事实来到你面前。

此话并非危言耸听，请看如下事实：1956年那次对白云观以西的大土丘进行试掘时，曾在一座战国陶井中出土了一件汲水用的陶罐，罐的肩部有一则陶文，当时未被释出。后经学者辨识，认出这个古陶文恰是"蓟城"的"剙"（蓟）字，并强调："这已足以证明战国燕国的上都蓟城，以至于上溯到西周、商代的蓟城，就在白云观以西的'蓟丘'附近。"[①] 在陶罐、陶缶、陶瓮上模印产地的名字，是战国时期的一个普遍现象，而白云观陶罐这个事例准确无误地告诉我们，此地显然是先秦蓟城的所在，亦即蓟丘的所在。

遗憾的是，无论我们怀抱怎样美好的愿望，"黄帝后人"的蓟城终归已被层层叠叠的后期城邑所覆盖，不会像琉璃河古城那样一直痴痴地等待着人们去发现、去发掘。但上述种种现象已足以告诉

[①] 陈平：《释"剙"——从陶文"剙"论定燕上都蓟城的位置》，《中国历史文物》2007年第4期。

我们，今北京西城区的南半部就是"黄帝后人"古蓟城的所在，这才是北京城真正的源头。

蓟国墓葬辩证

除了上述关于蓟城城址的考古发现外，北京地区还出土了另外一些与蓟国有关的考古遗存，无非因其隐晦难明而不被人们所辨识。

1982年，在顺义牛栏山金牛村发现了一座贵族墓葬，出土了8件青铜礼器，计有鼎、卣、尊、觯各一，瓿、爵各二，时代属西周早期。铜器上镌有铭文，其中皆有一个可释读为"其"的国族称谓[1]，此即蓟国之"蓟"。准此，牛栏山此墓当属西周早期的蓟国，它在顺义的出土，说明当时蓟国除了位在今北京城区外，还向北延伸到了今顺义一带。

众所周知，周代已经进入到青铜文化的成熟期，也进入到礼制文化的成熟期。中国早期礼制制度的一大特点是，作为食器的青铜容器自从问世的那天起，就被赋予了特殊的使命，担负起了标示墓主人身份地位的责任。《礼记·礼运》云："夫礼之初，始诸饮食。"此文便十分清楚地指出，中国早期礼制制度是从饮食器皿的规范化使用开始的。

但鲜为人知的是，在中国青铜时代，青铜礼器的组合是青铜文化的最本质特征，各大青铜文化往往是由不同青铜礼器的组合模式表现出来的。例如商代，由于商人的嗜酒、重酒之风，形成了青铜

---

[1] 程长新：《北京顺义县牛栏山出土一组周初带铭铜器》，《文物》1983年第11期。

酒器觚与爵的组合，举凡宴飨、敬神、祭祖等，商人贵族莫不以此类组合的多寡来标示自己身份的高下。影响所至，这些酒器的使用已和墓主人喜不喜欢喝酒毫无关系，而成了商王朝的礼制制度，以至所有商代贵族墓葬都必须采用青铜酒器觚与爵的组合。尤有甚者，就连远在长江流域的商代墓葬也奉行了这种制度，体现了这种"商礼"的传播。典型之例见于湖北黄陂盘龙城李家嘴2号墓，这是一座商代前期墓葬，出土了青铜容器23件，种类多达十余种。[①]此墓的铜器一方面有鼎与簋的组合，反映了它的地域性，但另一方面又采用了商人的觚、爵组合，体现了商人制度的南向传播。

饶有兴味的是，当商王朝已成明日黄花，商的前与国纷纷众叛亲离的时候，顺义的西周蓟国贵族墓却仍然采用了觚、爵组合的商人礼制，岂非咄咄怪事！在北京琉璃河一带，同样出土了大量与牛栏山墓同时代的贵族墓，墓中随葬的青铜礼器极为丰富，却一概没

顺义牛栏山西周墓青铜觚、爵组合（首都博物馆藏）

---

① 湖北省博物馆：《盘龙城商代二里冈期的青铜器》，《文物》1976年第2期。

有觚，当然也就没有觚与爵的组合。因此，牛栏山墓的觚器引起了学者的特别关注，强调这"2件铜觚属北京地区新出现的器类"①。殊不知，觚也罢，觚、爵组合也罢，并非什么"新出现"的事物，而恰恰是已然消失的商人礼制制度的遗风。这遗风带给我们的启示是多方面的，主要是：

一、它进一步表明，蓟国早已存在于殷商时期，以至到西周早期仍然保持着原来的殷商文化传统不变。

二、这说明殷商蓟国虽然偏在燕山山麓，但与商王朝关系密切，故而纳入了觚、爵组合的商文化系统。前述"亚其""其侯"卜辞及妇好墓"亚其"铭文皆出自殷商都邑，这也是蓟与商王室交往密切的有力见证。

三、据此可知，即便在纳入周朝的范围后，蓟国的地位仍然非同一般，以至可以毫无顾忌地在周人眼皮底下继续使用殷商礼制。

四、这还透露出，西周初年的蓟国贵族仍然保持着殷人的嗜酒遗风。

以上第一、二点与蓟人的根基久远相合，与其黄帝族裔的地位和影响相合，合乎历史的逻辑。至于第三点，恐怕正是由于蓟国的"先圣王"背景和周武王褒封的殊荣，才使蓟国贵族有了如此特权。至于第四点，既然商人的觚、爵组合制度是以酒器为基干的礼制制度，源于商人的嗜酒之风，那么它在牛栏山墓的出现，就表明蓟人还一味固守着这种"酒文化"。

观诸史实，商朝灭亡后，"殷鉴不远"的周人总结教训，认为商人在相当程度上是因酒而亡的，故而颁布了极为严苛的戒酒令。

---

① 北京市文物研究所：《北京考古四十年》，北京燕山出版社，1990年，第50页。

《尚书·酒诰》记载了周公命令康叔在卫国禁酒的诰词，文中就一再痛斥商人"庶群自酒，腥闻在上，故天降丧于殷"。周康王时期的《大盂鼎》也说："我闻殷堕命，殷边侯、甸与殷正百辟，率肄于酒，故丧师。"① 因此，周朝甫一创建，就立即废除了殷礼的觚、爵酒器组合，改为鼎、簋相配的食器组合。可是蓟人显然于心不甘，不仅在顺义牛栏山墓中保留了觚、爵相配的酒器组合，还完完整整地出土了两套，就连随葬的卣、尊、觯等也一概是酒器。这恐怕不是在单纯地为商的亡灵扬幡招魂，而在一定程度上反映了蓟人自己的嗜酒之风。可叹这个蓟国确实不失为《大盂鼎》所说的"殷边侯甸"之一，到西周时仍不改"率肄于酒"的恶习。但或许正因为如此，今顺义牛栏山才有了闻名遐迩的"牛栏山二锅头"。

无独有偶，1975 年在昌平白浮发现了三座西周中期的木椁墓，出土了带字卜甲和带铭铜器，其中也有"其"字徽号。② 这是一组呈倒"品"字形自北向南排列的墓葬，均为长方形竖穴土坑木椁墓。1 号墓的棺椁较小，只随葬了一件小玉璧，墓主为一老年男性。2 号墓和 3 号墓棺椁较大，底部设有腰坑并殉葬了狗，其中 2 号墓主为一中年女性，3 号墓主为一中年男性。第 2、3 两墓出土的随葬品种类繁多，有铜器、陶器、石器、玉器和卜甲、卜骨等。铜器主要包括礼器、兵器、工具和车马器，尤以铜兵器为大宗，总数多达 60 余件。这组墓的铜礼器已形成规整的鼎、簋组合，2 号墓 1 鼎配 1 簋，3 号墓 3 鼎配 2 簋。

从文化面貌上看，这组墓无论在墓室结构及葬式上，还是在

---

① 刘桓:《大盂鼎铭文释读及其他》，《北方论丛》2005 年第 4 期。
② 北京市文管处:《北京地区的又一重要考古收获——昌平白浮西周木椁墓的新启示》，《考古》1976 年第 4 期。

鼎、簋相配的礼制文化上，都与同期的周文化无异。其随葬的青铜礼器如鼎、簋、壶和部分青铜马具、车具、工具、兵器等，也都属于中原系统，有的甚至如出一范，这就更说明了此组墓属于中原文化系统。但与此大相径庭的是，墓中也随葬了大量北方草原民族的异形器，具有浓郁的草原文化风格。例如两墓出土的青铜短剑皆属典型的"北方系青铜器"，普遍见于内蒙古、辽宁、河北北部一带；2号墓出土的钉满铜泡的靴子风格迥异，曾发现于沈阳郑家洼子春秋末年至战国初年的少数民族墓葬；两座墓随葬的铃形器也为草原民族所特有，多流行于内蒙古一带。如此者甚多，不一而足。

关于这组墓的族属或国属，此前展开过不少讨论，基本上都以墓中随葬的北方草原物品为基点，想当然地认定"其族是土著氏族"[1]。尤其是其中的2号墓，木椁保存完好，随葬品花色繁多，成了考订此组墓葬族属的主要依据。而见诸这座墓葬，风格迥异的青铜短剑、兽首刀、异形头盔和镶满铜扣的皮铠甲等比比皆是，草原风格尤为浓郁。特别是此墓出土的异形头盔和皮铠甲等，皆为墓主的贴身之物，更从衣着服饰上直观再现了墓主的异族身份。有鉴于此，人们判定其墓主必属戎狄族无疑。

但是，作为草原民族的墓葬，怎么会采用如此规范的中原礼制和葬制呢？更何况，不仅它们的青铜礼器属于不折不扣的周文化系统，就连最能反映族属细部特征的陶器也与周燕文化十分相似，这又该如何解释呢？要想揭开这一谜底，关键在于如何辩证地看待这组墓葬的国族属性。

此前的讨论往往不加区别地将2、3两座墓的族属混为一谈，

---

[1] 韩嘉谷：《论北京地区为"其"国（族）故地》，《北京文博》1995年第1期。

并以2号墓作为判定这组墓葬族属的重点。但实际上，按照青铜礼器的等秩，3鼎配2簋的3号墓规格最高，加之该墓墓主为男性，无疑它才是这组墓葬的中心。而总起来看，3号墓虽然也出土了一些异形兵器，如带铃匕首、鹰首及马首短剑等，但这只是次要因素，而在其主流方面，包括葬制、礼器组合、铜器形态、陶器种类、陶器形制等，都明白无误地属于周文化系统。至于2号墓，墓主为女性，显然是3号墓主的配偶。虽然其异形头盔和皮铠甲等贴身之物已表明了她的异族身份，但这并没有什么可奇怪，因为按照族外婚的原则，2号墓主完全可以来自与3号墓主不同的民族。另外，按照古代埋葬制度，男性墓主的正妻与墓主同秩，即二者的墓葬等级在大的方面应基本一致。但观诸白浮墓葬，2号墓只随葬了1鼎1簋，比3号墓的3鼎2簋明显低一等。[①]这说明，2号墓主并非3号墓主的正室，只不过是一位地位较高的如夫人罢了，这就更不排除她出自北方少数民族的可能了。综合起来看，昌平白浮墓应当是以属于中原文化系统的3号墓为主导，以戎狄族的异性配偶为附属，异族联姻的夫妇并葬墓。

　　昌平白浮2、3号墓都发现了带字卜甲，这是北京地区迄今所见有字卜甲的唯一一例，也是全国西周时期带字卜甲的罕见一例。这些卜甲分龟背和腹甲两种，背面经过修整，凿孔排列整齐。不同于殷商卜甲的圆凿的是，这些西周中期卜甲的凿孔皆为方凿，体现了时代与文化的不同。

　　2号墓的卜甲出于尸骨上方，有残碎卜甲数十片，带契刻文字的有"贞"和"不止"两片。3号墓的卜甲残片出于椁室右侧，数

[①] 参考《国博名家丛书·俞伟超卷》之《周代用鼎制度研究》，北京时代华文书局，2022年。

量远比 2 号墓为多，多至上百片。其中一片刻有"其祀"，一片刻有"其尚上下韦驭"，皆有"其"字族称。这些卜甲的字体小巧纤细，表现出了契刻者高超的技艺，非一般人所能为。此外 2 号墓还出土了带"兀"字徽号的青铜兵器戟与戈，学者认为这也是"其"的异形字[①]。事实上，无论 2 号墓的"兀"字是否通"其"，按照这组墓的国族属性必当以男性墓主人的 3 号墓为基准的原则，即可凭此墓出土的卜甲文字判定，这组墓葬统属"其"，墓主人是蓟国贵族。

昌平白浮和顺义牛栏山同在北京城以北，一个偏西，一个偏东，恰与古蓟城合成了一个"金三角"之地。早在清同治六年（1867 年），卢沟桥一带也发现了带"其"字铭文的青铜器[②]，正好就在这个"金三角"中。综合以观，以北京小平原为重心，再加上向西北和东北的发展，应该就是当时西周蓟国的所在。换言之，一个昌平白浮，一个顺义牛栏山，一个丰台卢沟桥，由这三点构成的区域，就是商周蓟国的主要领土。由此向南，当时是姬周燕国的所在，蓟国不可能再跨越雷池一步了。而由昌平白浮或顺义牛栏山向北，则是连绵不断、山高谷深的军都山和燕山，蓟国想必既无必要也无可能去翻越这些高山了。所以，合乎逻辑的结论是，西周蓟国的基本版图就是由上述"金三角"地区组成的。

由于时代的变迁，从西周早期的牛栏山墓到西周中期的白浮墓，已由觚、爵组合的殷商文化转变为鼎、簋组合的姬周文化，体现了商文化与周文化的此消彼长。但需要强调的是，昌平白浮墓虽然晚到了西周中期，却仍保留了相当浓郁的殷商遗风。突出之例

[①] 韩嘉谷：《论北京地区为"其"国（族）故地》，《北京文博》1995 年第 1 期。
[②] 参见《清史稿》志一百二十《攀古楼彝器款识》。

是，它的墓底设置了腰坑并殉葬了狗，而这就是典型的商人习俗。此外，商人"率民以事神，先鬼而后礼"①，占卜之风盛行，几乎无日不卜，无事不卜，白浮墓的卜筮之风也与之相符。特别是白浮卜辞非同一般的凿刻技术，宛如出自殷商巫师之手，更充分说明了它与殷商文化的渊源关系。总之，不仅西周早期的牛栏山墓属于典型商文化，西周中期的昌平白浮墓也保留着浓郁的商文化，印证了它们族属的前后一致。

除了礼器组合的转变外，顺义牛栏山墓和昌平白浮墓还有一个明显的差异，即前者的青铜礼器以酒器为主，后者的随葬品以兵器为多，似乎透露出蓟人从崇酒之风向尚武之风的转变。这种转变看似是一种进步，表明了蓟国的中兴，但事情显然没有这么简单。

随葬了大量兵器的昌平白浮墓位于北京平原的北缘，其西北和北面不远处就是蜿蜒起伏的军都山脉。自殷商以迄两周，军都山是草原民族出没的地方，是畜牧集团盘踞的营地。最确凿的证据是，考古发现证实，早自西周以来，军都山就聚集着不少山戎部族，并且长期固守于此。

近半个世纪以来，在延庆区陆续发现了十几处极具民族特色的直刃匕首式青铜短剑遗存，时代从西周晚期一直延续到战国早期，此即山戎族的文化。② 这支山戎部落集中在延庆盆地北部边缘及军都山南麓，当时已进入青铜时代，势头日渐炽盛。草原民族一向孔勇好武，富有进攻性，在其势力坐大后，便免不了要觊觎北京平原的丰饶富庶，以至频频犯境。而与之毗邻的蓟国，正好首当其冲。

---

① 《礼记·表记》。
② 靳枫毅：《军都山山戎文化墓地葬制与主要器物特征》，《辽海文物学刊》1991年第1期。

《左传·桓公六年》载："北戎伐齐，齐侯使乞师于郑，郑太子忽帅师救齐。六月，大败戎师。"又《史记·匈奴列传》载："山戎越燕而伐齐，齐釐公与战于齐郊。"以上两文所记一事，即在刚刚进入春秋时代后不久，公元前706年，山戎族就跨越燕国去奔袭千里之外的齐国。此外《史记·齐太公世家》载："（齐桓公）二十三年，山戎伐燕，燕告急于齐。齐桓公救燕，遂伐山戎，至于孤竹而还。"这里说的又是发生在公元前663年的事，当时山戎族大举犯燕，形势危急到了"燕告急于齐"的地步，以至齐桓公要亲率大军来援，才拯救燕国于水火。

军都山脉位于昌平北部，与昌平白浮近在咫尺。由是可见，无论是出于山戎族的进犯，还是出于其他畜牧族的侵扰，昌平白浮都处在狼烟滚滚的战争第一线。而2、3号墓主的全身戎装，盖因墓主是衔命在身、枕戈达旦的军事统领。2号墓主为一介女子，居然也身着铠甲，并且随葬了剑、戈、戟、刀、矛、盾、盔等一整套兵器，仅各式各样的戈就有18件，更是再真切不过地重现了她"不爱红装爱武装"的生前形象。

随葬大量兵器的女性墓葬在历史上相当罕见，最著名的一例当属大名鼎鼎的殷墟妇好墓。妇好是商王武丁的配偶，生前曾多次带兵征伐四方，是个极具传奇色彩的巾帼英雄。她的墓里就随葬了不少兵器，数量竟多达130余件。[①]白浮2号墓主的身份虽然远不及妇好，但其性质无疑是相同的，也是叱咤疆场的女中豪杰。但与妇好所在年代大不相同的是，白浮2号墓属西周中期，正值夫权制大行其道的时候，女性已经沦为家庭的附庸。当此之时，女子若想披

---

① 中国社会科学院考古研究所编著：《殷墟妇好墓》，文物出版社，1980年。

挂上阵统帅三军，无异于天方夜谭。而白浮 2 号墓主之所以如此这般惊艳出世，一则应和昌平的地处战争一线有关，另一方面则应和她的异族身份有关。据《辽史·后妃列传》记载，直到公元 11 世纪初叶，辽、宋两国交战时，辽圣宗之母萧太后还御驾亲征，一身戎装地站在战车上"指麾三军，赏罚信明，将士用命"，其所展现的就是马背民族巾帼不让须眉的特殊风采。

通过上面的分析，可知昌平白浮墓主并非戎狄首领，而是浴血疆场的蓟国将领。他们的崇武重兵似乎不足以证明当时的蓟国贵族已经摒弃了嗜酒恶习，却足以证明西周中期的蓟国正面临着越来越严重的战争威胁，熊熊烈火已经燃烧到了他们的家门口。

结语

在从古至今的古代典籍和史学著作中，蓟的历史几为一片空白，就好像它根本不存在一样。即便到了前不久，考古资料已经相当丰富之时，在由多位专家合著的洋洋 330 余万言的《北京通史》中，对北京的古蓟邑仍不遑多论，只以"（蓟）也是同时由西周王朝分封的国家"[①]等寥寥数语简单带过。然而，通过本章的条分缕析可知，至少从商王武丁开始，北京地区就世代生活着环环相因的黄帝后裔，"蓟"就是他们的国名，也是他们的族名和都邑名。在甲骨卜辞及殷商金文中，有关"其"（蓟）的记载不乏其例，且以侯爵称之，可见这个蓟国在商代已经相当显赫，是北京地区的重要方国。同时，镌有"其"字铭文的西周铜器曾屡屡发现于琉璃河燕国

---

① 北京市社会科学院编著：《北京通史》第 1 卷，中国书店，1994 年，第 52 页。

墓地以及辽宁喀左等地①，表明蓟国和这些地区交往密切，还是一个相当活跃的方国。

那么这个殷商蓟邑到底会是什么样子呢？对此很少有人论及。即使偶尔有人提起，也只是轻描淡写地说："像蓟这样的小邦国，城的规模、宫室市坊的品质必定都很狭隘简陋，估计也难得有几件青铜礼器，多数还是陶器。"②但揆诸史实，客观情况似乎并非如此。其故在于，一则在甲文、金文中，蓟国位列侯爵，表明这个殷商蓟国的爵位相当不低；二则蓟国位于北京平原的腹心，拥有良田万顷，国之殷实可想而知；三则西周蓟国的顺义牛栏山墓及昌平白浮墓中都有成批青铜器的发现，并非"难得有几件青铜礼器"。因此，殷商蓟城显然不会如想象的那样不堪。恰恰相反，有迹象表明，当这些黄帝后人远离涿鹿的群山峻岭，来到富庶肥沃的北京平原后，开始尽享这片丰饶之地带给他们的富足与欢乐，生活渐趋奢靡，以至到西周时仍不改"率肆于酒"的恶习。

顺义牛栏山和昌平白浮蓟国贵族墓的发现还告诉我们，南及永定河畔，北及这两个墓葬的出土地，就是殷商及西周早中期蓟国的主要疆域。此外，这两处蓟国贵族墓都包含了或明或暗的商文化风格，这又揭示蓟国与中原商王朝有着非同寻常的联系，揭示了蓟国与生俱来的"华夏"根基。到了西周中期，蓟的文化由典型商文化转变为典型周文化，表明蓟已臣服于燕。但与此同时，它也日益受到来自山戎族或其他畜牧族的战争威胁，战火已经烧到了自己家门

---

① 辽宁省博物馆等：《辽宁喀左县北洞村出土的殷周青铜器》，《考古》1974年第6期。

② 王世仁：《雪泥鸿爪话宣南》，《宣南鸿雪图志》，中国建筑工业出版社，1997年。

口。这预示着，蓟国的命运很快就要发生意想不到的变化了。

叙论至此，这个"黄帝后人"的蓟国历史已经越来越清晰地浮现出来。归纳起来，它的几大基本特点是：

一是其来源可考：它是黄帝之后而非帝尧之后，并且很可能是黄帝集团离开涿鹿时"留其民于涿鹿之河"的族裔。

二是其时间可稽：它的始建国年代至少可以追溯到距今3200年前。

三是其都邑可证：早在先秦时期，蓟国国都就来到了今北京西城区的南半部。

四是其属性可辨：它天生就具有浓郁的商文化因素，证明其与殷商王族有着极为深厚的渊源关系。到了西周时期，蓟文化中的商文化因素仍比比皆是，这不仅表现在葬俗的方方面面，而且表现在占卜文化的传承及酗酒的民族习俗上。

五是其疆域可求：由昌平白浮、顺义牛栏山、丰台卢沟桥这三点构成的"金三角"，就是商周蓟国的主要范围。

六是其境遇可循：这个殷商时期被封为"侯爵"的蓟国不仅尽享一方诸侯的尊荣，而且在遭遇了王朝更替之后，周武王同样不敢怠慢，在伐纣灭商后"未及下车"就忙不迭地对其进行了褒封，由此它又成了周王室极尽拉拢的对象。

如此确凿不移的一个殷周方国，如此清晰可辨的一段北京历史，怎么可能和北京城的起源毫无关联呢？恰恰相反，上述结论带给我们的最大启示是，若论北京城的起源，只能以这个蓟国的蓟城为说，理由是：

一、从肇始的时间上看，蓟城的起源至少可以上溯到距今3200年前，而这是迄今所知北京平原上起源最早的城邑。相比之下，琉璃河燕都的时代比这个蓟城至少晚了近 150 年，所以无论再怎么说也不能本末倒置，拿一个晚出的琉璃河古城来做北京城的源头。

二、从所在的位置上看，在大北京行政区划的范围内，无论有多少城市文明的源头已经发现或有待发现，但毋庸置疑的是，只有这个位于今北京城区的古蓟邑，才最有资格代表北京城。

三、从发展的脉络上看，只有蓟城的沿革才和今北京城密合无间、同出一辙。而比较之下，琉璃河古燕都"其兴也勃焉，其亡也忽焉"，很快成了废墟，根本无从体现北京城赓续不绝的持续发展。

所以，无论从哪方面来说，唯一有资格代表北京城起源的，只有黄帝后人的蓟。倘若今后再举办北京建城的纪念活动，就不能单以琉璃河的古燕都为说了，因为只有古蓟邑才是北京城真正的代表。至于这个蓟城的"生日谱"，最保守地说也晚不过武丁大帝的年代，也就是晚不过公元前 1200 年，迄今已有 3200 余载。

既然罗马人能够根据一个神话传说就推定出罗马城的"生日"，既然莫斯科城也能根据一个无法考实的小居民点确定一个自己的生日，那为什么不能基于上述考证，推定出一个有史可稽的北京城生日呢？观诸世界各历史文化名城，不知道"生日"而只知道"生年"的多矣，据此推定出某一天为城市"生日谱"的同样多矣，希望北京城也会有这样一天。

我们期待着！

第三章
召公奭的燕——燕地的首位霸主

早在上个世纪八十年代，中国社会学的泰斗费孝通先生就提出了中华民族的"多元一体"概念。他说："我把中华民族这个词用来指现在中国疆域里具有民族认同的十一亿人民，它所包括的五十多个民族单位是多元，中华民族是一体。"[1] 在这段话里，"多元"是指中国疆域内的五十六个民族，"一体"是指这些民族统属一个中华大家庭。今按：中华民族的核心，源起于西汉以来形成的汉族，汉族的核心则源起于先秦时期的华夏族。而于史可稽，华夏族最初是由黄帝时代的北狄、西羌、东夷、中原四大集团融合而成的[2]，因此"多元一体"格局的最早形成，可以一直追溯到黄帝时代。然而，黄帝时代虽然有了最初的"多元一体"，但它与后世大一统王朝的区别也是不言而喻的。最关键的区别在于，黄帝时代的多元部族尚处在各自为政的状态中，史称"万国"或"万邦"。

《周易·比卦》："先王以建万国，亲诸侯。"

《尚书·尧典》："协和万邦。"

《战国策·赵策二》："古者四海之内，分为万国。"

---

[1] 费孝通：《中华民族的多元一体格局》，《北京大学学报》1989年第4期。
[2] 王光镐：《人类文明的圣殿：北京》（修订版），华夏出版社，2023年，第63～67页。

《史记·封禅书》:"黄帝时万诸侯。"

《史记·五帝本纪》:"黄帝……置左右大监,监于万国。"

以上所言即黄帝时代和五帝时代的"万国万邦"。

继五帝而起的是大禹的夏朝,古籍仍以"万国"言之。

《左传·哀公七年》:"(夏)禹会诸侯于涂山,执玉帛者万国。"

《战国策·齐策》:"古大禹之时,诸侯万国。"

《吕氏春秋·用民》:"当禹之时,天下万国。"

以上文献所说的"国",是远古时代的方国或邦国,其中相当一部分是原始社会末期的部落或部落集团。他们在典籍中往往称"氏",如"有扈氏""有易氏""有穷氏"等,在殷商卜辞中则大多称"方",如"鬼方""羌方""土方"等。此等所谓"万国万邦",无非极言其多,难以指实。而按照当时的地域概念,他们都集中在一个不大的范围内,体量很小且密度很大。

虽然邦族的个体小、数量多、密度大,但邦国林立的实质在于,他们都有独立的主权,是各自为政的实体。包括原始社会末期的部落或部落联盟在内,他们无不具有各自的首领和"国号",也无不具有各自的领地和法权,都是完全独立的人们共同体。就连黄帝族也只是其中的一员,不过是"万国"中较为强大的一个而已。

当然这些邦国也不是毫无统属关系的,之所以说黄帝时代有了最初的"多元一体",就是说从那时起,中国有了最初的部落联盟。史称黄帝"合符釜山",就是以黄帝为首结成了一个联盟。这个联合体的性质有些类似后来的"邦联",其特点一是有了联盟的实体,二是有了各方承认的共主,三是有了协调万邦的机制。但万变不离其宗的是,联盟内部的各邦国仍是独立的政体。《左传·哀公七年》云:"禹合诸侯于涂山,执玉帛者万国。"由此可见,一直到大禹创建夏朝，联盟和会盟制度仍是把天下万邦结合起来的基本体制。

虽然只是一个联盟，但它也对中华文明的发展起了极大的推动作用。事如《史记·五帝本纪》所云："（黄帝）置左右大监，监于万国，万国和。"自此而始，各邦国有了一个协调、平衡和监管机制，促进了部落联盟的共同发展。此外，亦如《五帝本纪》所言："天下有不顺者，黄帝从而征之，平者去之。"联盟还对"不顺者"展开了一系列的征伐，由此打破了地区阻隔，为中华文明的创建扫清了障碍，从而开辟出"东至于海，登丸山，及岱宗。西至于空桐，登鸡头。南至于江，登熊、湘"①的文明疆域。

到了夏以后，随着文明大潮的激烈震荡，随着部族的兼并融合，邦国的个体越来越大，数量越来越少。

《逸周书·殷祝》曰："汤放桀而复薄，三千诸侯大会。"

《战国策·齐策》曰："及汤之时，诸侯三千。"

《吕氏春秋·用民》曰："至于（商）汤而三千余国。"

综合上述记载可知，商汤时邦国数量锐减，减到了三千左右。

到了西周时期，诸侯国的数量进一步减少。

《礼记·王制》云：周时"凡九州千七百七十三国"。

《尚书大传·洛诰》云："天下诸侯之悉来进受命于周……千七百七十三诸侯。"

《汉书·贾山传》云："昔者，周盖千八百国。"

以上说的是西周初期，天下诸侯仅余千八百。

在数量递减的同时，夏商周三代比起五帝时代还有一个显著的不同，那就是从夏代起，不仅出现了占据主导地位的中心王朝，而

---

①《史记·五帝本纪》。

且各邦国之间开始划分为不同的层级。

夏代实行的是"五服制",即把神州万邦按照和夏王朝的远近亲疏不同,划分为甸服、侯服、绥服、要服、荒服五大类。其中和夏王室关系最密切且距离也最接近的是甸服,反之则为荒服。[1] 这里的"服",乃服从、服事之意,亦即《周礼·夏官·职方氏》注文所说的"服,服事天子也"。也就是说,这五服在名义上都是夏王朝的藩属,不仅要听命于夏王朝,而且要对夏王朝承担起相应的义务,包括服王役、任王事以及贡纳方物等。

到了商代,在保留夏代"五服制"的基础上又前进了一步,主要是强化了"内外服"的区别,突出了藩属的"内外有别"。它的内服主要指商王朝直接统治的区域,外服则为其他邦国的所在。据《尚书·酒诰》所载,商代"越在外服,侯、甸、男、卫、邦伯"。可见商的外服依然区分为五大类,但叫法略有不同,分别称"侯、甸、男、卫、邦伯"。

到了西周,普遍实行了分封制,对所封诸侯做了更为严格的划分。《汉书·地理志上》云:"周爵五等,而土三等:公、侯百里,伯七十里,子、男五十里。不满为附庸,盖千八百国。"以上即周爵五等,不但区分为从上到下的五个层级,而且每级有高低不等的爵位、大小不同的领地、多寡不均的部众。不仅如此,见于《左传·定公四年》的记载,西周诸侯还有各不相同的职官五正、礼制彝器、车驾仪仗和镇国信物等,等级的差异无所不在。

但是,即便到了夏商时期,天下的邦国仍然是独立的政治实体。《诗经·商颂·殷武》云:"昔有成汤,自彼氐羌,莫敢不来

---

[1]《尚书·禹贡》。

享，莫敢不来王，曰商是常。"这首诗是歌颂商高宗武丁的，说当时"自彼氐羌"的各部族不敢不来进贡，不敢不来朝拜。然而恰是这种歌颂，反倒透露出当时各邦国与中心王朝并无直接的隶属关系，说明各邦国的义务仅限于定期向中原王朝纳贡和朝拜。但即便如此，各邦国与中原王朝的关系也是相当松散的，免不了时服时叛。例如上面说的武丁，是商代中兴之王，适逢商王朝的鼎盛期，所以各方国"莫敢不来享，莫敢不来王"。但如果碰上宗主国有难，情况就大不相同了。《史记·殷本纪》载："自中丁以来，废适而更立诸弟子，弟子或争相代立，比九世乱，于是诸侯莫朝。"以上说的是自商朝第十任君主仲丁以降，商王室内部争权夺利，彼此打得不可开交，于是诸侯国就不来朝拜了，可见这个邦联是多么的松散。

　　至于西周时期的分封制，因为诸侯的封地及权力皆来自周王室，而且受封的诸侯几乎全是周天子的兄弟、宗亲、姻亲或功臣，因此大大强化了周王室与诸侯间的直接隶属关系。但一如既往的是，西周的封国同样是独立的政体，仍然享有充分的自主权。其表现一是诸侯独掌封国的军、政、财、刑大权，政出一门；二是诸侯的爵位实行嫡长子继承制，世袭罔替。按当时的制度，即便诸侯因罪被处死或罢免，也要由他的嫡亲子嗣继任，任何人都不得打破这种宗法体系。

　　总之，一方面是各自为政的多元实体，一方面又整合在一个共同的中心之下，这就是由黄帝时代直至夏商周三代的"多元一体"。在这之后，到了春秋时期，西周初年的千八百诸侯终于被数十国所取代，此后又被战国的七雄所取代，最后百川归海，终于归为秦的统一。

当各自为政的"万邦林立"演变为秦的金瓯一统后,当政治权力都归于一个君主和一个政权后,神州大地又处于何种状况呢?相对于"多元一体"的概念,我们称其为"多元一统"。"多元"在这里仍指多个民族,"一统"则指政出一门。江山的一统还只是其外在的表现,而内在的,则是主流文化的一以贯之,这才是更为重要的"一统"。

那么,由"多元一体"到"多元一统",这种历史性的转折究竟发生于何时呢?毫无疑问,从全国角度来说,这显然完成于大一统秦王朝的建立。但揆诸史实,北京却在许多方面首开风气之先,率先实现了这个转变。而这个转变的实现,皆源自周天子的"封召公奭于燕"。

召公奭封燕

当历史被西周王朝揭开新的一页后,北京地区终于迎来了一个新的封国,这就是召公奭的燕。

《史记·燕召公世家》云:"周武王之灭纣,封召公于北燕。"《史记·周本纪》亦云:"封召公奭于燕。"以上即封召公于燕的历史记载。这是周天子对兄弟、亲戚及功臣的分封,和对先圣王后裔的褒封明显不同,区别要之有三:

一是"(周公)兼制天下,立七十一国,姬姓独居五十三人"[1],受封者主要是周天子的姬姓兄弟及宗室成员,兼及姻亲和功臣,由此编织出一个以血缘为纽带的庞大政治体系。

---

[1]《荀子·儒效》。

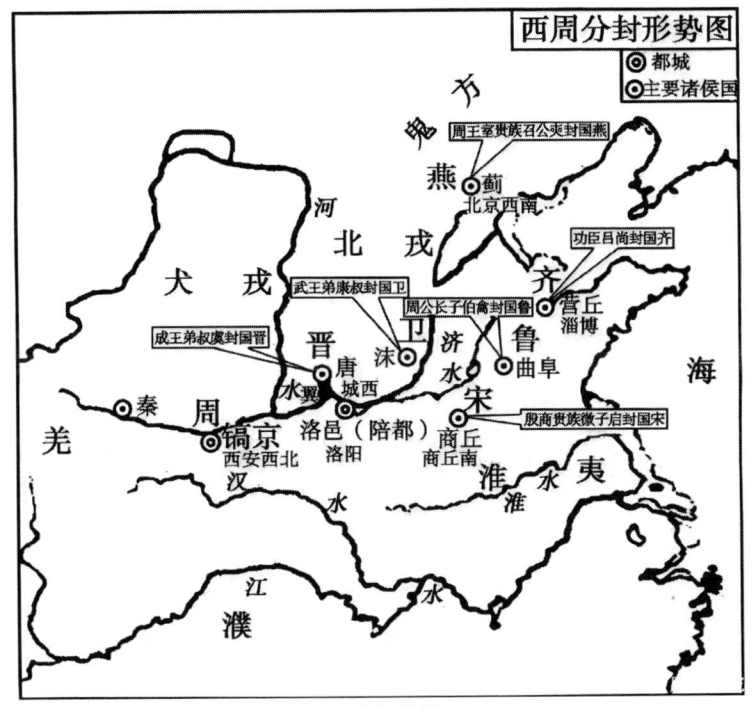

西周分封图

二是受封者皆"受民受疆土",诸侯得到的是实实在在的被征服土地和臣民,而非一个虚衔。

三是所封之国的国号不乏沿用当地原有国名或地名者,但这是一个全新的政体,与此前的方国毫不相干。

比较之下,对先圣王后裔的褒封一来受封者多为先朝后人,二来基本上是名义上的嘉封,三来其多为故国的延续,两者的差异一望可知。

寻根溯源,周王室的"殖民"式分封似乎不迟于殷商时期便已初现端倪。著名古文字学家、历史学家胡厚宣先生说:"封建制度起源于何时,以真实文献之不足,难得而征之。然由卜辞观之,至少在殷高宗武丁之世。"[1]此文便以分封制肇起于殷商武丁时期。但揆诸史实，这种分封制的全面铺开无疑要晚到西周时期。因为只有到了这时，才有足够精锐的军团来扩充领土，也才有足够强大的王权来驾驭诸侯，于是才有可能全面推行诸侯分封制。正是西周王朝的这一创举，不仅大大促进了古代中国的一体化进程，而且通过对召公奭的分封，一举改写了幽燕地区的历史。

关于召公奭，《史记·燕召公世家》云："召公奭与周同姓，姓姬氏。"《史记集解》引谯周曰："周之支族，食邑于召，谓之召公。"综此可知，召公是周王室的支系宗亲，姓姬名奭，因食采地于召而称召公。

于史可稽，召公奭在周朝的肇基中建立了盖世功勋，从而高居群臣之首，以至位列三公。《诗经·大雅》云："昔先王受命，有如召公，日辟国百里。"每日竟能为周朝开疆拓土近百里，召公的功绩自然无人可比。于是《尚书·君奭》云："召公为保……相成王为左右"，周朝建立后，召公奭位居太保，与周公旦、姜太公同为周室三公。此外，《尚书·召诰》《尚书·顾命》及《史记·周本纪》还记载，周成王临死前"惧太子钊之不任，乃命召公、毕公率诸侯以相太子而立之"，遗命召公率诸侯辅佐康王。综合此类记载可知，召公奭虽为周天子的旁支，但因功勋卓著，地位之高几乎不逊于武王的胞弟周公旦。

召公奭不仅爵列三公，还是周朝权贵中素具贤名者。《史记·燕召公世家》载："召公之治西方，甚得兆民和。召公巡行乡邑，有棠树，决狱政事其下，自侯伯至庶人各得其所，无失职者。召公

---

[1] 胡厚宣：《殷代封建制度考》，《甲骨学商史论丛》初集第1册，成都齐鲁大学国学研究所专刊之一，1944年。

卒，而民人思召公之政，怀棠树不敢伐，歌咏之，作甘棠之诗。"此文说召公巡行乡邑时每每亲决狱政民事于棠树下，而且处事公正廉明，故而民众作"甘棠之诗"以咏之。此诗已收入《诗经》，名曰《甘棠》。其诗文寓情于景，意味隽永，借对甘棠的咏怀表达了对召公的歌颂与怀念。

关于召公奭的受封，《史记·燕召公世家》及诸多文献均将其归于武王名下，说是"周武王……封召公于北燕"。但综合各方面的情况来看，其受封理应晚到了周成王六年左右，说已详上章。那么，他受封的地点又在何处呢？这是随之而来的又一个问题。见于史乘，当年鲁公、康叔、唐叔等受封之后分别就国于少皞之墟、殷墟、夏墟，对此皆有明证。可是，偏偏这个位列三公的召公奭的封地，史册的记载却前后抵牾，最终酿成了一桩千古疑案。

早自汉代以来，对召公的封地就形成了四种不同说法：

一说封于今北京城的古蓟邑。《汉书·地理志》广阳国下原注云："蓟，故燕国，召公所封。"古蓟城位于今北京城区，此文即以召公始封于此。

一说封于今天津蓟州区（原蓟县）。《史记正义》引唐李泰《括地志》云："燕山在（唐）幽州渔阳县东南六十里。徐才《宗国都城记》云周武王封召公奭于燕，地在燕山之野，故国取名焉。"唐渔阳县即今之天津蓟州区，此说认为这才是召公始封之地。

一说封于河北涞水。北宋《太平寰宇记》卷六十七"易州"云："废涞水县在州北十二里……按县地即周公封召公于此也。"此文又以召公封于河北涞水。

此外还有一说，以黄帝后人初封于蓟，未久蓟国绝灭，周成王遂改封召公燕国于蓟。南宋王应麟主此说，他在所著《通鉴地理通释·历代都邑考》中说："《诗补传》曰……黄帝之后封于蓟者已绝，成王更封召公奭于蓟为燕。"

以上古来诸说，今人各执一词，长期争讼不已。更有甚者，还有在此基础上推演发挥，另以召公之燕封在河南郾城或河北易县的。也有试图调和历来各说，以燕国初封河南，后徙山西，再迁河北的。其中河南郾城说因为得到了史学大家傅斯年和顾颉刚等人的赞同，一度极为盛行，以至"其说出后，世无异论"[1]。以上各说中，汉唐间流行的说法还大多集中在秦汉的故蓟城上，总算未出今北京的范围。但此后衍生出的种种说法，例如河南中部的郾城说以及河北的易县说等，已经远离了今北京地区。渐渐地，燕的初封之地不仅与北京无关，甚至与燕地无涉，燕都的探索由此堕入雾里云中。

恰于此时，考古发现在不经意中悄然登场了。[2]

1945年8月，抗日战争胜利后，华北最大的水泥公司决定在房山琉璃河建造新厂。该公司向中国银行贷款，银行派经理吴良才前往琉璃河水泥厂洽谈有关事宜。那时交通不便，从北京出发到水泥厂要途经琉璃河的一片荒地。当吴良才徒步穿过琉璃河一片明显高出周围地貌的台地时，突然发现此处遍地可见古陶片。要说天下之事真是无巧不成书，吴良才的哥哥恰好是著名考古学家吴金鼎，曾参加河南安阳殷墟、山东章丘城子崖、安阳后冈等许多重要遗址的发掘。受哥哥的影响，吴良才对眼前这些陶片极为敏感，他马上

---

[1] 傅斯年：《大东小东说》，《中央研究院历史语言研究所集刊》第2本第1部分；顾颉刚：《燕国曾迁汾水流域考》，《责善半月刊》第1卷第5期，1940年5月。

[2] 琉璃河古城的发现经过已见诸多家报刊与媒体的报道，以下内容即对这些报道的汇总。主要参考资料：琉璃河考古队：《北京琉璃河1193号大墓发掘简报》，《考古》1990年第1期；郭梅、王红蕾：《热爱大地的智者——邹衡传》，江苏人民出版社，2010年。

精心挑选了一大包陶片装起来，兴致勃勃地找到了在北平研究院史学研究所工作的苏秉琦。

苏秉琦是我国老一辈考古学家，是创建"区系类型"考古学理论的中国第一人，也是研究陶器文化的中华第一人。当他看到这些陶片后，立即断定这是商周时期的遗物，由此产生了浓厚的兴趣。但可惜当时时局动荡，战火很快烧到了北京周边，深入调查的事便搁置下来。

1962年，时任北京大学考古教研室主任的苏秉琦先生在安排考古实习时，考虑到外省条件太差，又想起1945年吴良才提供的线索，就决定去房山琉璃河考古调查，于是便有了下面的故事。

1962年10月，按照苏秉琦的安排，当时的北大助教邹衡先生带领三名毕业班学生，两次到琉璃河的刘李店、董家林村试掘。通过挖开的几条探沟，他们发现了一些灰坑（古代遗物的堆积坑）和大量西周时期的陶片，确认这是一处商周遗址。

邹衡教授是享誉海内外的夏商周考古学泰斗，那时的他虽然年轻，但也敏锐地感觉到，这里或许就是古燕都的所在。遗憾的是，当时董家林村保留着一段一米多高的古城墙，这个城墙是由历代堆积形成的，而邹衡刚好从城墙夯土里找到了不少辽代的陶片，以致误认为这座古城是辽代的，于是失望而归。

1964年，琉璃河黄土坡村的"老施家"在东院墙外挖菜窖，挖出了两个"铜疙瘩"。朴实的农民受人怂恿，抱着宝物到城里的古玩市场琉璃厂去卖。孰料琉璃厂的人警惕性很高，认为这是从墓中盗取的文物，偷偷报告了当地派出所。结果"老施家"的两个铜疙瘩被公安人员扣留，"只给了他一块钱作路费"。此事在村里传为笑谈，却成了揭开古遗址三千年面纱的关键一环。

公安部门把文物移交到北京市文物工作队后，专家发现这两个铜疙瘩一个是青铜鼎，一个是青铜爵，而且铜鼎上有"叔乍宝尊彝"铭文，铜爵上有"父癸"铭文。这两段铭文虽然没有特殊含义，但镌有铭文的青铜礼器在北京地区并不多见，这两件出土文物无疑在提醒专家，琉璃河附近有高等级的西周贵族墓。

1972年初，在外地农场下放劳动的邹衡回到了北京大学，刚一安顿好他就马不停蹄地筹备再次去琉璃河遗址发掘。正当考古队开进琉璃河工地时，忽然传来消息，说这里要展开大规模的平土工程，要把高出地表的高土台地一律铲平。邹衡闻讯大惊，忙不迭地赶到琉璃河考古工地，发现推土机已经掀开了许多文化层，土里夹杂着不少陶片和疑似车马坑的车架子及马骨头。忧心如焚的邹衡上下奔走，竭力想保住这片遗址。最后他找到了当时的北京大学工宣队长，详细汇报了琉璃河遗址保护的必要性。这位工宣队长毫不含糊，一方面马上向国务院汇报有关情况，一方面立即率队来到琉璃河遗址工地。负责平土工程的部队首长非常耐心地接待了他们，当听说地底下埋有文物时，这位首长很温和地问邹衡："你有什么具体要求？"邹衡不假思索地说："一定要保留，如果推了，那考古的工作就没法做了。"首长接着问："这考古工作有什么用处吗？"邹衡直截了当地回答说："有！如果有发现，就可以更深入研究北京建城的历史，说不定会再往前推上千把年也未可知。"这位首长虽然没有学过考古，但至此他也明白了这处遗址的价值，于是很痛快地问邹衡："你看要保护多大地方？"邹衡对此早就胸有成竹，当即划出了一大片保护区。这位首长考虑了一小会儿说："好吧，就听你的。中国这么大，保护这么一小块地算什么？"于是立即下令所有推土机停工开走。

在《热爱大地的智者——邹衡传》一书中，专门有一节谈及此事，文中写道："现在已经很难考证当时的那位工宣队长和这位负责挖掘工程的首长的姓名了。但是，他们有生之年也一定会为自己当初的这个决定而自豪的，因为他们的一念之仁保住了北京城的建城历史，保住了许多珍贵的地底文物。"[①]

我们之所以要如此不厌其详地讲述琉璃河遗址发现的经过，不单是为了对这处遗址的侥幸保留额手称庆，也不只是为了向决定了其命运的工宣队长和工程首长表示崇高的敬意。更重要的是，这个事例在考古工作中是极具普遍性和代表性的，可以给每一个热爱民族文化的人带来宝贵的启迪。君不见，若非老百姓深挖水井时意外发现了陶俑，若非考古工作者闻讯后立即赶赴现场，若非地方领导果断下令保护现场并开展工作，被称为人类奇迹的秦兵马俑坑至今也还"养在深闺人未识"呢！可以说，学者的执著探索与大声疾呼，百姓的偶然发现和及时上报，领导的当机立断和举措得当，是相当多数考古遗存得以发现和保护的三大基本要素。这三大要素不仅在琉璃河遗址的保护中得以体现，更在其他许多考古遗址的发现和保护中缺一不可。如果有人问，这三大要素如若"三缺一"了怎么办？呜呼哀哉，祖国大地处处有宝藏，你以为有意和无意中被破坏掉的还少吗？

然而，凡事一波三折。当琉璃河遗址得到有效保护后，邹衡循着"老施家"发现青铜器的线索开始发掘，却因缘分不到，依旧两手空空，再次与古燕都失之交臂。

在当时那个年代，这个结果居然给邹衡带来了一个莫大的罪

[①] 郭梅、王红蕾：《热爱大地的智者——邹衡传》，江苏人民出版社，2010年，第67页。

名，说他利欲熏心，沽名钓誉，明明知道琉璃河没有燕都，却为了个人目的欺骗部队首长，阻碍了平土工程的进行。这个罪名何其了得！刹那间，燕园的大字报铺天盖地，声讨邹衡不懂考古，是个欺世盗名之徒。于是，受到冲击的邹衡再次"靠边站"。

邹衡虽然"靠边站"了，但经过有关方面批准的考古发掘工作却仍在进行，只是改由

邹衡师与作者

北京文管处接手。隆冬季节，北风呼啸，文管处的考古队员们一边抱怨邹衡没事找事，一边默默地在刺骨寒风中继续自己的发掘。随着时间的推移，主持发掘的人觉得总是这样盲人摸象不是办法，于是南下洛阳，把全国最棒的"探工"马武堂请到了琉璃河。从1973年秋开始，洛阳铲在两年时间里把周边的几个村钻了个遍，共钻探出古墓葬及车马坑178座，这样大家才不再骂邹衡了。

邹衡教授是笔者在北大考古专业就读时的亲授业师，时常对笔者耳提面命。[①] 笔者毕业后分配到武汉大学考古专业教书，出差期间曾有幸多次与邹衡师同居一室，于是也就有了多次与邹衡师竟夜长谈的机会。长谈时邹先生自己也曾提到因琉璃河遗址挨骂的事，而如今犹在眼前的是，邹先生每言及此，长满皱纹的黝黑脸庞总是

[①] 笔者与邹衡教授的师生情详见拙作《我这一辈子》之《恩师邹衡》，中国文联出版社，2017年，第97～110页。

笑成了一朵花。他丝毫不以人们对他的批判和轻慢为耻，反倒以此为荣，他为他的执著和坚守而骄傲！

有了那份钻探图后，琉璃河的考古工作终于走上了正轨。

1973~1977年，北京市文物管理处、中国科学院考古研究所和房山区文教局共同组成琉璃河考古队，开始了大规模的考古发掘。通过这次长达四五年的发掘，共清理出61座墓葬、5座车马坑，同时还对城墙进行了局部解剖。其成果后来汇总在《琉璃河西周燕国墓地》一书中，该书已于1995年正式出版。[①]

1981~1986年，中国社会科学院考古研究所与北京市文物研究所联合组成琉璃河考古队，共发掘了214座墓葬、21座车马坑，解剖了两处城址。其中1193号大墓出土了"克盉""克罍"和西周初年的漆器。克盉、克罍的发现，把燕国史的研究推向了高潮。

1995~2002年，北京市文物研究所和北京大学考古系、中国社会科学院考古所联手对遗址进行了考古发掘。这次发掘的重点在城址，同时也清理了22座西周墓葬。其主要收获是确定了宫殿区的大致分布范围及城址废弃的年代，探明了城址内共包含周人、殷遗民和张家园上层文化三种文化因素。

2019年起，北京市考古研究院等单位对琉璃河遗址进行了主动发掘，发掘面积达2400平方米，出土了西周时期的墓葬24座，另发掘城内夯土建筑1处、大型夯土井1处、房址2座，出土了部分青铜器、陶器和漆器。

前后整整五十年，琉璃河遗址共发掘了大、中、小型墓葬300余座，车马坑30余座，解剖城墙四处，城址内也发掘了数千平方

[①] 北京市文物研究所编：《琉璃河西周燕国墓地（1973~1977）》，文物出版社，1995年。

米遗址。累计出土的文物近万件，包括青铜器、陶器、原始青瓷器、玉石器、骨角器、漆器等，还出土了一批带有"匽"侯铭文的青铜器，确定了这里就是西周燕国的都城。

至此，这座尘封在地下几千年的古城，终于可以向世人诉说它的往事了。

琉璃河燕都古城垣

该遗址规模宏大，范围包括琉璃河镇洄城、刘李店、董家林、黄土坡、立教、庄头等几个自然村，东西长3.5公里，南北宽1.5公里，总面积达5.25平方公里。遗址内主要分布着古城址、居住区、手工业作坊区和墓葬区四大类遗存。

位于遗址中心的是一座西周时期的古城，主要分布在董家林村。其城址平面为东西向的长方形，北半部保存较好，南部被大石河冲毁，现存形状略呈"门"字形。1962年考古调查时，北墙仍高出地面1米多，到1976年试掘时已被夷为平地，但墙基仍比周围地面高出许多。北城墙地下部分保存较好，全长829米，东、西城墙北段残存300余米。城墙分主墙和内外附墙，墙基底部宽约10米。

东、西、北城墙外环绕着一条护城河，宽约25米，最深处达2.8米。在东城墙北部还发现了一段横穿城墙底部的排水道，应为城内向城外排水的通道。该水道长约9米，宽约1.2米，用卵石铺成。

宫殿区位于城址中部偏北，已知有6处夯土台基，其中4处为圆形，2处为长方形，都是大型建筑基址。城址内出土了西周板瓦，这是极为罕见的西周高等级建筑构件，目前仅见于周天子所居的丰镐都城和周人祭祀祖宗的周原之地。它的发现，说明这里建有西周时期不亚于西周都城的大型宫殿。

宫殿区的西南部发现了占卜用的卜骨、卜甲，以及祭祀用的大陶壶、仿铜陶瓮、完整牛骨架等，表明这里是举行大型祭祀活动的地方。迄今在祭祀区内共发现了数十片占卜用的甲骨，其中三片为带字龟甲，上有"成周""用贞""其驭□□"等字样。

手工业作坊区和平民居住区位于城址的西部，这里不仅出土了烧制陶器的陶窑，还发现了铸造青铜器的陶范、陶模以及炼铜的残渣，说明这里的青铜器大多是本地铸造的。平民的房舍是简陋的半地穴式房屋，空间狭小，和宽敞的宫殿基址形成了鲜明的对照。

墓葬区集中在城址东侧的黄土坡村一带，发掘的300余座墓葬均为南北向的长方形土坑竖穴墓。这些墓葬的规格可分为大、中、小三型，大型墓的随葬品多被盗掘一空，小型墓一般只出几件陶器，收获较丰的反倒是中型墓。中型墓的随葬品除了陶器外，还出土了不少青铜礼器、兵器、车马器、玉器、蚌器等，甚至出土了罕见的原始瓷器和成组漆器。在大型墓和部分中型墓中，往往附葬的有车马坑，其中202号墓随葬了42匹马、14辆车，还发现了6个车厢上的伞盖。

整个墓葬区被划分为南北两大块，南面是姬周燕人的墓地，北面是商朝遗民的墓地，二者紧相比邻。从已发掘的墓葬看，姬周燕人墓葬约占1/4，殷商遗民墓葬约占3/4，说明姬周燕人在燕都中只占少数，殷遗民反是多数。

整个琉璃河遗址的年代总体可分四期：第一期属商代晚期，第二期至第四期依次为西周早、中、晚三期。考古资料显示，燕都遗址的护城河在西周中晚期之交已经淤塞，城内西周晚期的居址不再出土高等级物品，墓地也不再有大、中型墓葬。凡此事例无不说明，琉璃河燕都遗址的城市功能在西周中晚期之际发生了变化，在这之后不再是燕国都邑。①

出土的不少青铜礼器上镌有铭文，内容多与燕国和燕侯有关。特别是第 1193 号墓，经考证是第一代燕侯的陵墓，所出铜盉、铜罍上镌有长篇铭文，"记录的是周王对太保（召公）的明德、贤良多有赞扬，册命他领有燕侯的爵位，并把九个族（或国）一起归他管辖的事"②。综合这些铭文的记述，可知分封于此的就是召公奭，他曾亲自到燕国就封，然后返回宗周继续辅佐周天子，燕侯之职交由其元子（诸侯嫡长子）接替。所有这些，都与文献有关召公封燕的记载相符，说明房山琉璃河古城就是召公的封邑。

独木擎天，廓清幽燕

在考古发掘中，曾于琉璃河古城墙东北角发现了一座西周初期的墓葬，这座墓葬直接打破了城墙的内附墙。从考古地层学的基本原理上说，这无异于明白无误地揭示，琉璃河古城的建造一定早于这座墓葬。这说明，当召公奭受封伊始，整座燕国都城就以迅雷不及掩耳之势建造起来，建造的年代再晚也晚不过这座墓葬所在的西周初期。城邑的建造如此之快，其工程却并不马虎，

---

① 琉璃河考古队：《琉璃河遗址 1996 年度发掘简报》，《文物》1997 年第 6 期。
② 殷玮璋：《新出土的太保铜器及其相关问题》，《考古》1990 年第 1 期。

这由整座古城的规模宏大、功能完备、布局谨严和内涵丰富足见一斑。在一切全靠人力的时代，这无疑是个奇迹。回想当年，整个琉璃河工地不知聚集了多少民夫，也不知熬过了多少快马加鞭的日日夜夜。

在新近出土的琉璃河古燕都青铜礼器中，发现了一段镌有"太保""墉燕""燕侯宫"等文字的铭文。雷兴山教授对此解读说：这段铭文中的"墉"是筑城之意，证明召公（太保）确实来过琉璃河古城，并亲自主持了筑城工程。[①] 难怪琉璃河燕都建造得如此神速，原来这是召公奭千里迢迢跑来亲自督工的结果。其督造的不仅是整座城邑，还特别包括了城邑的核心部分"燕侯宫"。当然，最重要的并不是谁来督工，而是幽燕大地从此一下子矗立起了一座前所未有的超级大都邑，它以无可置疑的权威性向幽燕原住民昭示，新来的燕国是多么的气势恢宏和不可阻挡。

燕国地位的非同一般，当然不单是由这座拔地而起的都邑显示出来的，更关键的是，其之受封者并非一般诸侯，而是位至三公的召公奭。

前文已述，召公奭是姬周的同姓宗亲，在周朝开国时创建了盖世功勋，从而位极人臣，长期担任周王室三公之一的太保。周天子的封建诸侯，就是按照同姓宗亲血缘关系的远近，以及异姓臣子功劳业绩的大小来区分的，共分为公、侯、伯、子、男五大等。《汉书·地理志》云："周爵五等，而土三等：公、侯百里，伯七十里，子、男五十里。不满为附庸，盖千八百国。"以上所言即周爵五等，其中头号封国称公，唯见于齐和鲁。考诸史实，齐国的国君称太

[①] 中新网 2021 年 12 月 21 日北京新闻。

公、丁公、乙公，鲁国的国君称鲁公伯禽、考公、炀公，这就是诸侯中的称公者。召公奭既然与齐太公、周公旦同堂为公，按说他的封国也应位秩公爵。但由于召公奭只是"周之支族"，与周天子的血缘关系较为疏远，故其封国稍逊一筹，仅位列"侯"爵。《史记·燕召公世家》载："自召公已下九世至惠侯"，"惠侯卒，子釐侯立"，此即对燕国是侯爵封国的明文载述。琉璃河燕国都城以及其他地点出土的燕国青铜礼器中，不乏自铭为"匽（燕）侯"者，这也说明了同样的道理。然而与众不同的是，虽然屈居二等，这个侯国却着实非同一般。

首先，《公羊传·隐公五年》云："天子三公称公，王者之后称公，其余大国称侯，小国称伯、子、男。"即封国中有资格称"公"者终归少之又少，一般而言，"侯"已是头等封国。一个突出实例是，许多周文王嫡子、周武王胞弟也只受封为"伯"，比燕国的爵秩还要稍逊一筹。例如"曹叔振铎者，周武王弟也"[①]，这就是武王胞弟受封为"伯"者，其国君称太伯、宫伯、孝伯。

其次，据《左传·定公四年》记载，诸侯受封的一个重要内容就是接受周天子配给的部众和奴隶，如鲁公分得殷民六族，康叔分得殷民七族，唐叔分得怀姓九宗等。召公受封时配给的部众史载阙如，但根据琉璃河1193号大墓所出铜器铭文的载述，可知其分封时受领的不仅有殷商遗族，还有西方和北方的臣民，包括了羌国、马方、盂方、御方、微国等，总计多达九个。[②] 相比之下，召公得到的部众甚至比鲁公的"殷民六族"还多，其实力的雄厚可想而知。

[①]《史记·管蔡世家》。
[②] 殷玮璋：《新出土的太保铜器及其相关问题》，《考古》1990年第1期。

再次，召公受封时还享受了一个唯有周公可与之媲美的超常待遇，这就是本人可以不就封，而另以元子代封。《史记·鲁世家》云："周公不就封，留佐武王……而使其子伯禽代就封于鲁。"伯禽是周公的嫡长子，即元子，此文载明真正去鲁国就封的不是周公本人，而是其元子伯禽。然而相比之下，其他诸侯就难得有此待遇了。例如垂垂老矣的姜太公，被封于齐国后丝毫不敢怠慢，居然"夜衣而行，黎明至国"①，要披星戴月地赶往封地。而完全不逊于周公的是，召公奭受封后也享受了这个特殊待遇。《史记·燕召公世家》索隐云："（召公）亦以元子就封。"这说明，燕的受封者虽然名义上是召公，但他本人一直留治王室，代他受封的也是其元子。

基于上述事实，似有足够的理由说，燕国受封的规格明显高于一般侯国，甚至可以和封为公爵的周公旦、姜太公一决高低。《史记·周本纪》云：周武王"于是封功臣谋士，而师尚父为首封。封尚父于营丘，曰齐；封弟周公旦于曲阜，曰鲁；封召公奭于燕；封弟叔鲜于管，弟叔度于蔡。"以上所列，即西周封国中的等而上之者，而其中位列前三的就是姜太公的齐国、周公旦的鲁国和召公奭的燕国。司马迁《史记》撰著诸侯世家，除了以周太王嫡裔的吴国居首外，其后依次排列的是齐太公世家、鲁周公世家和燕召公世家，燕国同样名列前茅。

于是，姬周燕国便以一个特殊侯国的身份，踏上了它注定不平凡的征程。它的不平凡，其实已远超召公奭身份的不平凡，而更来自它所负使命的不平凡。

考古资料证实，早在夏代后期，燕山以北的夏家店下层文化就

---

① 《史记·齐太公世家》。

翻山越岭来到燕山以南，占据了北起燕山、南逾拒马河、东至海河、西抵桑干河的广大地域。这是一支以畜牧族为主体的文化，属夏家店下层文化燕南类型，其族体本为原居燕山以北的畜牧族。①此后一直发展到燕国受封前，历经商代晚期的塔照二期文化和商代末年至西周早中期的张家园上层文化，覆盖整个燕山南麓京津唐地区的，仍是以畜牧族为主体的文化。②例如张家园上层文化，在石器、陶器等主流方面皆与夏家店下层文化燕南类型一脉相承，开始时甚至被归在了夏家店下层文化中。由此可见，最早约从公元前1800年的夏代后期开始，在长达近八百年的时间中，北京地区始终被畜牧族所控制，是牧人们悠然往来的牧场。当然，由于毗邻中原的缘故，随着时间的推移，中原文化对这些畜牧族文化的影响越来越大，这些文化中包含的中原文化因素也越来越多，但这并未从根本上改变它们的畜牧族性质。

中原的富庶是如此的令人神往，以至北京平原的肥田沃土也没能留住畜牧族南下的脚步。有资料显示，到了商末周初之际，以畜牧族为主体的张家园上层文化已向南直抵河北保定的大清河流域。可以设想，若照这个趋势发展下去，站稳了京津地区的畜牧族集团势必还会饮马滹沱河、子牙河或漳河，不断向中原挺进。而一旦这个趋势变成现实，无险可依的华北大平原便将沦为任马驰骋的疆场，北京也将永远沦为与中原隔绝的"蛮夷化外"之地。

在以畜牧族为主体的张家园上层文化中，还出现了一个十分耐人寻味的现象，即大约在西周初期之时，此文化中竟然一下子冒出

---

① 考详拙作《人类文明的圣殿：北京》（修订版）第 326~338 页。
② 同上注第 120~121 页。

了大量商文化因素。①这不能不说是件相当蹊跷的事，因为此时商已亡国，商的文化怎么会突然出现在燕地呢？揆诸史实，原来这和西周初年发生的一件大事有关。

武王克商后，为了安抚殷商遗民，曾命商纣王之子武庚禄父继续留居殷都朝歌，以接续商人先祀并管理殷商遗民。但为了防止武庚禄父叛乱，武王在原商朝王畿内又加封了邶、墉、卫三个侯国，分别交由自己的兄弟管叔、蔡叔、霍叔治理，以便监管武庚。此后不久，武王逝去，幼小的儿子成王继位，周公旦辅政。管叔、蔡叔对此十分不满，到处散布周公想篡位的谣言，并串通武庚起兵反叛，最后终于酿成了"三监之乱"。此事的结果如《逸周书·作雒解》所载："（成王）二年，又作师旅，临卫政殷，殷人大震溃。降辟三叔，王子禄父北奔。"即为了保住江山社稷，周公和召公奉成王之命率师东征，一举荡平了朝歌叛军。最后周王师诛杀了管叔，放逐了蔡叔，贬黜了霍叔，并迫使"王子禄父（武庚）北奔"。

商纣王之子武庚禄父所在的殷都朝歌位于今河南省北部，从这里"北奔"，究竟会奔向哪里呢？当然不会是奔向近在咫尺且无险可依的河北省南部，而只能是奔向靠近燕山的北京一带。但奇怪的是，武庚禄父溃败后为何不奔向商人旧势力盘根错节的西部、东部和南部，而要一股脑儿地向北逃窜呢？这又说明，当时商人在幽燕一带尚有牢固的基础，这里因此成了商人最后的避难地。

史载商末周初武王伐纣时，燕山一带的孤竹国君之子"伯夷、叔齐叩马而谏"②，竟然想阻止武王大军前行，这就说明了商朝势力在燕地的根深蒂固。到了西周初年，如上章所述，顺义牛栏山蓟国

---

①陈光：《北京市考古五十年》，《新中国考古五十年》，文物出版社，1999年。
②《史记·伯夷列传》。

贵族墓仍奉行商人礼制，这也透露出商文化在燕地的影响深远。因此，战败逃亡时，幽燕便成了武庚禄父的首选之地。叙论至此，就不难理解为什么在毫无征兆的情况下，张家园上层文化会在西周初年突然涌现出大量商文化因素了，因为这刚好印证了武庚禄父的"北奔"。遥想当年，向北逃窜的绝不只是武庚禄父，显然还包括了许许多多商朝的遗老遗少，因此这股商文化浪潮不仅来势凶猛，而且前赴后继。

一股是已经扎下根的畜牧族势力，一股是突如其来的殷商敌对势力，两股势力在西周初年终于合而为一，把幽燕地区变成了与新兴周王朝分庭抗礼的地方。如果对此听之任之，或许北中国早在商周之际就会出现不同的政体了，整个中国的历史也将因此而改写。可是，恰在此时，周王朝该出手时就出手，做出了扭转乾坤之举。这个前所未有的战略举措，就是周天子的封召公奭于燕。

在平定了"三监之乱"后，如何镇抚商人势力盘根错节的东北重地呢？如何荡平向北逃窜的武庚禄父呢？这无疑是草创伊始的周王室最迫在眉睫的任务。为此，在周初的分封中，周王室在燕地扶持了一个势力，又安插了一个势力。扶持的是"武王克殷反商，未及下车，而封黄帝之后于蓟"的蓟，安插的便是"封召公奭于燕"的燕。其中的"蓟"是中华始祖黄帝的嫡亲后人，在周武王褒封的先圣王后裔中位居榜首，其之影响自然不可小觑。但这个蓟国终归传承已久，是个锐气已消且习惯于托庇黄帝祖荫的部族，虽然可以借重，但却无法依靠。于是，更重要的是要安插一个周王朝的"自己人"。而以召公的地位、威望、才干、功德，能镇守幽燕者非他莫属，于是这一使命便历史性地落在召公奭的身上。

上章已论，召公奭的燕国只可能受封于周成王之时，而非武王之世。叙论至此，又可以为此添加一个充足的理由，即"三监之乱"是在成王初年才被周公、召公联合击溃的，如果早在这之前的武王之世就在幽燕地区封了一个召公奭的燕，武庚禄父怎么会昏头昏脑地逃往燕地呢？那不等于自投罗网吗？所以，仅由这一事件即可看出，召公奭只能受封于"三监之乱"平定之后的成王之世。

燕、蓟受封后，这两个诸侯国挟周王室之锐气，乘时代大潮之雄风，很快在北京地区挺立起来。其最突出的表现，一是琉璃河燕都的瞬间拔地而起，再一个就是如上章所述，以顺义牛栏山和昌平白浮贵族墓为代表的蓟国势力已一东一西镇守于燕山南麓。这两个封国的崛起，无疑给久居于此的畜牧族和初来乍到的商遗民带来了极大的威胁，然而如考古资料所显示的，开始时燕、蓟两大文化只局促在他们的中心居地，周边的大部分地区仍为张家园上层文化和新来的殷商文化所覆盖。这说明，各种异族势力并不甘心退出北京平原，姬周势力与其他集团的较量还有很长的路要走。

综合以观，西周早期的北京地区主要存在四大势力：一个是初封的燕，一个是固有的蓟，一个是南下的畜牧族，一个是北窜的商遗民。以上还是仅就北京平原的中心地带而言，倘若再加上燕山山谷中东来西往的人群，不同族系的存在就更是不知凡几。西周初年北京地区的这种状况，在当时的西周版图内是极具代表性的。它表明，虽然西周王朝已经形成，虽然分封制已经推行，但统一的局面并不因此而唾手可得，江山初奠的周人还要面对许多旧势力的挑战。

初封的召公燕国首先要对付的，自然是畜牧族的反抗。西周初兴之际，刚好是燕山南北畜牧族如日中天之时。燕山以北的畜牧族就是在此时进入畜牧经济的最高阶段——游牧阶段的[①]，燕山以南的张家园上层文化等畜牧族也正以锐不可当之势向南挺进。对姬周集团来说，这无异于一场生死较量，倘若不背水一战，不仅召公燕国将贫无立锥之地，无险可依的西周王朝也将难以自保。因此，西周王朝只能寄希望于燕和蓟，指望它们"以藩屏周"，把畜牧族赶到燕山以北去。

燕和蓟显然完成了这个使命，否则西周历史上就不会有这两个诸侯国的存在了。燕南的畜牧族在遭受了极大重创后，只得重返燕山以北的历史大本营，这或许就是当时辽河以西魏营子文化的一大来源。[②]但畜牧族武装是极其顽强也极其灵活的，燕、蓟两国不可能毕其功于一役。因此，和畜牧族的这场战争一直蔓延到了西周中期。正如考古资料所揭示的，直到西周中期，以畜牧族为主体的张家园上层文化才在北京地区消失殆尽。典型之例如房山区镇江营，该遗址的张家园上层文化就是在西周中期才被周人的姬燕文化所取代的。[③]

周成王六年约公元前1036年，这就是召公奭的始封之年，说已详见上章。而根据碳14年代测定，张家园上层文化的下限年代截止在公元前930年左右。[④]这就是说，从召公始封燕国起，直到张家园上层文化彻底消失，前后经历了近百年。这个过程是如此的漫长，说明了这场较量是何等的残酷。在古代典籍中，召公以下的九世燕侯全部失载，西周早中期的燕国无迹可寻。这恰好说明，燕

[①] 考详拙作《人类文明的圣殿：北京》（修订版）第290～316页。
[②] 同上注第306～309页。
[③] 北京市文物研究所：《镇江营与塔照》，中国大百科全书出版社，1999年。
[④] 陈光：《北京市考古五十年》，《新中国考古五十年》，文物出版社，1999年。

在对畜牧族的战争中备尝艰辛，甚至"几灭者数矣"[①]，以至于这个由召公始创的重要诸侯国在相当长时间内无暇他顾，完全淡出了中原舞台。

然而，发生过的总会留下痕迹，痕迹之一即保留在昌平白浮的西周中期墓中。事如上章所述，昌平白浮的三座西周中期墓是蓟国贵族的墓葬，其中2、3号墓是一对夫妇，各随葬了一套兵器。作为女性配偶的2号墓主不但随葬了兵器，还随葬了铜盔、兽面饰、腿甲等贴身铠甲，可见她下葬时依然身着戎装。身为贵妇人却披坚执锐，恰好说明当时蓟国正处在与畜牧族对峙的烽火第一线，而且战事相当惨烈，这便再现了燕、蓟与畜牧族较量的残酷性。

至于西周初年突然涌现的商文化因素，那代表的无疑是殷商的残余势力，而这显然是燕国需要对付的又一股力量。幸好这些亡国者远没有畜牧族那么顽强，正如商文化因素在张家园上层文化中突然涌现又突然消失一样，他们来得快去得也快，不久便被燕国大军荡平。当然，武装镇压并不能解决所有问题，而"柔远能迩，安劝小大庶邦"[②]又是周人的治国之策，所以燕国收留下来的商遗民也不在少数，这已由琉璃河燕都保留的大量商遗

琉璃河西周燕都遗址博物馆

[①]《史记·燕召公世家》。
[②]《尚书·顾命》。

民墓葬得以体现。无独有偶,在西周早中期的琉璃河燕都居址,还发现了不少张家园上层文化的因素,这也说明当时还有部分张家园上层文化的部族降服了燕国,成了燕的臣民。

总之,经过上百年的艰苦奋战,到了西周中期,几大敌对势力该荡平的荡平,该剿灭的剿灭,该收服的收服,幽燕地区只剩下了一个终于站住脚跟的燕,和一个早已臣服于周的蓟。

燕都代蓟

截至西周中期,在北京的中心地带,一个"黄帝后人"的蓟国固守在今永定河[①]东北,一个"召公奭"的燕国崛起于今永定河西南,由此构成了"划江而治"的局面。

当时北京周边显然还有其他一些部族,特别是在北京北部和西部的山林地带,不知分布着多少零散的部族和邦国。但在周朝建立后,特别是在召公封燕后,这些方国及部族的命运恐怕就要发生重大改变了。历史上有一个孤竹国君之子伯夷、叔齐"不食周粟"的故事,恰好透露出这些部族进入西周以后的命运。

在燕山南麓的今河北卢龙一带,殷商时期有个孤竹国[②],其第八任君主名亚微,长子名伯夷,三子名叔齐。伯夷、叔齐是商末周初的著名人物,司马迁《史记》还专门为他们立了传。其传文云:"武王已平殷乱,天下宗周,而伯夷、叔齐耻之,义不食周粟,隐于首阳山,采薇而食之。……遂饿死于首阳山。"前文已述,伯夷、叔

[①] 后文我们还将多次提到"今永定河",是因为历史上的永定河河道是不断变动的,而我们在这里讲的是今永定河河道。

[②] 唐兰:《从河南郑州出土的商代前期青铜器谈起》,《文物》1973年第7期。

齐在武王发兵伐纣时曾冒死"叩马而谏",其结果当然是螳臂当车,无济于事。于是在商朝灭亡后,伯夷、叔齐双双逃往首阳山,矢志"不食周粟",最后生生饿死在山中。这个故事意在褒扬伯夷、叔齐对旧朝的忠贞不贰,但它更加暗示出,当周王朝以军事实力为后盾强制推行了分封制,当姬周燕国以锐不可当之势闯进幽燕大地,其他部族的淡出幽燕已是大势所趋。遥想当年,"天高皇帝远"的幽燕邦国及土著部族过惯了"山中无老虎"的日子,与夏、商王朝只存在松散的联盟关系,顺则服,逆则叛,而如今好景不再,怎能不另寻出路?但面对强大的姬周封国,这些部族或拼死顽抗直至灭亡,或主动降服甘为臣子,或退出平畴另觅生路,或像伯夷、叔齐一样宁愿饿死也不屈从,舍此岂有它哉?更何况,随着周人势力的日渐强盛,燕、蓟二元并峙的局面也难以维持,姬周燕国在幽燕地区的一统天下未久便至。

考古资料证实,琉璃河燕都遗址中能够反映都城地位的大中型贵族墓、宫殿基址、城垣建筑等,都集中在西周早、中期。到了西周晚期,该遗址的护城河已经淤塞,失去了防御功能,城址内也没有了宫殿基址和高等级遗物,墓地更只剩下了小型墓。凡此事实无不说明,琉璃河遗址的城市功能在西周中晚期之际发生了根本变化,不再是燕国都邑。而由此带来的问题是,召公燕国在经历了近二百年的风风雨雨后,到西周晚期正值蓄势待发,怎么会连都城都弃之不顾了呢?索诸史实,原来此时的燕国为了取得更大发展,已经跨越今永定河的"楚河汉界",进入了黄帝后人的蓟,开始以蓟为都。

早从上个世纪五十年代起,在辽宁凌源、喀左一带就陆续发现了成批西周初年的燕国青铜器，有的还镌有"燕侯"铭文[①]，说明当时燕国已和这些地区有了频繁的交往。当然，这种交往完全可能出自两种不同情况：一种是彼此的友好往来，一种是相互的兵戎相见。也就是说，这些燕国青铜器既有可能出自燕国的馈赠和相互的交换，也有可能是双方交战时的战利品。然而在这或文或武的交往中，燕国与辽西恰好间隔了一个蓟，燕国势力的北进无异于隔山打炮，种种不便可想而知。侯仁之先生很早就指出："最初始封的燕、蓟两国，都处于古代南北唯一的交通大道上。燕国南接中原，腹地广阔，物产富饶。蓟国地处南北大道的北端，再向北去，古道分歧，因此它正是南北交通的枢纽，地位十分重要。"[②] 由此可见，燕国要想向北发展，蓟国显然是个绕不过去的坎。此外前文已述，西周中期的蓟国正面临着日益强悍的山戎族的战争威胁，熊熊烈火已经燃烧到了家门口。于是，在种种因素的综合作用下，神不知鬼不觉中，蓟国销声匿迹了，变得无影无踪。而与此同时，见诸各类文献，燕国已经占有黄帝后人的蓟，开始以蓟为都。又于是，从《汉书·地理志》开始，直接以蓟城为"故燕国，召公所封"，似乎召公燕国的都城从一开始就封在了蓟邑。久而久之，众口铄金之下，人们竟然不复言蓟、燕二事，似乎当时的北京地区只有一个燕。

史上唯一对燕、蓟的不同做出了一些分析的，是唐人张守节。他在所著《史记正义》中说："蓟、燕二国俱武王立，因燕山、蓟丘为名，其地足自立国。蓟微燕盛，乃并蓟居之，蓟名遂绝焉。"[③]

[①] 晏琬：《北京、辽宁出土铜器与周初的燕》，《考古》1975年第5期。
[②] 侯仁之：《北京考古四十年》序，北京燕山出版社，1990年，第1~2页。
[③]《史记·周本纪》正义。

此文首先确认蓟、燕是并存的"二国",已属力排众议的金石之论,着实不易。然后他说之所以后来"蓟名遂绝焉",是因"蓟微燕盛"之故,以至燕国"并蓟居之",这就是如今我们看到的古人对燕都代蓟所做的解释。

张守节此说的影响甚大,侯仁之教授亦主此说,认为"大约到了东周早期,它(即燕国)终于沿着北进的大道向北方发展,不仅兼并了蓟国,而且迁都蓟城"[①],即同样以燕国兼并了蓟。然而是否果真如张守节所说,黄帝后人的蓟是被燕国吞并了呢?对此史无明证,难以考实。但可以确知的是,燕国后来确实已以蓟为都。

文献所见燕国以蓟为都的记载,最早始见于燕襄公,事见《韩非子·有度》:"燕襄王以河为境,以蓟为国。"今按:燕侯谱系中没有襄王,只有襄公,《韩非子》所说的燕襄王,应该是在位于公元前657~前617年的燕襄公,时属春秋中期。而所谓的燕襄公"以蓟为国",便是以蓟为都,故此人们认为燕国以蓟为都最早始于春秋中期燕襄公之时。[②]然而,这里还有两大因素需要认真考虑:一是幽燕地区所见的蓟(其)国遗存及金文材料基本截止在西周中晚期之际,说明西周晚期的蓟国已经离开了北京平原;二是由考古工作提供的资料看,琉璃河燕都亦废弃于西周中晚期之际,此后的燕国都城已迁往他处。这二者的时间竟是如此一致,而两相参酌,对此最为合理的解释是,西周中晚期之交的燕国都城已然北上,实现了由琉璃河向蓟邑的转移。

---

① 侯仁之:《北京城的兴起——再论与北京建城有关的历史地理问题》,《燕都》1991年第4期。
② 徐自强:《关于北京先秦史的几个问题》,《北京史论文集》第2辑,北京史研究会,1982年。

事实上，文献史料并非没有对燕国在襄公以前已经迁都蓟邑提供必要的线索，无非因其过于隐晦而不为人所知罢了。

《左传·桓公六年》云："北戎伐齐，齐侯使乞师于郑。"同此之事尚见于《史记·匈奴列传》的记载："（周平王东迁）六十有五年，山戎越燕而伐齐，齐釐公与战于齐郊。"以上说的山戎伐齐，发生在周平王东迁后65年，也就是公元前706年，属春秋初期。其中的"越燕而伐齐"一句，已明确指出山戎南下伐齐时只越过了一个燕。这样问题就来了——如果当时燕国还僻在北京西南角的房山琉璃河的话，伐齐的山戎需要"越燕"吗？根本不需要，因为那完全不在一条交通线上。再者，如果说当时的蓟国还在蓟邑的话，山戎伐齐时真正绕不开的反倒是这个蓟。于是，仅从此例即可看出，燕襄公之前的燕国已经迁都于蓟，以至山戎伐齐时首先要"越燕"。

燕国历史上有一个"桓侯徙临易"①的事件，也发生在春秋早期。据史书记载，燕国八百余年的历史中有过一个桓侯、两个桓公，而"桓侯徙临易"的桓侯，一般认为应是春秋初年的燕桓侯。燕桓侯在位于公元前697～前691年，其所迁的临易则在今河北雄县一带。揆诸史实，桓侯之所以迁都临易，盖因《左传·庄公三十年》所说的"山戎病燕"之故，即为了躲避北方山戎族的侵扰。那么，迁临易之前的燕国都城究竟是在蓟城还是在琉璃河古城呢？答案显然是前者。因为当时山戎族就聚集在军都山一带，十分迫近蓟城，一旦他们杀出山谷，马不解鞍就能直下蓟城，所以燕桓侯才不得不在其刀锋之下被迫迁都。但如果当时的燕都仍然僻在北京最南

---

① 《史记·燕召公世家》"桓侯七年卒"文下《史记集解》引《世本》。

端的房山琉璃河的话,那就大可不必劳师动众地迁什么都了,因为这里与山戎族隔山隔水,与迁到雄县没什么大的区别。

按照考古学分期,通常以周穆王以前为西周早期,以周共王到周夷王为西周中期,周厉王以后为西周晚期。据推算,夷王在位于公元前885~前878年,厉王在位于公元前877~前841年[①],这就是西周中晚期之交的年代。于是,按照琉璃河古城的都城史截止在西周中晚期之交的事实推之,燕国迁都蓟城的年代应在公元前九世纪中叶或略早,大约在公元前860年左右。

在论定了燕国迁蓟的大致时间后,还有一个问题也颇令人疑惑。那就是,周燕代蓟的原因果真如唐人张守节所说,是"蓟微燕盛,乃并蓟居之"吗？对此疑点颇多,主要有四:

一是按照正史的说法,周人姬姓,与黄帝同姓,"舜、禹、契、后稷皆黄帝子孙"[②],即周人的先公后稷也是黄帝的后裔。这就是说,蓟与燕本是宗亲之国,怎么好端端地说灭就灭了呢？这显然不合情理。

二是蓟国是周武王堂而皇之褒封的黄帝后裔,不可能没过几天就被姬周封国随随便便地一灭了之。古人云"春秋无义战"[③],但那是后来的事,西周王朝采取的是"内弭父兄,外抚诸侯"[④]的政策,对异族皆以柔化为本,似不该绝情如此。

三是官居太保的召公,无疑是周室怀柔政策的制定者之一,更是执行者之一,他的封国尤其不会置祖训于罔顾而轻易灭掉黄帝后

---

① 方诗铭编著:《中国历史纪年表》,上海书店出版社,2013年,第153页。
② 《史记·三代世表》。
③ 《孟子·尽心下》。
④ 《逸周书·作雒解》。

裔的蓟的。

四是凡事皆有两面性，蓟的存在虽然阻碍了燕国占有富庶的北京小平原，阻碍了燕国向辽河流域的扩张，但它好歹也在山戎及北方游牧族的刀锋之下为燕国设置了一道铁血屏障，而燕国也正好可以躲在这道屏障之后维护一方平安，又何乐而不为呢？

综合上述四义，可见无论从哪方面来说，事情似乎不像张守节说的那样，是"蓟微燕盛，乃并蓟居之"。

那么，这个蓟到底去了哪里？揆诸史实，这或许和春秋早期冷不丁在中原地区冒出来的那个南燕国有一定的关系。因为这个南燕国不仅带有"燕"的标记，还继承了蓟人的"黄帝后人"的桂冠。[1]

自古至今，燕与蓟的关系始终是争执不下的一个问题。早自汉唐以来，人们"或言燕都蓟，或言燕并蓟，或言召公更封于蓟，或言蓟改为燕，或言蓟就是燕"[2]，总之无论如何也要把燕、蓟合二为一，以至化蓟为无，从而掩盖了北京地区一段极为重要的历史。但综合已有的分析，可知蓟就是蓟，燕就是燕，它们的来源不同、历史不同、地域不同、世系不同，绝非一国一事。早自黄帝以来，由涿鹿而入北京的是黄帝后裔的蓟，长期坚守在北京小平原的也是这个蓟。而召公奭的燕则初创于西周成王年间，建都于北京西南隅的琉璃河古城。召公燕国虽然是一支外来势力，但它挟时代的潮流而来，有封土，有封爵，有部众，有武装，更有周朝的强大背景和召公之大旗，其势锐不可当。于是，这股势力很快就成了幽燕历史的主角。到了西周中期，蓟的文化由典型商文化转变为典型周文化，

---

[1] 详见王光镐《人类文明的圣殿：北京》，中国书籍出版社，2014年，第186~188页。

[2] 葛英会：《燕国的部族及部族联合》，《北京文物与考古》第一辑，1983年。

就标志着它已臣服于燕。而恰逢此时，蓟国日益受到来自山戎的战争威胁，因此很可能为了自保，蓟国顺势而退，离开了刀锋渐锐的北京平原。

至于蓟国到底去了哪里，其实那是不重要的。重要的是，正是始于燕的突兀登场，终于蓟的黯然消失，北京地区的历史在各方面都发生了根本的变化，燕国终于成了整个北京平原独一无二的霸主。

千秋基业铸辉煌

在此前的北京史研究中，通常把西周燕国与燕地的夏商方国混为一谈，笼统地归为"方国、封国"阶段。但事实上，燕是中原王朝分封的诸侯国，与夏商时期各自为政的方国不啻有天壤之别。然而事情的另一面是，姬周燕国与秦汉以后郡县制的区别也是不言而喻的，关键在于它作为独立的诸侯国，充分享有政治、军事自治权，可以自主决定官吏的设置、军队的招募和赋役的征派等。而且根据西周分封制，诸侯的爵位子孙相继，世袭罔替，一封定终生，这更是君主集权下的州郡制所不能比拟的。正因此，开始时姬周封国尚能处在周王室的控制之下，而一旦羽翼丰满，这些诸侯国便越来越独立，纷纷与周王室分庭抗礼。总之，纵观整个中国古代政治史，姬周燕国恰处在独立方国与郡县制的中间形态，与前后两者均有明显的区别。这种区别使其毫无疑问地成了一个独立的阶段，而燕国前后传世四十四君，"社稷血食者八九百岁"，其时间之长也足以构成一个独立的阶段。

姬周燕国的独立阶段性，不仅表现在它的政体上，更表现在它的历史特殊性上。因为正是周王室的封燕，在各方面都对北京的发展产生了鼎新革故的深刻影响。

其一，召公所封的燕，是幽燕历史上第一个由中原王朝直接派驻的政权，由此开启了北京地区直属中原王朝的先河。

早在五帝时代，就有关于帝尧"申命和叔，宅朔方，曰幽都"[①]的说法，即帝尧也曾派和叔部族来幽都（幽州）镇抚各方。此举当时或许也多多少少对幽燕各部产生了一定的威慑作用，但受命的和叔终归只是一个部族，所起的作用有限。而召公的燕国则不然，它不仅是一个稳固的政权，而且是幽燕历史上第一个由中央王朝直接派驻的政权，意义显然不同。

察西周封国的合法地位来自四个重要的前提，这也说明了周天子与诸侯国的直接隶属关系。

一是诸侯分封必须得到周天子的册命，史称"册封"，以示他的权力来自周天子。

二是根据周制，"天子适诸侯曰巡狩，诸侯朝于天子曰述职"[②]，即天子要定期巡视诸侯的政绩，诸侯则要定期向天子报告自己的治国理政情况，向天子述职。天子巡视后还要根据不同情况给予诸侯以奖惩，对严重失德者要削地、黜爵、流放乃至征伐。诸侯朝觐天子更是必不可少的义务，若有违反便会受到极为严厉的惩处。如《孟子·告子下》所言："一不朝则贬其爵，再不朝则削其地，三不朝则六师移之。""朝"便是朝觐天子，只要诸侯三次不朝，天子就要出兵讨伐之。

[①]《尚书·尧典》。
[②]《孟子·告子下》。

三是周王室对各诸侯国一概实行"监国制度",即有权派遣重要官员去各国履行监管职责。

四是诸侯国必须对周王室尽自己的义务与责任,服事贡纳于周。由文献及金文所见,周天子常常对诸侯发号施令,要求他们恪尽职守,"以藩屏周"。此外,诸侯国要承担的义务尚多,包括给周王室进贡、服役、勤王、守边、从征、助讨、献俘、救灾等。遇到王室有重要的祭祀活动,以及周王死丧、嫁娶、巡游等,列国也要各尽所能、各司其职、各献方物。

以上种种,皆说明西周封国即使有再大的自主性,仍然是周天子的臣属。《诗经·北山》曰:"溥天之下,莫非王土;率土之滨,莫非王臣。"此文说的便是西周王朝"天子建国,诸侯立家"①的政治体制。按照这个体制,每个诸侯国都是"天子建国"格局下的一个小家,故而每个诸侯国君都"莫非王臣"。

见于琉璃河燕国都城出土的铜器铭文,受封后的召公不仅要一如既往地服事周天子,燕侯及其臣属还要定期前往宗周、成周朝聘,"见事于宗周"②,这便体现了燕与周天子的主从关系。尤有甚者,《史记·齐太公世家》称:

琉璃河西周燕都出土"堇鼎",铭文记载燕侯派"堇"前往宗周奉献食物
(首都博物馆藏)

---

①《左传·桓公二年》。
②《燕侯旨鼎》铭文,见殷玮璋《新出土的太保铜器及其相关问题》,《考古》1990年第1期。

"(齐桓公)命燕君复修召公之政,纳贡于周,如成康之时。"这里记载的是春秋中期齐桓公告诫燕庄公的一番话,说燕国必须像西周成康年间一样,规规矩矩地"纳贡于周"。由此可见,"纳贡于周"是燕国必须履行的义务,即使晚到王室中落的春秋时期也不可稍有懈怠,由此更说明了燕与周天子的主从关系。

其二,除了建立起和中原王朝的直接隶属关系外,尤为关键的是,燕国的分封还标志着幽燕地区在中华版图上战略地位的确定。

在周朝的封国中,位置最为偏远的是"武王乃封箕子于朝鲜"的箕子之国,其地远在朝鲜。但"箕子者,纣亲戚也"[①],其为先朝旧戚,并非姬周的同姓诸侯。而若论周王宗亲的分封,以周人的都邑为基点,地域最为偏远者则非召公奭的燕国而莫属。虽然当时燕国都邑还位在北京的最南端,但离周人统治轴心的距离也远远超过了其他中原列国,甚至超过了"僻在蛮夷"的楚。

燕的位置虽然偏远,但其地位却并不卑下,这由位高权重的召公受封于此便足见一斑。而之所以将召公分封于此,盖因燕地在周王朝的整体部署中具有十分重要的战略地位。

召公燕国的最高使命,当然首先在于抵御畜牧族的入侵而"以藩屏周",但揆诸史实,显然又不仅限于此。

周初分封的诸侯国中有情况相当特殊的一个,这就是上面说的箕子之国。箕子乃殷纣王的叔父,原为商的诸侯。商代末年殷纣王荒淫无道,残害忠良,箕子不堪其虐,不得已佯狂为奴,但仍被纣王囚禁。商朝灭亡后,武王命召公释放箕子,此后"箕子不忍周之

[①]《史记·宋微子世家》。

释，走之朝鲜。武王闻之，因以朝鲜封之"①。这个史实告诉我们，由于箕子之故，西周王朝从初创伊始便于朝鲜一带有了藩属之国。在箕子所封的朝鲜与燕山间，也就是在燕、蓟以北的地域中，当时还存在不少周之藩属。一如周人自谓"肃慎、燕亳吾北土也"②，这肃慎、燕亳便是周的属国，统统位在"北土"；二如向周人俯首称臣的孤竹，中心居址在今河北卢龙一带，这也是燕蓟东北方的周之藩属。《国语·鲁语下》云："昔武王克商，通道于九夷百蛮，使各以其方贿来贡。"这段文献说明，周的属国甚多，总称"九夷百蛮"，而其中有相当部分就位于广袤的东北地区。

从西周的版图看，召公的燕国恰好处在周人与东北藩属交往的咽喉要地，燕地通则周人与东北藩属皆通，燕地不通则周人与东北藩属不通。由此可见，燕国的战略地位并不仅限于"镇守边鄙"的"守"，而更在于"通道于九夷百蛮"的"通"。燕国这个"通"的重任尤其不可小觑，因为要想实现这一目标，就要荡平燕山以北的魏营子文化、夏家店上层文化等游牧族的阻隔。到了战国时期，在陆续打退了东胡及其他游牧民族后，燕国终于完成了这个任务，把疆界扩展到了"东有朝鲜、辽东，北有林胡、楼烦"③的广大地域。而正是这个"通"的结果，才使今之中国有了一个状如金鸡般昂首鸣唱的版图。

既要重视对外的"守"，又要确保对内的"通"，这就是幽燕在西周版图中的双重战略作用。这一战略地位的奠定，对此后历朝历代的倚重幽燕产生了极为深远的影响，奠定了幽燕在整个中华格局中的无出其右地位。

---

①《尚书大传·洪范》。
②《左传·昭公九年》。
③《战国策·燕策》。

其三，自蓟国黯然退场，燕都代蓟，北京地区终于结束了亘古以来绵延不绝的各邦国多元分治局面，开创了一元主体的全新格局。

北京地区原始社会的部族林立，已由新石器时代遗址的鳞次栉比反映出来。到了五帝时代，在此地活动过的部族也不胜枚举，有史可稽的就有黄帝及其他各帝、黄帝遗民及其后裔、外来的和叔及共工部族，以及山戎、荤粥、肃慎等土著居民。及至夏商时期，在北京地区生活过的邦族仍不下十余个，尤以来自燕山以北的夏家店下层文化部族最为强大。[1]至于到了商代晚期，北京地区不仅被张家园上层文化等部族所控制，跻身其中的还有"燕亳""蓟""䣙""肃慎"等邦国。[2]其中的蓟代表了先皇的余脉，燕亳及䣙国代表了商王朝的地方势力，肃慎等代表了本地土著居民，张家园上层文化则代表了新兴的畜牧族集团，恰好涵盖了燕地多元民族的几大主要来源。

然而自燕都代蓟，北京地区多元主体的并峙局面终告结束，燕地进入了一元主体的全新时代。这里所说的一元主体，当然不是说这时的幽燕地区只剩下了一个燕族，那是根本不可能的。当时发生了变化的，只是各部族间的政治关系，始终不变的，则是在同一个政治主体之下，仍然存在多个部族。

在琉璃河燕都出土的铜器铭文中，有相当部分是记录燕侯与原燕地部族关系的，其中涉及的异族首领有复、攸、堇、伯矩、圉等。综合以观，这些部族不仅各有各的族徽，有的族徽还见于殷商铜器铭文，可知其属于殷商遗族。而于此之外，再加上随召公分封

---

[1] 考详拙作《人类文明的圣殿：北京》（修订版）第 326 ~ 338 页。
[2] 同上注第 120 ~ 122 页。

来的部民,当时燕国境内的异姓部族显然不在少数。根据先秦宗法制度,这些部族仍然拥有自己的名称、徽号和首领,甚至仍然保有自己的领地,与此前基本无异。但如《左传·昭公七年》所言:"封略之内,何非君土?食土之毛,谁非君臣?"在西周封国内,各部族已一概失去了主权地位,而统统变成了诸侯国的臣民。当然,按照"柔远能迩,安劝小大庶邦"的周人国策,燕侯在不断强化统治的同时,也会大行怀柔之道,对这些部族的首领封官、晋爵、割地,极尽拉拢之能事。见于琉璃河西周金文所镌,燕侯经常赐给这些异族首领财富和奴隶,这就是明证。

北京地区一元格局的形成,可以说始于西周初年的召公封燕,完成于西周中晚期之交的燕都代蓟。考古资料证明,当西周初年燕国初封时,来自中原的燕文化还只分布在琉璃河燕都附近几十公里的范围内,说明那时燕国的实际控制区还相当有限。后来随着燕国势力的不断扩张,燕文化不断蔓延,覆盖范围逐渐扩大。到西周中晚期燕都代蓟后,燕文化几乎覆盖了整个北京小平原,标志着北京地区一元格局的基本形成。

据清人顾祖禹《读史方舆纪要》一书的统计,即使晚到春秋时期,在以中原为主体的一个不大的范围内,仍然存在着大国14、小国113。相比之下,北京地区早在西周中晚期之交就形成了一元政体,足见燕国在此方面的首开风气之先。毋庸赘言,这是就北京小平原的主体范围而言,不排除其边缘地带仍有不少互不统属的部族,尤以西北部的山麓一带为著。突出之例如延庆军都山的山戎部落,直到东周时期仍是独立的政体。但是,特例终归是特例,而在总体态势上,从姬周燕国独领北京小平原起,北京的一元政治格局已基本形成。

琉璃河西周燕都"克罍",铭文载明周天子册封燕侯(首都博物馆藏)

北京三面环山,自古就是由中原通往西北内蒙古高原、东北松辽平原、西部黄土高原和东去渤海的交通枢纽。这种宏观地理态势,决定了北京在历史上是不同部族的集散地,也是多民族的共同家园。但从北京自身的发展看,多元主体的对峙显然会带来十分负面的影响,不利于它的全面崛起。因此,西周燕国一元政体的出现,可以说是北京历史上的一个划时代进步,使北京平原从此有了聚合在一起的整体优势。

其四,西周燕国带来的又一巨大变化是,从这时起,北京地区的文化纳入了华夏主流文化圈,成为华夏文明不可分割的一部分。

应当说明的是,周以前的北京地区文化也是华夏文化的一部分,属于广义范畴的华夏文化。特别是在整个旧石器时代和新石器时代早期,这里还是中华文化的发源地,是中华文化的根蒂所在,带动了南北各大文化的发展。[1]到了新石器时代中晚期,北京成了联结南北文化的中心枢纽,兼容并蓄了燕山南北的两大文化因素,但在主流方面仍与中原文化接近。到了夏代后期,燕山以北的畜牧

---

[1] 参考拙作《人类文明的圣殿:北京》(修订版)第二章。

族强势南下，北京地区转眼变成了畜牧文化区。①继夏家店下层文化燕南类型后，接踵而来的是商代中晚期的塔照二期文化和商朝末年到西周早中期的张家园上层文化，这仍然是以畜牧经济为主体的文化。②然而自召公封燕开始，以姬周文化为代表的中原文化开始挺进幽燕，此后逐渐占据上风，最后终于发展成具有主导地位的文化。尤其在西周中晚期之际燕都北迁蓟邑后，燕文化覆盖了整个北京平原，除了周边山地外，今北京地区已成燕文化的一统天下。

到了东周时期，随着天子弱而诸侯强，列国文化不断彰显出自身的个性，燕文化也不例外。但在本质上，无论出现了春秋五霸的齐、宋、晋、秦、楚，抑或战国七雄的秦、齐、燕、楚、韩、赵、魏，列国的文化仍然跳不出华夏文化的范畴，仍然统属一个大的文化。总之，燕文化的出现及蔓延，是北京地区文化史上的一件大事，给燕地带来了不少根本的变化，主要是：

一、燕地从此正式纳入了华夏主流文化圈，成为华夏主流文化中一个虽然地处偏远却不可缺少的部分。在此之前，北京地区诸考古文化缺少主导文化的一以贯之，时而以中原因素为主，时而以北方文化为主，时而以本地特征为主。但从燕国开始，华夏文化在北京地区相沿不替，成为这里经久不衰的主流文化，即便在外族入侵时也赓续不绝。

二、在纳入华夏主流文化圈后，燕地从此被看成华夏之地，燕人从此被视为中土之人。

中国传统史观的"华夷之辨"，起于西周，成于春秋，流于千古。尤其是姬周王朝，周武王和周公旦建立的是一个以血缘为纽带

---

① 详拙作《人类文明的圣殿：北京》（修订版）第 326～338 页。
② 同上注第 120 页。

的宗法制国家,"封建亲戚"是它的政治体制,"内华夏、外夷狄"是它的立国理念,因此格外注重华夷之分。其实说到底,当时的中国和夷狄,无非一是部族之分,二是文化之分,而周成王的封召公于燕,恰好同时在这两个方面使北京正式成了"中国"的一部分。这个历史基础的奠定,把北京和戎狄化外之地严格区分开来,并且从此确定不移。在时隔两千余年后,当宋朝官员谈起被辽国占领的幽燕之地时,仍喟叹"念旧民遭涂炭之苦,复中国往昔之疆"[1],即仍以燕人为"旧民",以燕地为"中国往昔之疆",便印证了这个事实。

三、由于进入了华夏主流文化圈,燕地从此德化远播,成为中原向北方民族输送先进技术和华夏文明的桥头堡。同时,北京地区也不断汲取了北方民族的优秀文化,成为融汇两大集团先进文化的历史熔炉。

总之,在西周以前,区域的相对独立、部族的多元并峙、文化的因时而易,是北京历史文化的基本特征。而从召公封燕开始,幽燕地区纳入了中原王朝的政治版图,也纳入了华夏主流文化圈。到了燕都代蓟,北京地区彻底结束了不同政体割据对峙的局面,终于形成了一元主体格局。所有这些,都对北京的历史产生了极大影响,使它率先实现了从多元一体到多元一统的转变。自此而后,北京地区的一元格局,以及主流文化的一以贯之,在跌宕起伏的历史大潮中始终不变,不仅制约了北京历史的走向,也影响了中国历史的走向。

---

[1]《宋史·赵良嗣传》。

正是由于实现了上述转变，燕国才能在群雄中不断崛起，终于在战国中期步入了它的鼎盛期。

《史记·苏秦列传》载，战国中期燕文公（公元前361～前333年在位）时，燕国在疆域上东有朝鲜、辽东，西有云中、九原，北筑长城与东胡为界，南与齐国为邻，方圆达二千余里；在武备上燕国坐拥甲兵数十万、战车六百乘、战骑六千匹，是东北方首屈一指的军事强国；在物力上燕国粮贮充盈，"粟支数年"，土产丰富，民不耕作而可藉枣栗足食。正因此，苏秦赞其为"所谓天府者也"。燕文公卒后，燕易王立，时在公元前332年。易王首开了燕国称王的记录，也首开了姬姓诸侯国僭制称王的记录。这是一个标志，表明当时的燕国已跻身列国豪强榜，开始和之前称王的楚、齐、秦等异姓强国争王争霸。

易王立十二年卒，王子哙立。这时燕国发生了一件大事，即燕王哙异想天开，居然为了博取尧舜禅让之名，主动把王位让给了国相子之。为了以示决绝，燕王哙不仅甘心俯首称臣，还把俸禄在三百石以上官吏的印玺统统收回，一概交予子之处理。结果事与愿违，子之的统治太不得人心，"子之三年，燕国大乱，百姓恫怨"①，燕国上下乱象丛生。同时，这个惊世骇俗的"禅让"之举颠覆了三代以来的宗法制度，冒犯了整个上层社会，理所当然地遭到了其他诸侯国的一致反对。姑不论文献中留下了多少对燕王哙的非议，此事居然还被镌刻在青铜礼器上，给历史留下了抹不去的痕迹。

这件青铜器出自河北平山中山王墓，年代属公元前4世纪末。

---

①《战国策·燕策》。

其铭曰:"燕君子哙,不辨大义……则上逆于天,下不顺于人也。"①这段铭文记载了各诸侯国对燕王哙禅让的强烈不满,认为这是"上逆于天,下不顺于人"的癫狂之举。舆情鼎沸中,便有那趁火打劫者,借着列国的普遍不满和燕国内乱,发兵征讨燕国,这就是齐国。当时燕国上下早已离心离德,"士卒不战,城门不闭"②,结果齐国旗开得胜,出兵50天便占领了燕国都城。燕国南部有一个小小的中山国,此时竟然也发兵伐燕,同样大获全胜,一举掠地数百里。齐与中山的扫荡,使内忧外患的燕国犹如雪上加霜,陷入了更加深重的灾难。燕君哙和燕相子之在此役中相继身亡,齐国却仍然不依不饶,"杀其父兄,系累其子弟,毁其宗庙,迁其重器"③,试图赶尽杀绝,眼看燕国就要倾巢覆灭。

齐国的趁火打劫很快引起了其他诸侯国的不满,于是列国联合出兵,迫使齐国退兵,拯救了危如累卵的燕国。公元前312年,赵武灵王把在韩国做人质的燕王哙之子姬职护送回燕国,立为燕王,此即燕昭王。④ 正是从这代燕王开始,燕国一飞冲天,终于谱写出一曲燕国历史上最为壮丽的凯歌。

燕昭王即位之初,燕国"构难数月,死者数万,众人恫恐,百姓离志",形势岌岌可危。面对国难家仇,燕昭王奋发图强,"吊死问孤,与百姓同甘苦",并且高筑黄金台,"卑身厚币以招贤者"。

---

① 河北省文管处:《河北省平山县战国时期中山国墓葬发掘简报》,《文物》1979年第1期。

② 《史记·燕召公世家》。

③ 《孟子·梁惠王下》。

④ 此说出自《史记·赵世家》,另一说称燕昭王是燕太子平,见《史记·燕召公世家》。

为时未久,"乐毅自魏往,邹衍自齐往,剧辛自赵往,士争趋燕"①,天下才俊齐聚燕国。燕昭王二十八年(前284年),燕国殷富,士卒乐战,燕昭王遂下决心报仇雪恨,命杰出军事家乐毅为主帅,联合韩、赵、魏、秦四国大军合纵攻齐。在联军的合力围剿下,齐军大败,乐毅乘胜追击,独率燕军攻破了齐都临淄,烧其宫室宗庙,迫使齐湣王仓皇出逃。

经过这场大战,燕国不仅一雪前耻,还收获了齐国七十余座城池,国力大增。乐毅率师攻下齐都临淄后,"尽取齐宝财物祭器输之燕"②,将齐国珍宝礼器悉数运回燕国。与此同时,燕昭王还起用贤将秦开,向北袭破东胡,"东胡却千余里"③,燕国由此把燕山以北的老哈河上游及大小凌河流域也纳入了版图。考古资料证实,到了战国中晚期,燕人墓葬开始出现在河北张家口、辽宁朝阳、内蒙古赤峰等地,甚至最北到了沈阳④,恰好印证了燕国势力的北上。

燕昭王在位于公元前311~前279年,相当于战国中晚期之际。正如大将乐毅所言:"自五伯已来,功未有及先王(燕昭王)者。"⑤作为燕的中兴之主,燕昭王不仅使燕国重振雄风,还开创了一代霸业,使燕国跻身"战国七雄"。

燕国的强盛,理所当然带来了燕都蓟邑的繁荣。自从西周中晚期之交燕国都城由琉璃河北上迁至蓟城后,到燕昭王时已逾五六百年。经过漫长的发展及山戎南侵、齐国北伐等战争的洗礼,这座燕国都城至此终于步入了它的鼎盛期。史载当时燕都蓟城不仅是北方

---

① 《史记·燕召公世家》。
② 《史记·乐毅列传》。
③ 《史记·匈奴列传》。
④ 郑君雷:《战国时期燕墓陶器的初步研究》,《考古学报》2001年第3期。
⑤ 《史记·乐毅列传》。

头号强国的政治、文化中心，经济上也"富冠海内"，成为"勃碣之间一都会也"[①]。

为了巩固南部疆土和南下伐齐，燕昭王在蓟都之外又于河北易县武阳台建造了一座陪都，称"下都"。这座燕下都西依太行，居高临下，地势险要，威慑齐赵。早在上个世纪三十年代，燕下都城址已被发现，初步探明它有东西二城，时代略有早晚，但主要遗存皆属战国时期。[②]

此外燕国还建有中都。《太平寰宇记》卷六十九载："良乡县，在燕为中都，汉为良乡县。"此类记载多见于北宋以后，时代偏晚，但考古工作却证明它们所言不虚。早在1957年，考古工作者就在汉良乡县治的今房山区窦店发现了一座古城，经过几次考古调查与试掘，可知这座城邑近方形，周长约4500米，有内外两道城墙，始建于战国早期，最后废弃于北魏时期。[③] 综观此城的年代、规模、地理位置及文化属性等，当属燕中都无疑。

总之，不迟于燕昭王的战国中晚期之际，燕国已全面推行了多都制。其中除了燕下都和另一座曾被当作临时都城的"临易"外，包括最早的琉璃河古燕都在内，其他各都城的城址都在今北京地区，由此奠定了北京在燕国八百余年历史中始终如一的中心地位。

太史公司马迁在总结燕国历史时说："燕迫蛮貉，内措齐、晋，崎岖强国之间，最为弱小，几灭者数矣。然社稷血食者八九百岁，

[①]《史记·货殖列传》。
[②] 中国历史博物馆考古组：《燕下都城址调查报告》，《考古》1962年第1期；河北省文化局文物工作队：《河北易县燕下都故城勘察和试掘》，《考古学报》1965年第1期。
[③] 北京市文研所：《北京市窦店古城调查与试掘报告》，《考古》1992年第8期。

于姬姓独后亡,岂非召公之烈邪!"[1]自召公封燕,姬周燕国崛起于古幽州,以列国诸侯中位置最为偏远的一个,面对戎狄的滚滚狼烟及中原诸侯的杀伐争霸,于腥风血雨中"几灭者数矣",却始终挺立于世界东方。史载燕国世系自召公以下传世凡四十四君,其国君始而称侯,到春秋初年燕庄公时改称公,到战国中期燕易王时僭称王,最终发展成"战国七雄"之一,呈现出逐次递升的发展轨迹。在长达八百多年的风雨历程中,燕国不仅成为姬姓封国中历史最长的一个,而且成了北京断代史中时代跨度最大的一个。此期间燕国一直以今北京为中心,在这里留下了无数壮丽凄婉的故事,也留下了许多绚烂凝重的文化遗存,更留下了由音乐家高渐离传递的燕文化神韵。

《汉书·地理志》载:"武王定殷,封召公于燕,其后三十六世与六国俱称王。东有渔阳、右北平、辽西、辽东,西有上谷、代

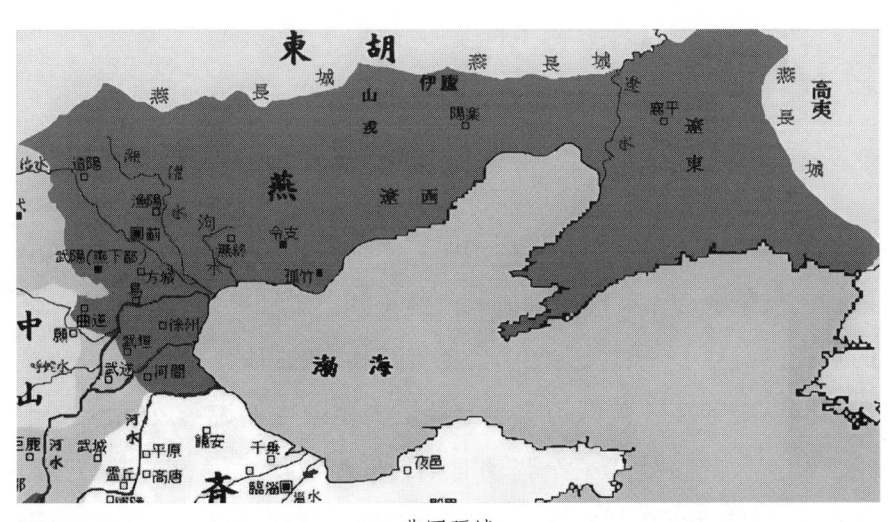

燕国疆域

———————
[1]《史记·燕召公世家》。

郡、雁门，南得涿郡之易、容城、范阳、北新城、故安、涿县、良乡、新昌，及勃海之安次，皆燕分也。乐浪、玄菟，亦宜属焉。"以上列举的是燕国最盛期的疆域，包括了今河北北部、北京、天津、山西东北部以及辽宁大部，向东甚至到了辽东半岛。正是这片沃土，铸就了燕国的辉煌，也铸就了燕都蓟城的辉煌。

战国末年，当秦人大军横扫华夏时，燕国仍一柱擎天，成了姬姓诸侯国中坚持到最后的一个。在终于无力回天而行将谢幕之际，燕太子丹仍出人意料地奋力一搏，导演了"风萧萧兮易水寒，壮士一去兮不复还"的荆轲刺秦王故事，留下了摄人魂魄的千古绝唱，也留下了"燕赵多慷慨悲歌之士"的豪放风情。秦始皇二十一年（前226年），"秦攻拔我蓟，燕王亡，徙居辽东"①，燕国至此才退出了今北京地区，自保于辽东。四年后，"秦拔辽东，虏燕王喜，卒灭燕"②，燕国亡于秦，终于结束了它可歌可泣的悲壮历程。

结语

当北京平原终成燕国的一统天下时，当以张家园上层文化为代表的畜牧族终于被逐出燕山以南时，人们看到的，只是燕国的莺歌燕舞，只是姬周王朝的全面胜利。殊不知，姬周燕国这一战略目标的实现，谱写了一曲人类文明史上极其壮伟的凯歌。

世界史泰斗、美国历史学家斯塔夫里阿诺斯说："公元前二千纪，欧亚大陆正处于一个骚动时期，即游牧民入侵、古老的帝国被推翻、旧的社会制度瓦解的时期。骚动是猛烈的，整个欧亚大

---

① 《史记·燕召公世家》。
② 同上注。

陆都处于一片混乱之中。因此，公元前二千纪是古代文明从历史舞台上消失，由古典文明取而代之的过渡时期。"①这就是说，从公元前2000年起，新兴畜牧族在欧亚大草原迅猛崛起，给整个世界带来了一场前所未有的灾难。这些好勇斗狠的人们挥舞着弯刀剑戟，风卷残云般地四处征讨，欧亚大陆的各古老帝国在他们的铁蹄下纷纷土崩瓦解，相继堕入了历史的黑暗。当时闯进西方农耕世界的主要是印欧种人和亚非语系的闪米特人，他们的足迹东及印度河，西至爱琴海，中到两河流域和小亚细亚，南跨古埃及，几乎遍及世界各文明地区。这些人乘着马驾的双轮战车，稍后还使用了骑兵，把战火一直燃烧到了公元前一千纪。

就在这些野心勃勃的游牧族排山倒海般地倾覆整个欧亚大陆的古代文明时，在世界的东方，在燕山以北，同样由于环境的蜕变，新兴畜牧族也在迅速崛起。起伏逶迤的燕山山脉怎能阻挡住他们问鼎中原的铁蹄？于是正如前文所述，从夏家店下层文化燕南类型开始，中国北方的畜牧族也和西部的印欧种人一样，秣马厉兵强势南下，占领了今北京地区。可是，自从西周初年起，孤立无援的燕国竟一举荡平了燕山以南的畜牧族，更在后来的"社稷血食者八九百岁"中不断抵挡住了畜牧族凌厉的攻势，以"崎岖强国之间，最为弱小"的一己之力，保住了周朝的江山社稷，也保住了华夏的农耕文明。可以说，正是由于燕国的浴血奋战，人类历史上才有了一个从未间断的文明，人类文明史上才有了一曲没有被粗暴抹去的华彩乐章。从这个意义上说，姬周燕国对人类文明和中华文明的贡献可谓居功至伟，功莫大焉！

---

① [美] L.S. 斯塔夫里阿诺斯：《全球通史——1500年以前的世界》，吴象婴、梁赤民译，上海社会科学院出版社，1999年，第149页。

作为死守农业文明底线的诸侯国，燕国的华夏卫士使命几乎贯穿了它的全部历史。即使到了战国中晚期，当周朝的历史行将终结之时，燕国仍承担着抵御北方强族的重任。当时北方最强大的游牧族是匈奴人，他们一再南侵，已经兵临燕、赵、秦三国，酿成了"当是之时，冠带战国七，而（燕、赵、秦）三国边于匈奴"[①]的危急局面。可我们看到，燕国反守为攻，居然依靠贤将秦开"袭破走东胡，东胡却千余里"，把匈奴和东胡等游牧族向北驱赶了千余里。于此之外，燕国还积极筑边以自保，"筑长城，自造阳至襄平，置上谷、渔阳、右北平、辽西、辽东郡以拒胡"。

众所周知，西方的秦国就是在战国中晚期崛起的，此后陆续翦灭了包括燕国在内的东方六国，建立起统一的秦帝国。但不难设想，如果当初没有燕国这道铁血屏障，如果不是燕国全力阻挡住了北方的游牧族，同样处在匈奴刀锋之下的秦国，岂有力量兼并东方六国？大一统的秦王朝又怎能建立？历史是不接受假设的，这些问题自然不会有明确的答案。但可以给出答案的是，自从燕国灭亡后，北方游牧族的压力全部转移到新成立的秦王朝身上，以至秦始皇不得不发30万大军北击匈奴，也不得不发50万工役修筑长城。而这样的劳师动众，正是导致秦朝很快灭亡的原因之一。

[①]《史记·匈奴列传》。

第四章
人文渊薮，亘古不息

我们已经知道，北京城的来源甚古，可以一直追溯到距今3200年前。通过悉心推求，我们又进而知道，北京城渊薮很深，它的开局竟然和中华始祖黄帝有关，是"黄帝后人"的封国。而除了这些非同寻常的特性外，北京城还有一个特异之处，即从它诞生的那天起，它就展现了与众不同的连续性，流淌出一部史诗般的城市发展史来。

历史长河

整个北京城的先秦史，是由"黄帝后人"的蓟和召公奭的燕贯穿下来的。最初在蓟城上演的是蓟国的历史，它从商王武丁所在的公元前1200年起，前后绵延了不下三百年。之后这里转而成为燕国的都城，始于西周中晚期之交，止于战国晚期。《史记·秦始皇本纪》载：秦始皇二十一年"遂破燕太子军，取燕蓟城，得太子丹之首"。这是燕国在蓟城的最后一幕，时在公元前226年，说明蓟城的燕国都城史一直延续到了战国末年。这之前也曾发生过一些变故，例如上章所述的"桓侯徙临易"，就说春秋初年的燕桓侯曾一度把燕国都城从蓟邑迁到临易。但这一来不等于蓟邑就不存在，二来临易只是个临时性都城，不久后燕国便回迁蓟都，所以这并未从根本上动摇蓟城的都市地位。

公元前221年，秦始皇翦灭东方六国，创建了中国历史上第一个大一统王朝，并且推行了中央集权制。秦朝集权政治的表现之一，就是以中央统辖的郡县制代替了周朝的诸侯分封制。郡县制实行后，今北京仍称蓟城，是秦朝广阳郡的首府。

西汉王朝建立后，汉高祖五年（前202年）封卢绾为燕王，以蓟城为都。此后西汉在燕地的封国屡兴屡废，但蓟城一直是封国之都。中间时或废国为郡，蓟城便是郡治，仍然稳居中国东北首府的地位。王莽时改广阳国为广有郡，亦以蓟城为治所。东汉时期，从开国皇帝刘秀拜大将军朱浮为幽州牧起，到东汉末年刘虞任幽州牧止，蓟城始终是幽州及广阳郡的中心。

三国曹魏时期，蓟城作为封国国都或燕郡郡治的地位仍相沿不改。此后，正如《旧唐书·地理志二》所载："蓟，州所治……自晋至隋，幽州刺史皆以蓟为治所"，由晋至隋的蓟城一直是幽州治所，废州为郡时便是郡治。此期间时有封国，十六国的前燕国慕容儁更在此称帝，这时的蓟邑便升级为都城。隋朝曾废幽州为涿郡，蓟城依旧为涿郡郡治。到了唐朝，蓟城改称幽州城，仍为州、郡治所，先后设有幽州总管府、幽州大总管府，是幽州节度使、范阳节度使的驻节之地。

五代时期，幽州城是后梁、后唐的政治、军事重镇，后梁的幽州卢龙军节度使刘守光还一度在此称帝，自立大燕国，以幽州城为都。后唐末年，河东节度使石敬瑭把燕云十六州割让给契丹，今北京城遂于公元938年成为辽的南京，1012年起又称燕京。公元1122年，女真族金人战胜了辽国，燕京成为金的城邑。公元

1122～1125年，北宋政权用重金从金人手里赎取了燕京，改为燕山府的府治。公元1125年，金人再度占领燕山府，置燕京析津府。公元1153年，金贞元元年，金海陵王正式下诏迁都燕京，称金中都，北京由此成了金的首都。

1215年蒙古军占领金中都城，两年后成吉思汗率大军西征时把汉地的统治权交给了亲信重臣木华黎，木华黎遂以燕京为"都行省"，于是这里又成蒙古帝国向中原扩张的大本营。此后忽必烈下令在燕京建新城，于公元1272年正式迁都于此。再以后，这里相继成为明、清两朝的都城，直至清朝覆亡（见附表：《北京城历史沿革简表》）。

从称谓上看，今北京城最早称蓟，燕国都蓟后又称燕都。《战国策·燕策一》云："赵兴兵而攻燕，再围燕都。"这里的"燕都"便指蓟城。此后历经秦、汉、魏、晋、北朝、隋及唐前期，今北京城一概名蓟。据《旧唐书·地理志二》记载，唐玄宗开元十八年（730年）割幽州东部的渔阳、玉田、三河另置蓟州，以渔阳为治所，地在天津蓟县（今蓟州区）。自此而始，北京城改称幽州城，"蓟"成了天津蓟县的专名。但即便如此，唐幽州城内还保留着一个叫"蓟"的旧县。

唐安史之乱时史思明篡位称帝，于唐肃宗乾元二年（759年）建都今北京，称燕京，燕京之名由此而始。辽会同元年（938年），今北京城改称南京，后亦称燕京。辽圣宗年间，改南京城内的故蓟县为析津县，从此"蓟"名再与今北京无涉。金迁都燕京后，认为"燕乃列国之名，不当为京师号，遂改为中都"①，从此便称"中都"。

①《金史·地理志上》。

元朝建都燕京后，蒙古语称其为"汗城"或"汗八里"，意为大汗之城，汉语称大都。朱元璋灭元后，为了彰显"北方安宁平定"之意，将元大都改称北平，从此有北平之谓。明成祖拟迁都北平时改"北平"为"北京"，此即今北京称谓的最早面世。明成祖正式迁都后北京亦称京师，至清朝相沿不改。

以上蓟城—燕都—幽州城—燕京—南京—中都—大都—北平—北京—京师，就是历史上北京城的正统专名。它们的前后递嬗，既体现了这座城市的历史沿革，也展现了它的持续发展。除了这些正

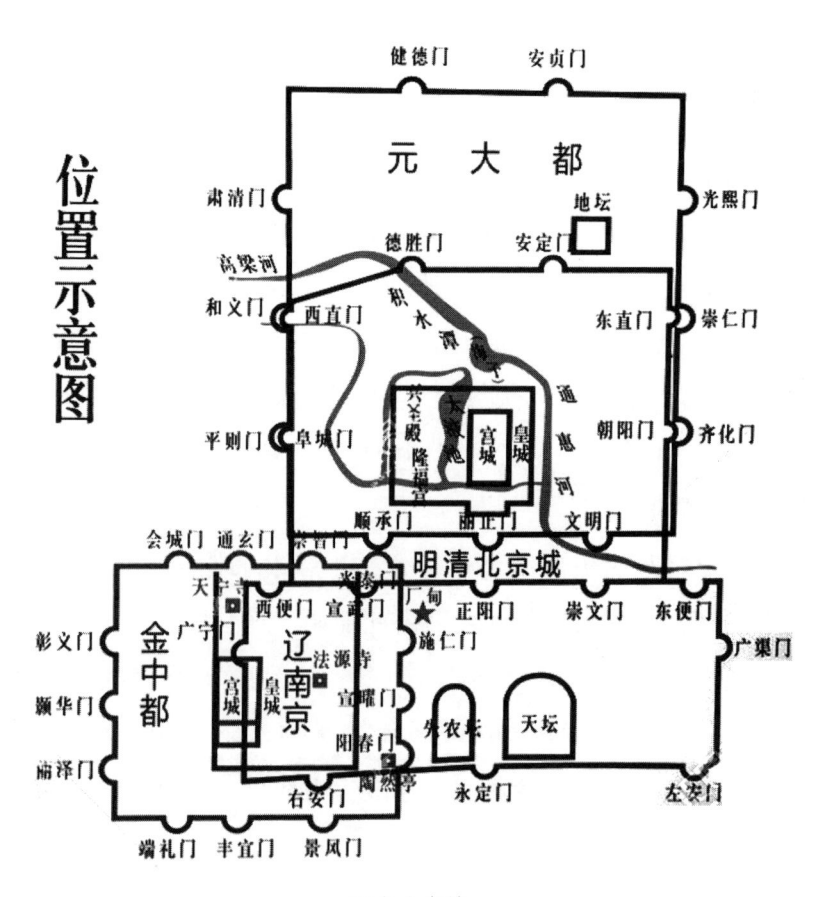

历代北京城

式称谓外，北京城在历史上还有一些代称，最常见的就是以地名、郡名或州名代之，例如称燕山、幽都、幽陵、幽州、广阳、渔阳、燕郡、涿郡、范阳、析津、大兴、顺天府等。此外，古人多以"日下"称国都，故北京又有"日下"之谓。清乾隆年间成书的《日下旧闻考》，便以"日下"代指北京。当然，建都之后人们对北京的最寻常称呼便是"京城"，这也是时下对北京的最习惯称呼。

相对名称的变化，北京城地理位置的变化就小得多了。事如侯仁之先生所言："最早的北京城，从春秋战国时代的蓟城，一直到金朝的中都城，前后两千年间，都是在今莲花池以东同一原始聚落的基础上逐渐发展起来的。城市的范围虽然不断扩大，但是原来的城址始终没有改变。"[1] 上述事实是确凿无疑的，唯有两点需要略作补充：

一是如第二章所述，蓟城的起始年代远较春秋战国为早，至少可以上溯到商王武丁之时。因此，即便截止到金朝，这座"城址始终没有改变"的古城也经历了近2500年，而非侯文所说的2000年。

二是有学者根据东汉《水经》、曹魏《魏土地记》、北魏《水经注》的有关记载，论定"东汉及其以前，今永定河过蓟城北，而曹魏以降则改径其南。这种变化，除因河水改道外，还有城址迁徙的原因在内"[2]。按照此说，前期蓟城在今宣武门、和平门一线以南，后因永定河改道，在三国曹魏时略向西偏移了一点，迁至今广安门一带。这种说法虽然与侯仁之教授的结论有一定出入，但彼此的区别不大，都没有超出同一个地理范围，故仍可视为"在今莲花池以

---

[1] 侯仁之：《北京旧城平面设计的改造》，《文物》1973年第5期。
[2] 于德源：《北京古代城址变迁》，《京华旧事存真》（第二辑），北京古籍出版社，1992年。

东同一原始聚落的基础上逐渐发展起来的"城邑。

在北京城长达3200余年的历史上，城址位置一个最大的变化，发生在元世祖忽必烈迁都之时。元朝是幅员辽阔的大一统帝国，其都城是泱泱中华的帝都，城市规模显然不可能因袭仅仅统御了半壁河山的金中都。此外再加上中都城在金朝末年遭到了严重破坏，蒙古人又有不在被废弃的营地上设立新营的传统，因此另建新都势在必行。

当时在金中都东北郊不远处，有一座金朝离宫，位于今北海琼华岛一带，是金帝每年夏季避暑的地方，称万宁宫。早在中统五年（1264年），忽必烈就下令修复万宁宫的广寒殿，作为他每次来燕京的驻跸之所。这一带有大片天然湖泊，水中遍植莲花，内有琼华岛、瑶光台、广寒殿等亭台楼榭，水源充沛，风光绮丽。经过反复踏勘，元都城新址最后就选定在以万宁宫为中心的位置上。

正如侯仁之先生所强调的："从中都旧城迁移到大都新城，实际上也就是把城址从莲花池水系迁移到高粱河水系上来。"① 这就是说，元大都城之所以向东北方向位移，包含的因素虽多，但关键的

今日莲花池

---

① 侯仁之：《历史地理学的理论与实践》，上海人民出版社，1984年，第164页。

原因还在于水源及河道的选择。在此之前，蓟城、唐幽州城、辽南京城、金中都城的水源主要靠城市西部的西湖水系，此即今广安门外的莲花池水系。到了金朝末年，西湖水量明显萎缩，污染日益严重，再也无法满足一个更大规模都市用水的需求。而当新城向东北方向稍作移动后，一来接近了水量更为丰沛的高梁河水系，二来玉泉山、西山诸水可以引入城内，三来还傍近了昌平白浮神山泉、北沙河、东沙河等水源，可以有效保障超级大都市的生活用水。

元世祖至元二十九年（1292年），水监郭守敬主持开凿了通惠河，截温榆河源头泉水，循西山山麓注入瓮山泊（昆明湖），向东南流入大都城，穿越城南后东流至今通州，最后汇入白河。这道河渠全长160余里，分置坝闸20座，漕运船只可以循此直抵大都城内的积水潭。这条水路的开通，不仅使大都城成为世界上最有效解决了城市供水的大都市之一，也使其成为最有效解决了城市水运的大都市，为北京城后来的发展奠定了坚实的基础。

元大都城虽然变换了位置，但与金中都城上下毗联，彼此还有门道相通，无异于一座城市的新旧两城。经过考古勘探和局部解剖，可知金中都的西北城墙在今白云观一带[1]，而元大都的南城垣在今东西长安街稍南，两座城址仅间隔了寥寥数百米。事实上，中都城在元代也确实沿用不废，时称旧南城，是元朝大量涌入元大都的阿拉伯商人的集聚地。特别是旧南城的今牛街一带，阿拉伯商人不但在此居住，而且在此交易开市，十分繁荣兴盛。更重要的是，旧中都城内有不少历经唐、辽、金发展下来的寺庙和道观，它们早已名扬天下，在元朝依旧香火鼎盛，游人如织。所以完全可以说，旧

---

[1] 阎文儒：《金中都》，《文物》1959年第9期；赵其昌：《金中都城坊考》，刊《辽金史论集》第四辑，书目文献出版社，1989年。

中都城当时仍然行使着城市职能，和新的元大都城共同组成了这座超级大都市。

　　明、清两朝的北京城是在元大都城的基础上发展起来的，不仅城址的方位未变，城市格局也基本未变，唯有紫禁城是明成祖在元皇宫的废墟上重新起建的。为了加强对北方的防卫，明朝初年缩减了北城，把原来在今健德桥至安贞桥一线的元大都北城墙后撤五里，缩回到今德胜门、安定门一线。明成祖永乐十七年（1419年），又将今长安街沿线的元大都南城垣向南推进二里，延伸到今宣武门、正阳门、崇文门一线，并将太庙和社稷坛南移到天安门城楼的左右两侧。明中叶以后，正阳门外人口增多，为了防止外敌入侵，明世宗颁旨修筑北京外城。后因财力不足，仅完成了南部外城的扩建，使城市南缘扩展到今右安门、永定门、左安门一线。至此古代北京城终成定局，整体形状略呈"凸"字形，总面积达62平方公里，范围就在今北京二环的老城区内。

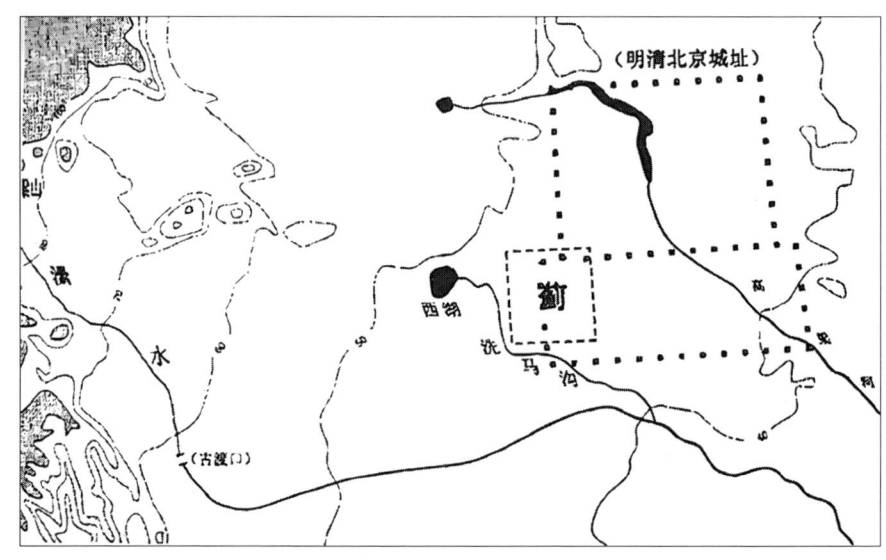

蓟城与明清北京城

在明世宗扩展了南部外城后,原蓟城、辽南京城、金中都城已基本囊括其中,甚至连明外城的东西干道也是在金中都城东西大道的基础上修建的。于是,到了明中叶,自先秦蓟城以来的不同城址终于合而为一,共同组成了这座老北京城。

毋庸讳言,每逢朝代兴亡续绝,北京城都难免遭遇战火的荼毒。甚至由于它异乎寻常的战略地位,每临战乱还往往首当其冲,因此屡遭劫难。

中国古代城市发展史上的一场空前灾难,出自秦始皇时期。秦人征讨东方六国时已经毁坏了许多城市,秦统一后,为了防止列国旧势力死灰复燃,秦始皇三十二年(前215年)下令"毁坏关东诸侯旧城郭"[1],列国城池均在毁坏之列。遭此劫难,燕的蓟城当然也在劫难逃。然而,此前秦始皇"分天下以为三十六郡"[2],其中的广阳郡郡治在蓟邑,可见蓟的城垣或许在毁城令下达后被毁坏,但作为秦的郡治,其城市面貌却得以保留。恰在毁城令颁布之时,秦始皇东巡燕地之"碣石",而蓟城是秦皇家驰道的东北端中心,是秦始皇东巡的重要行宫,这也说明当时蓟城仍保留着相当规模的宫殿和官邸。秦始皇毁城令下达后不久,秦末农民战争风起云涌,燕国旧贵族乘势于公元前209年拥立韩广为燕王,其都邑便是蓟城。此时的蓟城显然已无法与当年的燕都相比,但既然以此地为都,建筑群落总是少不了的。公元前206年项羽改封臧荼为燕王,仍以蓟城为都。总之,诸多事实证明,直到秦朝末年,蓟城仍然是燕地的中心城邑,始终挺立在秦末的腥风血雨中。

中国古代城市发展史上的又一场普遍性灾难,来自蒙古帝国。

---

[1]《史记·秦始皇本纪》正义。
[2]《史记·秦始皇本纪》。

蒙古大军早期的做法是，只要攻城略地时遇到抵抗，城陷之日便一概予以屠城。此外，再加上蒙古人有不在旧城址上建新城的习惯，留下老城于他们无益，所以毁坏的城市难以计数。当时的北京是金朝的首都金中都，金宣宗闻风丧胆，在蒙古大军尚未兵临城下时便南逃汴京。公元1215年，留守金中都的两个金朝主帅一个逃逸，一个自尽，其他部将大开城门投降蒙军，金中都落入蒙古大军之手。无可避免地，金中都的皇宫被蒙军付之一炬，但不知出于何种考虑，杀入城来的蒙军主将不仅未予屠城，反而"悉令安业，仍以粟赈之，众皆感悦"[①]，对百姓做了些安抚工作。果然，不久后成吉思汗的亲信重臣木华黎以燕京为"都行省"，这里又成了蒙古帝国统治汉地的中心，燕京因此又逃过一劫。

总之，机缘巧合也罢，天佑其成也罢，在几次大的历史性灾难中，燕京皆侥幸躲了过去。至于像五胡十六国时期羯族首领石勒攻陷蓟城后"焚烧城邑，害万余人"[②]的事件，那是无可避免的，在北京历史上不知凡几。然而，恰恰由于北京城既是战时必攻必守的军事重镇，又是和平时期统御东北各族的中心，所以每逢新朝江山初奠，统治者都会很快将这一战略要地收入囊中，并不失时机地大兴土木，使北京城一次接一次地从战火硝烟中挺立起来。

一座历史悠久的城市要经受的不仅有人祸，还有天灾。康熙十八年七月二十八日（公元1679年9月2日）上午，北京城发生了建城史上一场罕见的自然灾害——8级大地震！这场地震甚至殃及了辽宁的沈阳和河南的安阳，为害之烈前所未有。从《中国地震目录》所辑录的史料看，这场地震共有45500人罹难，令朝野上下

[①]《元史·石抹明安传》。
[②]《晋书·孝愍帝纪》。

一片震惊。像这样严重的地震，如果放在世界其他地方，很可能整座城市都毁于一旦了，甚至因此终结了城市的历史。例如，马其顿国王亚历山大大帝建造的亚历山大城，就在公元335年的一场地震和潮汐中遭受了毁灭性打击，整座城市倾覆殆尽。又如，黎巴嫩的首都贝鲁特，曾在公元349年和551年先后两次毁于强烈地震，直到公元635年穆斯林征服者占领贝鲁特时，该城的大部分仍为废墟。此类实例在人类历史上不胜枚举，但令人叹为观止的是，北京城在经历了空前大地震后却巍然屹立，各主体建筑基本完好。尤其令人难以置信的是，那座早就建成于明代初年的紫禁城在大震过后仍然宫阙岩岩，雄伟依然。如此看来，中国的土木建筑也有西方石构建筑所没有的好处。

总之，从元大都开始，无论是天灾还是人祸，这座城市再未遭受毁灭性的打击，始终保持着它固有的风貌。这是一个特殊的纪录，相当于一座城市的"保全史"，迄今已长达七个半世纪。

吊古寻幽见芳踪

北京城这部生生不息的城市发展史，不仅书写在浩如烟海的文献史料上，更深藏在多如繁星的地下、地上文物中。仅就现已发现的地下考古遗存而言，它们早已在空间上广布于北京城的各个角落，在时间上遍见于每个朝代的不同环节，以至多到不可胜数。单就每个阶段最能代表北京城最高发展水平的考古遗存来说，也已基本上连缀成串，几无缺环。下面仅从其中撷取一些典型实例，来看看这些鲜活的考古资料能给我们带来哪些不一样的故事。

先秦蓟城的考古发现，已归总在第二章第三节中。到了汉代，北京城的考古成果大大增加，其中最突出的发现亦如第二章所述，蓟城城内的陶井星罗棋布，充分反映了汉代蓟城的烟火气和市井气。但若论与汉代蓟城历史最息息相关且规格最高的发现，则当属丰台大葆台的西汉广阳王墓。

大葆台西汉广阳王墓是西汉晚期的大型木椁墓，1975年出土于丰台区花乡大葆台村。这是两座坐北朝南、东西并列的合葬墓，东侧为西汉广阳王刘建的1号墓，西侧为其夫人的2号墓。刘建的1号墓保存较好，坟丘高8米，墓圹南北长90米、东西宽50.7米，墓底南北长23.2米、东西宽18米。这是一座深4.7米的地下宫殿，由外藏（包括墓道、甬道、外回廊）和内藏（包括前室、后室和便房）两大部分组成。其墓室中心的前半部分是前室，相当于墓主人生前朝会、宴享、理政的前堂，墓室的后半部分是后室，放置墓主人的棺椁，相当于墓主人生前的寝殿。其墓室早年被盗，且遭火焚，但仍保留了部分铜、陶、铁、玉、漆器和丝织品。[1]

大葆台汉墓是北京地区发现最早的汉代诸侯王墓，也是全国发现的第一座结构清晰的黄肠题凑墓。所谓"黄肠题凑"，是一道位于墓底外回廊内侧的木围墙，整体高3米、厚0.9米、长42米多。

大葆台汉墓

---

[1] 大葆台汉墓发掘组：《北京大葆台汉墓》，文物出版社，1989年。

这道木围墙全部是用抗腐蚀性极强且香气浓郁的黄色柏木心堆砌而成的，共有约 15800 根。每根柏木心长 0.9 米、宽厚均为 0.1 米，一概大头朝里，整齐地码放在墓底四周。柏木围墙的正南方辟有一门，门内即前室，前室之后就是用扁平立木围成的后室，棺椁置于其中。

"黄肠题凑"之制最早见载于《汉书·霍光传》，称大司马霍光死后汉宣帝赐其"梓宫、便房、黄肠题凑各一具，枞木外臧椁十五具"。唐人颜师古注引三国魏人苏林云："以柏木黄心致累棺外，故曰黄肠；木头皆内向，故曰题凑。"[①] 察大葆台汉墓的"黄肠题凑"，确实是用黄色的柏木心横向堆砌而成的，与上述记载完全一致。这是一种流行于春秋战国及秦汉时期的特殊葬制，专用于帝、后及诸侯王、后的陵寝，经皇上特赐亦可用于个别勋臣和贵戚，大司马霍光便是其中一例。

从大葆台墓主人的身份看，刘建是汉室的广阳王，不可谓不高贵。从墓室和棺椁的规格看，尤其从"黄肠题凑"的采用看，其墓葬更不可谓不气派。如果亲临大葆台汉墓现场，驻足于长近百米、宽 50 米的墓圹边，俯视底部的偌大墓室，甚至会不由得人悚然心跳。可是，躺在里面的究竟是个什么人呢？这却不大为人所知。

要揭开广阳王刘建的秘密，就不能不从燕地的西汉封国说起。

终西汉一世 214 年，先后封在蓟城的共有七个诸侯国，前后约 195 年，占了西汉历史的绝大部分。这七个诸侯国分别是：

汉高祖三年（前 204 年）：以臧荼为燕王。

臧荼原为项羽旧部，封为燕王，都于蓟城。汉高祖三年臧荼投

[①]《汉书·霍光传》注引。

降刘邦，刘邦继续封其为燕王，臧荼由此成为西汉的第一任燕王。公元前202年，因刘邦大肆捕杀项羽旧部，臧荼恐慌不已，于是起兵反汉。高祖刘邦亲率大军征伐，臧荼兵败被杀。

高祖五年（前202年）：封卢绾为燕王。

卢绾，汉高祖刘邦的同乡，与刘邦同年同月同日生，从小二人即为亲密无间的伙伴。高祖起兵后，卢绾紧随其后，屡建战功，官至太尉。臧荼被杀后，高祖五年改封卢绾为燕王。受封之初，"诸侯得幸莫如燕王者"①，卢绾备受荣宠，位极人臣。高祖十一年（前196年），卢绾涉嫌谋反，被刘邦发兵剿灭，国除。

高祖十二年（前195年）：封刘建为燕王。

卢绾事发后，"高帝刑白马盟曰'非刘氏而王，天下共击之'"②，遂改封其子刘建为燕王，是为燕灵王。吕后七年（前181年），刘建病卒。

吕后八年（前180年）：封吕通为燕王。

史称"燕灵王建薨，有美人子，太后使人杀之，无后，国除"③。刘建卒后，独掌国柄的吕后杀害了刘建庶子，而后公然违反高祖"非刘氏而王，天下共击之"的"白马之盟"，改封其侄子吕通为燕王。不久后吕后病死，刘邦旧臣陈平和周勃联手剿灭了吕氏集团，吕通被诛。

文帝元年（前179年）：封刘泽为燕王。

刘泽为文帝宗室，原为琅琊王，后因反对吕氏有功升迁燕王。刘泽就燕后两年病故，刘泽之子刘嘉于汉文帝三年（前177年）承

---

① 《汉书·荆燕吴传》。
② 《史记·吕太后本纪》。
③ 同上注。

袭王位。刘嘉死，其子刘定国于汉景帝六年（前151年）承袭王位。刘定国与父姬通奸，夺弟妻，淫乱王室，于武帝元朔元年（前128年）事发，被逼自杀，国除，改燕国为燕郡。

武帝元狩六年（前117年）：立刘旦为燕王。

立燕郡十年后，武帝复置燕国，封皇子刘旦为燕王。刘旦封燕王后一直觊觎皇位，企图废昭帝而自立。昭帝元凤元年（前80年），刘旦东窗事发，以谋反罪赐死，国除，改燕国为广阳郡。

宣帝本始元年（前73年）：立刘建为广阳王。

刘旦自杀后，其太子刘建被贬为庶民。宣帝时改广阳郡为广阳国，立刘建为广阳王。刘建在位29年卒，谥曰"顷"。之后其子孙世代相继，绍封不绝，至西汉末年王莽时始而国除，前后历四世。

需要说明的是，汉的封国已不同于先秦时期的方国和诸侯国，其最大的区别在于它已丧失了独立的自主权和治民权。首先，燕王是朝廷任命的，汉廷一旦发现燕王不服管教或有谋反的迹象，会随时予以撤换。其次，诸侯王国的丞相及重要官员按律是由皇帝任命的，以此来控制封国的执政权。据《汉书·百官公卿表》记载，早自西汉初年汉景帝起，便规定诸侯王国的重要官员一概由中央任命，甚至连官员的职数也要报皇廷批准。由此便不难理解，何以西汉时的燕王、广阳王会走马灯似的换来换去了，原来这都是由汉皇的时立时废造成的。当然，西汉的诸侯国还是有许多特权的，例如享有独立的税收，拥有自己的宫廷和武装等，甚至可以在封国内使用自己的纪年。

由上可知，西汉时封在蓟城的诸侯王有两个刘建，而大葆台墓主广阳王刘建，是汉武帝刘彻之孙、燕王刘旦之子，在位于公元前73～前44年。也正是上述情况告诉我们，躺在这个偌大坟墓里的，原来是个父王被逼自杀、自身被贬庶民、到死都毫无实权的诸侯王，不免让人唏嘘。

遍索史乘，有关广阳王刘建的记载少之又少，几为一片空白。看来在汉代藩王中，刘建是个清心寡欲的世外之人，以至毫无作为。其故何在？盖因他一生都活在其父燕剌王刘旦的阴影中。

据《汉书·武（帝）五子传》记载，刘旦是汉武帝第三子，元狩六年（前117年）被封为燕王。史载刘旦"为人辩略，博学经书、杂说，好星历、数术、倡优、射猎之事，招致游士"，显然不是等闲之辈。像刘旦这样，既是天生龙种，又有天赋龙胆的人，岂是一个封国束缚得住的？于是，汉武帝驾崩后，燕王刘旦一再谋反，竟连续三次发起政变。接替汉武帝继位的是武帝幼子刘弗陵，即汉昭帝。开始时昭帝看在骨肉亲情的份上对刘旦一忍再忍，最后终于忍无可忍，遂于刘旦第三次谋反失败后派专使赐送玺书，斥责刘旦说："今王骨肉至亲，敌吾一体，乃与他姓异族谋害社稷，亲其所疏，疏其所亲，有逆悖之心，无忠爱之义。如使古人有知，当何面目复奉齐酎见高祖之庙乎！"① 当刘旦看到玺书中已斥责他无面目拜谒高祖之庙时，知道这次实在是躲不过去了，遂自缢而亡。

在了解了刘旦的生平后，便不难理解广阳王刘建何以如此寂寂无闻了。有这样一个父亲，除了战战兢兢地苟且度日，还能有何作为呢？除此之外，还有一个宿命般的怪象也令人惊诧——史载刘旦是"以绶自绞"的，即他是用绶带上吊自杀的。但奇怪的是，在考古发掘中，竟发现刘建尸身的颈部也有一圈明显的腐物，经鉴定是绳索的残留，表明他也曾被绳索紧勒过。这到底是怎么回事？古人

---

①《汉书·武五子传》。

无言,古籍无解,但推测起来无外乎有三种可能:一种可能是刘建也是自缢而死的,属于自杀;另一种可能是刘建是生生被人用绳索勒死的,属于他杀;还有一种可能是在墓葬被盗时盗墓贼用绳索套在刘建脖子上拖曳尸身,由此留下勒痕。作为一代诸侯王,刘建若是自缢身亡,再不济也应该和其父一样,用一条柔软的丝绸绶带,而不至于用一根粗劣的绳索,所以这三种可能性中应以后两种为大。但不管是哪种可能,都说明这个诸侯王不但活得窝囊,而且死得悲催,生前死后都逃不开"不幸生在帝王家"的宿命。

北京城另一个高规格的汉代遗存,同样是一座西汉时期的黄肠题凑墓,发现于石景山区八宝山老山城市公园内。它出土于1999年底,因出土时得到了央视、北京卫视和各路媒体的跟踪报道,成了世纪之交北京市乃至全国的热点新闻,引发了公众的极大关注。

该墓依山而建,封土有七八米高,方形墓室,墓室南侧有一条长约24米、宽8~9米的墓道。墓坑为凿岩而成的长方形竖穴石坑,上口南北长24.5~26米,东西宽22~23.5米。墓室建于墓坑内偏西,平面呈长方形,南北长16米,东西宽13米,由外回廊、题凑、内回廊三部分组成。①

此墓的怪象有三:

一是纵览全国,凡是这种大型汉墓的墓道,通常都随葬的有车马,例如大葆台汉墓的墓道里就殉葬了三辆马车和十余匹马。可是遍索老山汉墓的墓道,不仅没有车,而且没有马,就连马的残骸也没有。

---

① 王鑫:《北京老山汉墓》,《2000年中国重要考古发现》,文物出版社,2001年;《北京考古发现与研究》(上册),科学出版社,2009年,第167~171页。

二是如前所述，老山汉墓的"黄肠题凑"按说应该用柏木心，即"以柏木黄心致累棺外，故曰黄肠"。可是老山汉墓的黄肠题凑只在墓门处使用了部分柏木，其他地方则多采用栗木或杂木，严格讲只有"题凑"，而缺"黄肠"。

三是其墓室的盖板只有少量枋木，多为圆木，有些圆木只是经过了简单的修整，甚至还残留着树皮。

综合上述三事，可见这座墓的建造实在是太粗糙了，可谓潦草之极。要说其规格之高，那是不言而喻的，这从它采用了只限皇帝、皇后及诸侯王、王后陵寝使用的"黄肠题凑"便可一目了然。于此之外，老山汉墓的规模、形制及三棺两椁的棺椁层数等，皆与大葆台汉墓相近，这也说明了它的等级之高。可是，贵为诸侯王级别的墓，怎么能如此粗制滥造呢？要知道这种做法不仅是对逝者的大不敬，也是对王室的大不恭啊，这在古代社会是要杀头的！

要想揭开这个谜团，关键在于搞清楚墓主人的身份及其所处的环境。

经过对遗骨的 DNA 检测鉴定，可知墓主是位女性，年龄三十岁左右。按照古代的等级制度，只有身为王后的正夫人，才能享受和诸侯王一样的"黄肠题凑"葬制，所以又可知墓主人是位诸侯王后。墓中出土的两件漆耳杯上刻有针刺小字，上面写着"东宫""德阳宫"等字样，这也与墓主人的王后身份相符。针刺文字上还发现了"卅四（？）年二月"的纪年，这倒是为墓主人身份的探索提供了依据。察北京地区的汉代诸侯王，在位时间超过三十年（卅年）的只有汉武帝的儿子燕剌王刘旦，共在位 38 年。综合上述各因素看，老山汉墓的墓主人应是燕剌王刘旦的王后。

前文已述，燕王刘旦在汉昭帝期间多次谋反，最后被逼自杀。

他死后，汉昭帝看在兄弟情分上没有废黜他的王爵，只是"赐旦谥曰剌王"。隋末唐初经学家颜师古注曰："谥法：暴虐无亲曰剌。"由此可见，以"剌"为刘旦的谥号，便是对他的最大惩戒。

关于刘旦之死，《汉书·武五子传》留下了一段凄凄惨惨的故事：

"王忧懑，置酒万载宫，会宾客、群臣、妃妾坐饮。王自歌曰：'归空城兮，狗不吠，鸡不鸣，横术何广广兮，固知国中之无人！'华容夫人起舞曰：'发纷纷兮置渠，骨籍籍兮亡居。母求死子兮，妻求死夫。裴回两渠间兮，君子独安居！'坐者皆泣。"华容夫人舞毕，"（刘旦）即以绶自绞。后夫人随旦自杀者二十余人"。

以上文献是说：燕王刘旦自尽前忧愁愤懑，在万载宫摆设酒宴，会集宾客、群臣、妃妾一起饮酒。燕王边饮边唱："以后我回到这座空城来的时候，听不到狗叫，也听不见鸡鸣，街道多么空旷啊，原来这里已经没有人了！"华容夫人也起舞唱道："秀发纷纷啊，填塞了沟渠；尸骨散乱啊，没处葬埋。母亲寻找死了的儿子，妻子寻找死去的丈夫。在两渠之间徘徊啊，君子何处能安居！"在座的人都哭了。华容夫人舞毕，刘旦随即用绶带自绞而死，王后、夫人跟随刘旦自杀的有二十多人。

由上可知，刘旦自杀时，包括王后在内，随他自杀的有二十余人。证之以老山汉墓的高规格，证之以它质量的粗制滥造，刚好与燕剌王刘旦王后墓的属性相合，证明其墓主就是随刘旦自杀的王后。需要说明的是，这个王后显然不是那个为刘旦起舞的华容夫人，因为华容终归是"夫人"，而不是"后"。而文献所说的"后夫人随旦自杀者二十余人"中的"后"，无疑特指"王后"，而非"后来"的"后"。刘旦死后由于未被削爵，所以这位王后才能按照诸侯王的规制入葬；又因为刘旦是被制裁而死的，而且呼啦啦地死了一大片，所以她的墓葬才会如此的不讲究。加之刘旦死后连燕国也遭"国除"，料理他们后事的人都不知道是从哪里凑来的，怎么能指望他们把丧事办得一丝不苟呢？

可惜，就是这样一位"妻求死夫"的王后，就是这样一位草草入葬的王后，也未能躲过盗墓贼的黑手，而且下葬后不久该墓就被盗发。这些盗墓贼可恶之极，不仅盗发了墓中的随葬品，而且为了盗取墓主人身上的珠宝首饰，生生凿开了墓中的五重棺椁，给墓葬造成了极大的破坏。

魏晋北朝时期北京地区的考古发现，以王浚之妻华芳墓的规格最高。

王浚是西晋末年的"骠骑大将军、都督东夷河北诸军事、领幽州刺史"，是当时幽州的最高军政长官。他当政时适逢西晋八王之乱，朝廷内斗严重，四方盗贼蜂起。为图自身发展，王浚勾结鲜卑、乌桓势力，把自己的两个女儿嫁给了他们的首领，以和亲的名义和他们结盟。永嘉五年（311年）六月，落难的晋怀帝在逃往长安途中被俘，王浚乘机另立皇太子并备置百官，自领尚书令，企图独断朝纲。后来羯族首领石勒向其诈降，王浚被石勒谦恭的言辞和进献的珍宝所迷惑，信以为真。一次石勒率兵入蓟城，王浚未加防范，结果石勒入城后大肆劫掠，王浚部将请求围剿，王浚居然不许。及至二人见面，石勒部下将王浚当场拿下，石勒"遂与浚妻并坐，立浚于前"[1]。此文告诉我们，在王浚束手就擒后，石勒居然当

---

[1]《晋书·王浚传》。

着王浚的面和他妻子亲昵地坐在一起，以此来羞辱王浚。王浚大骂石勒："胡奴调汝公，何凶逆如此！"可这还有什么用呢？这不过是死到临头的绝望一吼罢了。石勒在历数王浚既不忠于晋室又漠视百姓，虽有大量储粮却不施舍给遭遇天灾的百姓等罪名后，将王浚一杀了之。

事有凑巧，1965年在北京西郊八宝山以西约500米处，竟发现了王浚之妻华芳墓。这位王浚之妻是否就是石勒当众羞辱王浚时"与浚妻并坐，立浚于前"的那个女人呢？这倒是很让人好奇的。

此墓系用青砖砌成，属于西晋的大型墓。墓室的平面呈长方形，南北长5.6米，东西宽2.7米，由墓室和墓道两部分组成。该墓早年被盗，所余随葬品不多，但仍不乏精品。一是墓中出土了一件银铃，上面有8个乐人在吹奏横笛、排箫、喇叭等，造型奇巧，工艺精湛。二是墓里发现了一把骨尺，长24.2厘米。这是一把标准的晋尺，为研究晋代的计量制度提供了宝贵依据。尤为关键的是，墓中还出土了一方青石质地的华芳墓志，为研究西晋历史提供了重要史料[1]。

由出土的墓志可知，华芳是个受过良好教育的女子，尤其对音乐有一定的造诣，以至志文赞誉她"朗解五音"。作为王浚的妻子，她时常向王浚推荐一些有用之才，以此襄助他的事业。华芳的年龄应该比王浚小不少，但她生下两个孩子后便一病不起，最终在37岁时去世。看得出，王浚对华芳是很有感情的，这由墓志上的"缱绻"一类词语足见一斑。墓志上还说，王浚一直珍藏着华芳的生前画像，以此寄托对妻子的思念。[2]

---

[1] 郭仁：《北京西郊西晋王浚妻华芳墓清理简报》，《文物》1965年第12期。
[2] 邵茗生：《晋王浚妻华芳墓志铭释文》，《文物》1966年第2期。

把华芳墓志通篇读下来，可知华芳是王浚的正妻，是当时燕蓟的"第一夫人"，因此享受了和王浚地位相等的墓葬规制。然而此夫人并非彼夫人，她不是遭石勒羞辱的那个王浚妻子。据墓志记载，华芳卒于"永嘉元年（307年）四月十九日"，而王浚落入石勒之手是在建兴二年（314年），华芳之卒比王浚之殁早了好几年。好在华芳不是那个女人，否则以王浚对华芳的感情，势必会在石勒当众羞辱他时气得七窍生烟，当场暴卒。反过来说，虽然华芳英年早逝，但幸亏未跟王浚终老，否则她就不会享受如此尊贵的身后待遇了，甚至不会善终。

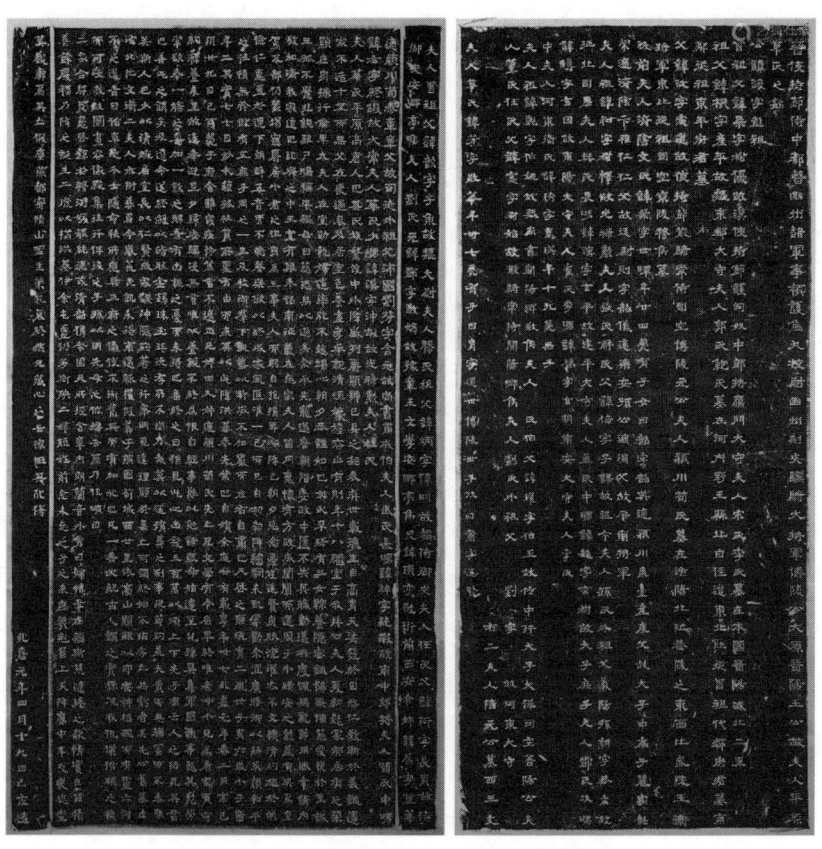

华芳墓志铭拓片（首都博物馆藏）

北京地区隋唐时期的考古发现，规格最高的是丰台区王佐乡的史思明墓。

史载史思明乃"营州宁夷州突厥杂种胡人"[1]，是出身于宁夷州（今辽宁朝阳市）的"杂胡"。此人其貌不扬，但通晓六蕃语言，而且骁勇善战，屡建战功，唐玄宗时官拜平卢兵马使。他先是在安史之乱中随安禄山反叛朝廷，后于唐肃宗时自称应天皇帝，国号大燕，改范阳为燕京。他的墓发现于丰台区王佐乡林家坟村西100米，地面上有高大的封土堆，当地人称"大疙瘩"。农民长年在此取土，封土取尽后露出汉白玉石块和石条。1965年春，此地发现了玉册、铜龙、铜牛、马镫等文物，但未曾及时清理。1981年3~5月，考古工作者对墓葬进行了抢救性发掘，出土了玉、金、石、陶、瓷、铜、铁等器物数十件。[2]

这是北京地区唯一一座唐代石室墓，是仿照帝陵用汉白玉石条垒砌而成的。墓前设有20余米长的斜坡式墓道，墓道两侧各有一耳室，耳室内尚有壁画残迹。早在安史之乱平息后，此墓便被开掘，"文革"中再度被毁，清理时已然面目全非。但考古人员除发现包括鎏金铜龙在内的数十件随葬品外，还发现了按照唐制只有帝王陵墓才能使用的玉册，表明该墓的主人确实是按帝陵的规制下葬的。

出土的玉册皆由汉白玉磨制而成，共清理出40余枚，残损严重，完整者长28.4~28.6厘米，宽2.8~3.2厘米。玉册上有阴刻文字，字口填金，满行11字，行书体，字迹端庄，涂成朱红色。墓葬内随葬的玉册称"谥册"和"哀册"，是专门用来歌颂和哀悼

---

[1]《旧唐书·史思明传》。
[2] 袁进京、赵福生：《北京丰台唐史思明墓》，《文物》1991年第9期。

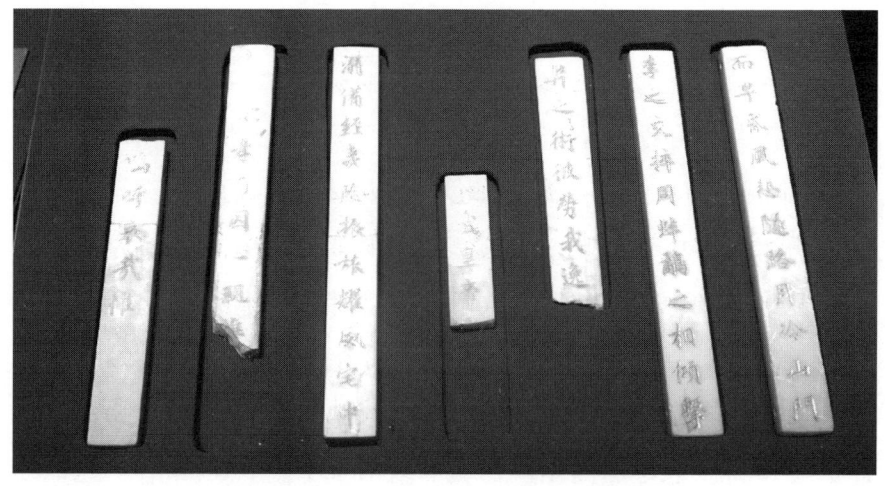

史思明墓出土玉册（首都博物馆藏）

亡者的，此墓的玉册即属此类。该墓玉册上有"帝朝义孝乃因心亲惟□□"等文字，表明其墓主确系史朝义之父史思明。至于那个造型独特的铜坐龙，四脚着地，背生双翅，通高16.5厘米，也是难得一见的宝物[①]。

按照帝制下葬的史思明可谓备享哀荣，可他究竟是怎么死的呢？这就不能不从"安史之乱"说起了。

安史之乱为首的是安禄山，此人乃"营州柳城杂种胡人也，本无姓氏"，出身卑微且为人狡黠。为了博得李唐皇室的欢心，安禄山不仅百般取悦唐玄宗，还厚颜无耻地拜杨贵妃为母。唐玄宗天宝元年（742年），刚满四十岁的安禄山便一举攫取了东北藩镇的最高职务——平卢军节度使，两年后又兼任了范阳节度使、河北采访使，控制了华北军政大权。权倾一方的安禄山犹不满足，"又求为

---

① 宋大川主编：《北京考古发现与研究》，科学出版社，2009年，第217~218页。

河东节度"①，居然也得到了唐玄宗的恩准，进而掌管了三晋大权。由一方节帅而身兼三镇，唐的三大集团军的军权竟集于安禄山一身，唐玄宗的愚不可及可谓登峰造极。尤有甚者，唐玄宗仍嫌赏赐给安禄山的恩宠不够，于天宝九载（750年）又加封安禄山为东平郡王。史称"节度使封王，自此始也"②，安禄山的权力和地位终于位极人臣。以一个奸佞小人而独掌整个黄河以北的军政大权，焉有不反之理？于是，天宝十四载（755年）十一月，安禄山矫诏密旨，以清君侧为由发动叛乱，率领十五万大军向唐京师发起了总攻。

从幽州出发，叛军一路浩浩荡荡，"所过州县，望风瓦解"③，不日便攻克了东都洛阳。拿下洛阳后，安禄山急不可耐，于天宝十五载（756年）正月初一日在洛阳登基，自称雄武皇帝，国号大燕，建都洛阳，另以范阳（今北京）为东都。此后他发兵直逼长安，这时的唐玄宗早已吓得惶惶然如丧家之犬，忙不迭地携杨贵妃逃往蜀中。

正当安禄山志得意满之时，其集团内部的明争暗斗却愈演愈烈，一发不可收拾。唐至德二载（757年），先是其子安庆绪纠集亲信诛杀了生父，僭位称帝。而后到唐肃宗乾元二年（759年），驻守范阳老巢的史思明不服安庆绪节制，起兵反叛，自称大燕皇帝。史思明篡位后，以杀父之罪将安庆绪"并其四弟……皆缢杀之"④，意在斩尽杀绝。未承想，史思明的好景也不长，刚刚过了两年不到，其子史朝义便纵容部下将其诛杀，接着史朝义又诱杀了胞

---

① 《旧唐书·安禄山传》。
② 《旧唐书·玄宗本纪下》。
③ 《资治通鉴·唐纪三十三》。
④ 《旧唐书·安庆绪传》。

弟史朝清，妄自称帝。从此以后，叛军内部杀红了眼，为争权夺利杀作了一团。广德元年（763年）正月，史朝义在唐军围剿下逃归范阳，竟被部下拒之门外，终被自己的亲信爱将李怀仙所诛杀。

由此可见，以帝陵规制安葬的史思明，实际上是被自己的亲生儿子害死的。史载史朝义弑父后，"以毡裹尸，橐它负还东京"①，用骆驼将史思明的尸体从洛阳驮回了燕京，等局势平定后才发丧下葬。遥想当年，了解史思明死因的大有人在，当他们看到史朝义煞有介事地把史思明按帝制规格下葬时，不知作何感想！

还有一个唐幽州的顶级考古遗存，时代在安史之乱（公元755～763年）以后，也很能反映当时北京地区的历史状况，这就是房山长沟出土的一座大型唐墓。

该墓位于北京市房山区长沟镇坟庄村，背靠上方山，南邻拒马河，是一处难得的风水宝地。过去这里曾发现地面上散落着不少石人、石兽等高等级石刻，地下还常有汉白玉条石出土，可知地下埋有宝物。2012年8月，考古工作者对此地进行了考古发掘，发现这是一座凿山为穴的大型唐墓。

墓葬坐北朝南，全长34米，宽15米，整体面积阔达500多平方米。墓室为青砖垒砌，由墓道、封门、前甬道、耳室、壁龛、墓门、主室、侧室、后甬道、后室等组成，是唐代大型墓葬中结构相当复杂的一个。主室内出土了一张巨大的石质棺床，长约5米，宽约3米，上下共有6层。其棺床之大、层数之多实属罕见，甚至令见多识广的考古人员为之咋舌。

---

① 《新唐书·逆臣传上》。

墓中出土了不下200平方米彩绘壁画，内容包括日常生活、乐舞表演、侍女、骏马、动物、花草等，再现了墓主人生前钟鸣鼎食的生活。此墓早年被盗，但仍留下了许多不同质地的随葬品，分为石、陶、瓷、铜、铁几大类。其中最具历史价值的有唐幽州节度使刘济墓志、大型彩绘浮雕十二生肖描金墓志、须弥座彩绘石质棺床、彩绘石质文官俑及武官俑等。刘济墓志为正方形，石质，有盖，平放在墓葬前甬道的北侧，志盖上有"唐故幽州卢龙节度观察御使中书令赠太师刘公墓志之铭"的阴刻篆书，可知墓主人为唐幽州卢龙节度使刘济夫妇。[①]

刘济（757—810年）字济之，幽州昌平（今北京昌平区）人，是幽州卢龙节度使刘怦之子，父子二人在《旧唐书》和《新唐书》中皆有专传。综合这些记载可知，刘济之父刘怦原为卢龙节度使朱滔手下的大将，一向以"宽缓得众心"著称，是个忠义之士。一次朱滔出师不利，大败而归，原以为留守幽州城的刘怦会闭门不纳，趁机上位，岂料刘怦"闻（朱）滔将至，悉搜范阳兵甲，夹道排列二十余里，以迎滔归于府第，人皆嘉怦忠义"。如此忠义之人，当然既可以托生死，也可以托江山，是故唐德宗贞元元年（785年）朱滔死后，"三军推怦权抚军府事。怦为众所服，卒有其地"[②]，刘怦接任了节度之职。

节度使制度是唐王朝的一大发明，其特点在于节度使总揽地方的军事、行政、司法、人事大权，"外任之重无比焉"。唐以前也有

---

① 刘乃涛：《刘济墓考古发掘记》，《大众考古》2013年2期；程利、刘乃涛：《北京房山唐幽州卢龙节度使刘济墓发掘成果学术意义重大》，《中国文物报》2014年2月14日；李欣、张妍、闫焓：《探墓手记：镜头背后的北京唐墓传奇》，文化艺术出版社，2014年。

②《旧唐书·刘怦子济传》。

"使持节"之说，《汉书·周勃传》称汉文帝"于是使使持节赦（周）勃"，便是其中较早一例。这里的"使持节"，无非是说皇帝授予臣子以节杖，表示该人是皇帝的专使。而唐代的节度使，据《旧唐书·职官志三》的记载，除总领辖区的一切军事和行政大权外，甚至可以随意任免或诛杀所属州郡的刺史、郡守，"外任之重"确乎前所未有。正是这个制度的推行，使各地节度使拥兵自重，不奉朝命，甚至擅自传位于子孙或部将，造成了世袭藩镇的局面。

到了唐玄宗开元年间，全国已有十大节度使，分别驻节岭南、安西、北庭、河西、朔方、河东、范阳（幽州）、平卢、陇右、剑南。这些节度使个个权倾一方，但尤以镇守蓟城的范阳（幽州）节度使权势最重。据《旧唐书·地理志一》记载："范阳节度使，临制奚、契丹，统经略、威武、清夷、静塞、恒阳、北平、高阳、唐兴、横海等九军。范阳节度使，理幽州，管兵九万一千四百人，马六千五百匹，衣赐八十万匹段，军粮五十万石。"由上可知，一个范阳节度使竟独掌九军，军力多达9万余人。据记载，当时全国十大方镇的总兵力也才49万人，仅范阳一个节镇就占了五分之一，其权势之重足见一斑。

刘济之父刘怦接手的就是这样一个职位。可惜好景不长，刘怦接任节度使三个月后便一病不起，旋即亡故。然而，这并不妨碍其长子刘济顺理成章地继任节度使。史称"怦卒，军人习河朔旧事，请济代父为帅，朝廷姑务便安，因而从之。累加至检校兵部尚书"，此文记述的就是刘济接手节度使的经过。这里特别强调，刘济是因"习河朔旧事"之故，才得以顺利接掌节度使大权的。何为"习河朔旧事"？今按：这里的"河朔"特指位于唐朝河北道的"河朔三镇"，分别是范阳（治所今北京）、成德（治所今石家庄市正定）、魏博（治所今河北大名）三个藩镇。这是唐代所有藩镇中最具地方割据性的，他们的节度使各握强兵数万，自己置署置官，租赋不上贡，实际上不受中央控制。早在刘济接手节度使之前，河朔三镇就于唐德宗建中三年（782年）相继称王，"居室皆曰殿，妻曰妃，子为国公，下皆称臣，谓殿下"[①]，俨然成了国中之国。当然其节度使的继任也不由朝廷委派，而是自传子侄，这就是"习河朔旧事"。

可是，轻而易举就得到了节度使大权的刘济并不骄横恣睢，肆意妄为。他承袭了父亲宽厚仁义的秉性，于执政期间大力兴办学校、广修庙宇、推广儒学，从而深得幽州的民心。此外尤为难得的是，他还十分顺从朝廷，诸事以朝廷为重，例如：

一是刘济尽心竭力为唐廷戍边，力保"东北晏然"。《旧唐书·刘怦子济列传》载："时乌桓、鲜卑数寇边，（刘）济率军击走之；深入千余里，虏获不可胜纪，东北晏然。"此文便记述了刘济是如何身先士卒，一举击溃来犯的乌桓、鲜卑之敌的。

二是刘济在其他藩镇"尤骄蹇不奉法"的情况下，始终对朝廷恭顺有加，而且年年进贡，从不延误。《旧唐书·刘怦子济列传》载："贞元中，朝廷优容藩镇方甚，两河擅自继袭者，尤骄蹇不奉法。惟济最务恭顺，朝献相继，德宗亦以恩礼接之。"此文又记述了刘济对朝廷"最务恭顺，朝献相继"的事实，以至唐德宗都"以恩礼接之"。

三是唐宪宗即位后，命诸藩镇出兵讨伐成德节度使王承宗，诸军皆迟疑不前，魏博节度使田季安甚至出兵帮助王承宗。此时唯有

[①]《新唐书·朱滔传》。

刘济尊奉朝命，于元和五年（810年）独率七万大军出征，连克饶阳、束鹿，生擒三百余人，斩首千余级，献俘于朝廷。唐宪宗特颁旨嘉奖，命他继续进兵。第二年，刘济又奉旨率军攻瀛州，屡下乐寿、博陆、安平等县，前后多有斩获。

就是这样一个对上对下都功德不亏的幽州节度使，却千算万算都没有算过企图谋逆篡位的亲生儿子。史书一句"及济疾，次子总与济亲吏唐弘实通谋鸩杀济"，就轻飘飘地把这个一世豪杰做了彻底了断。刘济次子名刘总，是个"性阴贼险谲"之徒。他先用离间计挑拨了刘济与长子刘绲的关系，然后趁刘济气愤难平且病痛交加之际，下毒害死了刘济，最后又假以父命杖杀了亲兄刘绲，篡夺了节度使之职。

刘总虽然靠"阴贼险谲"达到了目的，但凡事"善有善报，恶有恶报"，他终究为自己种下了恶果。史载"（刘）总弑逆后，每见父兄为祟，甚惨惧，乃于官署后置数百僧，厚给衣食，令昼夜乞恩谢罪。每公退，则憩于道场，若入他室，则惕惕不敢寐。晚年恐悸尤甚，故请落发为僧，冀以脱祸，乃以判官张皋为留后。总以落发，上表归朝，穆宗授天平军节度使；既闻落发，乃赐紫，号大觉师。总行至易州界，暴卒"。综合上述记载可知，刘总弑父篡位后总是疑神疑鬼，觉得父兄冤魂无时无刻不在找自己索命，整日吓得魂不附体。为此他找了好几百个和尚来念经，"令昼夜乞恩谢罪"，后来自己也住进了寺庙。可是这些都洗刷不了他的罪恶感，最后他只好削发为僧，将幽州卢龙统辖的九州之地一并归还给朝廷。唐穆宗接到刘总的上表后喜出望外，马上赐给他御制紫衣并加"大觉师"法号。原想这总该给刘总画上一个圆满的句号了，孰料刘总刚从幽州走到易县，就出乎意外地"暴卒"，终归得了恶报。

说千道万，原来躺在偌大长沟唐墓中的，竟是个被自己亲生儿子毒死的节度使。这个故事看似是争权夺利所导致的父子相残，但谁能说这和当时幽州的历史状况没有关系呢？若非安史之乱后幽州在割据的道路上越走越远，若非幽州的最高权力可以循"河朔旧事"而父子相继，刘总为什么要对亲父兄下毒手呢？按常理，只有世袭罔替的王位才会导致骨肉相残，而作为地方长官的儿子，原本刘总的出路只在于全力辅佐父兄，待建功立业后由父亲上表皇廷给自己加官晋爵而已。所以，这个故事带给我们的最大启示是，安史之乱后，幽州地区的割据自治才是刘济未得善终的最大祸根。

历年发现的辽南京考古遗存，无疑以赵德钧夫妇墓的规格最高。

赵德钧，幽州人，卒时是辽廷的北平王赠齐王。当年契丹贵族一直保留着死后归葬故里的做法，故而辽南京的墓葬以赵德钧的最为尊荣。赵德钧入葬时其长子赵延寿是辽廷的枢密使兼幽州节度使，父以子贵，这也确保了赵德钧墓葬的高规格。

1959年11月，在永定门外西马厂洋桥村发现了一座砖室墓，墓南10米处出土了一方辽代墓志，载明了这是赵德钧夫妇的合葬墓。经过发掘清理，可知其为大型多室墓，分前、中、后三室，每进主室的两侧又各筑一耳室，共九室，全部由长方形砖垒砌而成。九个墓室的平面皆为圆形，顶部残损，推测为穹隆顶。墓室内施有壁画，但大多剥落，完整者仅存三幅，内容及画风皆同于唐墓。该墓多次被盗，剩余的随葬品不多，但发现了大量唐代铜钱，数量多达数万枚。①

---

① 苏天钧：《北京南郊辽赵德钧墓》，《考古》1962年第5期。

历史总是惊人的相似，赵德钧虽然如同史思明、刘济等人一样，均以极高的规格入葬，但那仍不过是表面的风光罢了，掩不住的终是那难言的苦衷。

唐亡后的五代时期，北国各地狼烟滚滚，枭雄四起。赵德钧自幼练得一身好武艺，浪迹于群雄角逐中，终于在后唐时期掌控了幽州的军政大权，累官至检校太师加中书令，封北平王。后来赵德钧以金帛财宝厚赂契丹，意欲依仗契丹的势力僭号称帝。谁知契丹人选择了石敬瑭，抛弃了赵德钧，并迫使赵德钧父子投降做了俘虏。成了俘虏后，辽太宗之母述律太后讥讽赵德钧说："汝父子自求为天子何邪？"赵德钧羞愧难当，无言以对，表示愿"悉以田宅之籍献之"。述律太后又问："（田宅）何在？"赵德钧答曰："幽州。"述律太后说："幽州属我矣，何献之为？"赵德钧听后更是愧怍万分，无地自容，不久便郁郁而终。① 原来，这个尽享哀荣的北平王赵德钧，是在做了俘虏后倍遭契丹人的羞辱，最后在悲愤交加的屈辱中走完一生的。幸好契丹人任用其子赵延寿做了幽州节度使，赵延寿这才得以把其父的灵柩从关押的辽地运回幽州，于是这才有了这座永定门外的赵德钧夫妇合葬墓。

金中都统御北中国期间，金人在北京地区留下的最高规格遗存，一莫过于金的皇宫，二莫过于金的帝陵。金的皇宫早已夷为平地，而金的帝陵虽然远在今房山区，却是燕京作为一国之都的最鲜明实证。

与契丹人死后归葬故里的做法截然不同的是，女真金人死后不

---

① 《新五代史·四夷附录第一》。

再归葬故土，而是把中都当作了自己生死两界的永久家园，而且这首先就是从金帝陵的营造开始的。

金海陵王于贞元元年（1153年）移鼎金中都，此后便立即着手在中都城附近营建皇家陵园。经过长达一年多的仔细踏勘，金廷最后决定把皇陵建在中都城西南的大房山一带。大房山是太行山的余脉，四周群山巍峨，分布着七十二庵、九洞十二峰等风景名胜。《金史·海陵本纪》载："命以大房山云峰寺为山陵，建行宫其麓。"《金史·礼志》载："古之建邦设都，必有名山大川以为形胜。我国既定鼎于燕，西顾郊圻，巍然大房，秀拔浑厚，云雨之所出，万民之所瞻，祖宗陵寝于是焉依。"综合此类记载可知，金陵的具体位置最后勘定在大房山的云峰山下。此山雄峻秀丽，山后有黑龙潭及泉水，正可谓"秀拔浑厚，云雨之所出"的形胜之地。

大房山金陵

贞元三年（1155年）三月，金皇陵开工兴建，金海陵王当年就把太祖完颜阿骨打、太宗完颜晟以及海陵王之父宗干的梓宫从上京迁葬过来。第二年海陵王又"葬始祖以下十帝于大房山"[1]，把金朝开国前十个皇家先祖的灵柩也一并迁葬于此。除历代帝陵外，金

[1]《金史·海陵本纪》。

陵里还专门建有安葬诸帝嫔妃的妃陵园，称坤厚陵；又有专门用来安葬亲王的王墓区，称诸王兆域。

金朝前后共历十帝，合计有半数未能寿终正寝。其中被弑杀者三人，分别是熙宗完颜亶、海陵王完颜亮和卫绍王完颜永济；自缢殉国者一人，此即金哀宗完颜守绪；死于战乱者一人，此为金末帝完颜承麟。其中熙宗曾被海陵王"葬于大房山蓼香甸，诸王同兆域"，制同诸王。海陵王死后，金世宗为熙宗昭雪，将熙宗重新安葬于帝陵。海陵王是谋弑篡位的，在位期间他暴戾恣睢，"屠灭宗族，剪刈忠良，妇姑姊妹尽入嫔御"，可谓恶贯满盈，最后被哗变的将士诛杀于乱军之中。开始时他被葬在大房山鹿门谷诸王兆域内，未能入葬金帝陵，此后更被迁出诸王兆域，"改葬于山陵西南四十里"①。可叹这个海陵王，金帝陵园是他一手打造的，建造期间曾六度亲赴陵园视察，最后自己却未能入葬其中。卫绍王是金朝第七位皇帝，史称他"柔弱鲜智能"，登基后政治昏聩、忠奸不分，"政乱于内，兵败于外，其灭亡已有征矣"②，最后招致杀身之祸，也未能入葬金帝陵。此外便是在金宣宗南迁后，宣宗、哀宗、末帝未入葬大房山金帝陵。除去以上诸帝，额外增加的金帝陵也有两个，这就是金世宗、金章宗即位后各尊其父为金帝，分别入葬大房山金帝陵。如此算下来，从金开国前的十祖到开国后的诸帝，大房山陵园共有金帝陵17座，比明十三陵还多出4座。但其中真正的金帝陵并不多，只有太祖完颜阿骨打、太宗完颜晟、熙宗完颜亶、世宗完颜雍、章宗完颜璟五个。

明熹宗天启年间，满人崛起于东北，时常南下犯明。满人是金

---

①《金史·海陵本纪》。
②《金史·卫绍王本纪》。

的后裔，所建之国为后金，因此天启二年和三年（1622年、1623年），明熹宗两次降旨对金帝陵进行了大规模破坏。清廷入关后对金陵进行了部分整修，重点修葺了金太祖、金世宗的陵园。清亡后金陵屡遭破坏，到上世纪七十年代时只剩下了一片废墟，地面建筑荡然无存。1986年以来，考古工作者对金陵进行了实地勘探，还做了部分发掘和清理工作，对金陵取得了初步认识。

考古工作揭示，整个金陵的规模十分宏大，其中的帝王陵寝主要分布在大房山东麓的九龙山、凤凰山一带，方圆达60平方公里。其平面布局采用了中原历代帝陵的传统模式，以神道为中心轴，两侧对称布局，由石桥、神道、石踏道、东西台阶、东西大殿、陵墙以及地下陵寝等组成。由于它建在了山下的缓坡上，依山而下，北高南低，故称"山陵"。[1]

1986年考古调查时在陵园内发现了一段汉白玉神道，东西宽5.4米，两侧有石质底座，底座上竖立着雕有双龙戏牡丹的汉白玉栏板和望柱。栏板中间有线刻莲花石阶，由此拾级而上便可直达主陵。沿神道上行，沿途地面散落着不少汉白玉栏板、青石、花岗岩等建筑构件，上面有浮雕的线刻人物，还有行龙、虎兽、牡丹、忍冬草、寿桃等精美纹饰。调查时还发现了一座高约2米、宽1米的金代石碑，上书"睿宗文武简肃皇帝之陵"十个填朱涂金粉大字。其碑额四龙吐须，尾托火焰珠，造型庄重又不失典雅。[2]睿宗乃世宗之父，并未真正做皇帝，是世宗即位后于大定二年（1162年）

---

[1] 丁利娜：《北京金代考古》，《北京考古发现与研究》，科学出版社，2009年，第310页。

[2] 北京市文物研究所编：《北京考古四十年》，燕山出版社，1990年，第170～171页。

予以追封并迁葬于此的。

2002年在对金陵遗址进行清理时，居然意外打开了金太祖完颜阿骨打的睿陵地宫。这是金陵园内最重要的一座地宫，但经过多次破坏，地宫内的龙椁已然残毁，仅保留了几具石椁的椁盖和挡板。经过认真清理，在睿陵墓穴内外发现了金丝冠、雕凤鸟纹玉饰件、铜柄铁剑、石枕、磁州窑龙凤罐以及金"泰和"铜钱等遗物，为研究金帝陵提供了宝贵依据。[1]

金中都遗留给今北京的另一颗耀眼明珠，是沿用至今的永定河卢沟桥。它是金王朝的皇家工程，在两任金帝的亲自过问下顺利建成。

卢沟桥亦称芦沟桥，位于北京市丰台区，因横跨卢沟河而得名。卢沟河即永定河，是北京的最大河流，发源于桑干河和洋河，古称治水、灢水、桑干河、卢沟河、浑河、无定河。因水患多发，康熙帝赐名永定河，从此沿用至今。

在交通运输完全靠人力和畜力的时代，沿太行山东侧山麓的大道，就是北中国南北交通的唯一大道。事如地理学家侯仁之所言："殷商和匽（燕）已有交涉，根据古代自然地理的情况来推测，只有沿着今太行山东麓一带，这种交涉才有可能。因为山麓地带以西，尽是深山大谷，南北来往和文化交流，在那时来说几乎是不可能的。"[2] 他还进而强调，太行山东麓的这条大道，"在那时候也是华北大平原上南北之间唯一可以通行无阻的大道"[3]。其实，这不但

---

[1] 北京市文物研究所编：《北京金代皇陵》，文物出版社，2006年。
[2] 侯仁之：《关于古代北京的几个问题》，《文物》1959年第9期。
[3] 侯仁之：《论北京建城之始》，《北京社会科学》1990年第3期。

是北京通往中原的唯一大道，它还是当时从塞外东北平原、蒙古高原经由居庸关、古北口、喜峰口或山海关南下中原的唯一大道。可是，在这条南北大命脉上，却有一条大河自西北向东南流，阻断了这条大道，这就是永定河。

永定河是穿越太行山支脉和燕山山脉之间的峡谷奔腾而来的，其之上游山高谷深，水流湍急，泥沙量大，一旦进入北京平原，就如脱缰野马，极易造成河道的淤积和河水的泛滥。所以事情的一方面是，北京平原就是由永定河夹带的大量泥沙冲积出来的，这条河用自己的乳汁哺育出了一座北京城，因此成了北京的"母亲河"；但事情的另一面是，它不仅有母性宽厚慈爱的一面，也有雄性豪放不羁的一面，尤其是每到洪水季节，它的恣肆无忌都会带来水患无穷。此河之所以一度叫无定河，其故盖源于此。

早自先秦以来，卢沟河渡口就成了燕蓟的交通要道和兵家必争之地。但那时的人员、物资运输量不大，可以靠船只摆渡过河，也可以靠架设浮桥过河。但当金朝定都北京后，其统治地域已南及淮河流域，这个渡口成了南方各省进京的必由之路和燕京的重要门户，其运输任务已非几只摆渡小船或临时性的浮桥所能承载。加之此河狂放不羁，水患频频，就不能不考虑在卢沟河上架设一座永久性的高架桥了。

兹事体大，居然是由皇帝钦定的，这个皇帝就是史上著名的金世宗。《金史·河渠志·卢沟河》云："（金世宗大定二十七年，1187年）夏四月丙子，诏封卢沟水神为安平侯。（金世宗大定）二十八年五月，诏卢沟河使旅往来之津要，令建石桥。"这段文献告诉了我们两件事：一是金世宗曾经敕封卢沟河为"安平侯"，二是金世宗降旨建造卢沟石桥。关于前者，又见《金史·礼制八》的记载："大定十九年（1179年），有司言：'泸沟河水势泛决啮民田，乞官为封册神号。'礼官以祀典所不载，难之。已而，特封安平侯，建庙。二十七年，奉旨，每岁委本县长官春秋致祭，如令。"据此可知，由于永定河水患恣肆，主管官员束手无策，遂上表奏请金世宗敕封卢沟河为神祇。古代帝王有哪个是不迷信的？于是在礼官明确表示此议于礼不合的情况下，金世宗虽然没有给永定河封神，但也对其加官晋爵，封其为"安平侯"，并建造庙宇祭祀之。好在金世宗在把封建迷信的文章做足了之后，仍不忘从利国利民的实用性出发，"降旨建造卢沟石桥"。

金世宗是金朝的第五位皇帝，在位于公元1161~1189年。他是一位颇有建树的皇帝，在位期间事事以民生为念，"躬节俭，崇孝弟，信赏罚，重农桑，慎守令之选，严廉察之责"，以致天下承平，国泰民安，他甚至因此还获得了个"小尧舜"的美誉。[①]中国历史上的封建帝王不下四五百个，而有幸与"尧舜"相比附的，总共不过两个人，一个是开创了史上第一个太平盛世"文景之治"的汉文帝，再一个就是这个女真族的金世宗。在世宗的治理下，金朝很快步入了鼎盛期，金中都也很快步入了鼎盛期。而卢沟桥在此时的兴建，恰是金朝的盛世之举。

可惜事未成而人先去，金世宗刚于大定二十八年（1188年）五月颁旨建造石桥，不久后便龙驭归天。即位的金章宗谨遵遗旨，于"大定二十九年（1189年）六月复以涉者病河流湍急……更命建石桥"[②]。金章宗明昌三年（1192年）三月，卢沟桥历三年建设而竣工。桥建好后，金章宗"敕命名曰广利"，取其广利天下之意。

---

① 《金史·世宗本纪下》。
② 《金史·河渠志·卢沟河》。

金章宗系世宗之孙，生逢盛世的他极为推崇儒学和汉文明，是金朝诸帝中汉文化程度最高的君主，尤其擅长书画艺术。由他"敕命名曰广利"的卢沟桥，到底该是怎样的呢？毫无疑问，在章宗看来，这座桥光是具有实用性是不行的，它还应该是个放大了的艺术品。于是，在他钦定下，便有了这座券孔高大、桥拱连绵、望柱雕栏、斩龙剑墩、荷叶墩座的白石大桥。而其中的点睛之笔，便是那望柱上的石狮子。

狮子并非中华本土的动物，但早在《汉书·西域传上》中，就有了关于"乌戈地暑热莽平……而有桃拔、师子（狮子）、犀牛"的记载，可见它们很早就传入了内地。中华文化博大精深，从不拒绝外来文化，并且很快就能把外来文化吸收进来，"狮子"便是典型一例。自从西域人于东汉时期进贡狮子后，狮子很快成了中华文化的吉祥神兽，成了智慧和力量的化身，并被奉为"中国人的守护神"。而卢沟桥上雕满了石狮子，正是取自这个寓意。

如果仅仅是为了取其"守护神"之意，在卢沟桥头仿照宫殿门前各立一对狮子就够了，为何还要在卢沟桥的281根望柱上雕刻约500个石狮呢？这些石狮雌雄各异、大小各异、姿态各异、神情各异，绝无一个重样者，这又是为何呢？答案无别，无非是章宗要把这座石桥打造成精美的艺术品罢了。不信你看，经金朝能工巧匠雕刻的这些石狮子，有的抬头望天，好像朝着远方长吼；有的低头蹲坐，好像专心倾听桥下流水；有的小狮子偎依在母狮的怀里，好像正在酣睡；有的小狮子藏在大狮子的身后，好像正在玩躲猫猫；还有的小狮子大概太淘气了，被大狮子用爪子按倒在地，一脸无奈地呆萌朝天……这不是艺术品是什么？

这确实是个不折不扣的艺术品，以至从它诞生的第一天起，这座桥就以"卢沟晓月"的美名跻身于"燕京八景"之一。放眼望去，这座石桥犹如一道长虹，飞身横跨在波光粼粼的卢沟河上，原本水流湍急、波涛汹涌的渡口一下子变得恬静如画。每当黎明时分，站在古桥上凭栏远眺，天上晓月妩媚，天边西山叠翠，不由人不如醉如痴。何况眼前还有这500尊石狮可观、可赏、可抚、可亲，可谓怡情之极。

第一个把这个美景传播到世界上的，是意大利人马可·波罗。早在13世纪，他就在《马可·波罗行纪》中盛赞这座桥"是世界上独一无二的"，并且特别夸赞桥栏柱上的石狮子是"美丽的奇观"。要知道，意大利的威尼斯水城就是因为有各式各样的精美石桥，才被世人誉为"桥之都"的。一个来自意大利的人居然赞美卢沟桥"是世界上独一无二的"，不知会惊掉多少西方人的下巴！这些未曾亲眼目睹卢沟桥的西方人，显然很难想象这座桥究竟会是怎样的独一无二，更领略不到那些石狮子的活灵活现和憨态可掬，但他们好歹总算记住了马可·波罗的话，于是直接称这座桥为"马可·波罗桥"。

到了元代，北京的考古收获主要体现在元大都城的勘探与考察上。元大都是一座前所未有的超级大都市，它不仅代表了当时中国城市建设的最高水平，也代表了当时全球城市建设的最高水平。

忽必烈决定迁都燕京时，受命担纲新都建设的是汉人刘秉忠。刘秉忠字仲晦，出生于汉族官宦世家，曾祖是金朝邢州节度副使。他自幼饱读儒释道经书，青年时曾因郁郁不得志遁入空门，后为忽必烈所赏识，奉命还俗，成了元朝的股肱重臣。在接受了元大都的兴建任务后，他在赵秉温等人的协助下，按照"王者则天建国，辨方正位"①的原则，仔细踏勘了燕京周边的地形，结合先人的五行、五帝、四方、四象形胜之说，根据具体的水源条件，在金中都东北郊不远处选定了新的城址。此后刘秉忠秉承儒家的都城理念，恪守《周礼·考工记》的规范模式，按照"匠人营国，方九里，旁三门，国中九经九纬，经涂九轨，左祖右社，面朝后市"的格局，设计了元大都的总体蓝图。

《周礼·考工记》记述的，正是从周朝传承下来的帝王之都的理想模式，它以方正有序、主从有别、"建中立极"为原则，无所不至地彰显着都城建设的皇权至上理念。其基本内涵是：

1. 旁三门：帝都的轮廓呈规则方形，四面各设三门。

2. 九经九纬：城门内并行三道，在城内纵横交错为"九经九纬"。在华夏文化中，"九"是最大的阳数和天数，"九九"为阳数之极，唯有"天子"才配采用，故此整座都城的主干道皆为"九经九纬"。

3. 经涂九轨：每条大街的宽度可并行九辆马车。

4. 面朝后市：帝王宫禁位于都城的中央偏南，其北为商贸市场。

5. 左祖右社：宫廷左（东）侧为帝王祭祀祖先的太庙，右（西）侧为朝廷祭祀土地和五谷神的社稷坛，以此来突出祖先和社稷的至高无上，并烘托出祖先和社稷共同护佑皇室的意蕴。

6. 面南而王：《考工记》未曾明言但意在不言中的是，中国古代的传统是《周易》所说的"圣人南面而听天下，向明而治"②，即整座都城都按坐北朝南的方向布局，以示帝王居天下之正位。

---

①《晋书·载记第十一》。
②《周易·说卦》。

经忽必烈审核批准后兴建的元大都城，就是这样一座坐北朝南、中规中矩的城市。这同时是一座先有规划而后展开建设的城市，兴建之初首先选定了全城的中心点，在该处矗立起一个醒目的石刻测量标志，称为"中心之台"，然后再按规划次第展开。这种做法在中国历代城市建造史上实属首创，保证了元大都建设的有条不紊，也保证了城市容貌的整体之美。

元大都于至元四年（1267年）开工兴建，到至元十一年（1274年）春正月基本落成，历时约七年。1964～1974年，考古工作者用整整十年的时间，对元大都的城墙、街道进行了全面勘探，重点解剖了十余处遗址，初步复原了元大都的平面布局。[①]

经考古工作者实地勘测和局部解剖，可知元大都南城墙位于今长安街南侧，北城墙在今牡丹园到北土城一线。元大都北城墙至今还残留着断续相连的城垣，人称土城子，已经辟为公园。整座元大都城垣呈规则长方形，东城墙长7590米，西城墙长7600米，相差仅10米；北城

元大都北城垣残段

[①] 中国科学院考古研究所、北京市文管处：《元大都的勘察和发掘》，《考古》1972年第1期。

墙长 6730 米，南城墙长 6680 米，也只相差 50 米。①整座城垣除北面两门外，其他三面皆为三门，共计 11 座城门。以上各城门的位置已逐一勘定，并且探明城的四角都建有巍峨角楼。位于今建国门南侧的古观象台，就是元大都东南角楼的旧址。

元大都城东西南北各有九条大街，恰合"九经九纬"之制。全部街道布局规整且皆为开放式，与隋唐长安城的封闭式里坊大不相同。考古勘查探明，元大都南北向的主干道宽约 25 米，东西两侧等距离地平列着许多东西向的胡同，宽 6～7 米。整座城市的大街小巷整齐划一，等秩井然，不少街道至今仍依稀可辨。

大都城从内到外分布着宫城、皇城和大城三个城圈。宫城位居全城的中心偏南，是依傍金朝万宁宫湖泊的水势建造的。宫城外是皇城，太庙、社稷坛正好在皇城的一东一西。主市场集中在皇城后面的积水潭北岸，称"日中坊"，与"面朝后市"的模式完全契合，就连"日中坊"的称谓也透着"日中而市"的华夏传统。总之，除了大都城的规模远超先秦都城"方九里"的范围而至"城方六十里"外，其他方面都切实遵循了《周礼·考工记》的模式。

最难得的是，元大都还基于儒家的"正"和"中"的伦理秩序，规划了一条城市中轴线。这条中轴线南起都城正南的丽正门（今北京正阳门北），北穿皇城的灵星门和宫城的崇天门、厚载门，经万宁桥（今地安门桥）直通元大都正北大天寿万宁寺中心阁（今鼓楼北），全长约 4.3 公里。在中轴线上，一条大道南北贯通，一座座大殿分列两旁。经考古勘探，在景山以北发现了一段南北向的道路遗迹，宽约 28 米，此即大都城中轴大道的一部分。这个发现表明，

---

① 中国科学院考古研究所、北京市文管处：《元大都的勘察和发掘》，《考古》1972 年第 1 期。

元大都中轴线和明清北京城的中轴线是相互叠压的，二者一脉相传。①

综合以观，元大都宫廷居中的皇权至上，"面南而王"的华夏传统，"左祖右社"的对称原则，"面朝后市"的轻重对置，中心轴

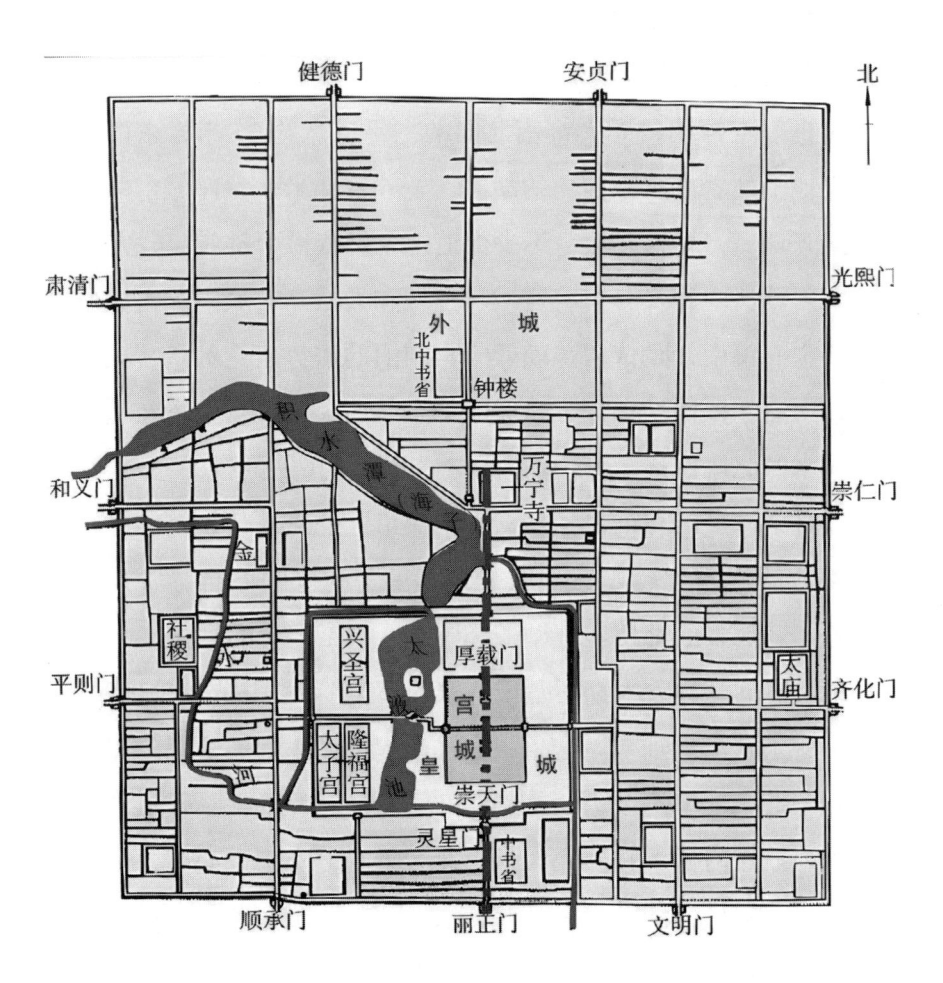

元大都中轴线（改绘自《中国大百科全书·考古学》1986 年版第 630 页）

---

① 孙勐：《北京元代考古》，《北京考古发现与研究》，科学出版社，2009 年，第 359 页。

线的南北贯穿,水地两宜的宫廷建设,以及整座城市类似几何图案的严正匀称,都完美再现了华夏都城建设的理想模式。在全国各大古都中,按此规划建设起来的绝无仅有,事如侯仁之先生所言:"无论是秦的咸阳,还是汉唐的长安与洛阳,在其平面布局上,也都不见《考工记》理想设计的踪影。只是到了元朝营建大都城的时候,这才第一次把这一理想设计付诸实现。"①当年意大利人马可·波罗来到元大都后,对这座城市的堂皇大气和中规中矩赞不绝口,称其"全城地面规划有如棋盘,其美善之极,未可言宣"②。

元代以后,大都城的核心结构和基本布局亦为明清北京城所承袭,相沿数百年而不改。尤其是全城的中心轴线及左右对称的格局,直到清朝末年也未做丝毫的改动,迄今已保持了七个半世纪。此期间唯一变化了的,是明世宗时修建北京外城,把城市的南缘扩展到了今永定门一线,中轴线也因此而得以延展,成了南起永定门,北贯正阳门、中华门、天安门、端门、午门、太和门、太和殿、中和殿、保和殿、乾清门、乾清宫、交泰殿、坤宁宫、御花园、神武门、景山、地安门,直抵钟鼓楼的全长达7.8公里的中心轴线。全城最宏大的建筑大都安排在这条轴线上,其他各建筑也都按这条轴线对称展开。最突出的是从南端永定门起,依次有天坛和先农坛、太庙和社稷坛、东华门和西华门、安定门和德胜门两两对应在中轴线的两侧,从南到北烘托出了中轴线的恢弘和壮丽。这是世界古代城市史上现存里数最长、沿用时间最久的城市中轴线,也

---

① 侯仁之:《北京旧城平面设计的改造》,《文物》1973年第5期。
② [法]沙海昂注:《马可·波罗行纪》,冯承钧译,商务印书馆,2012年,第192页。

是设计最规范、布局最宏大的城市中轴线,可谓古都北京的灵魂线和生命线。

侯仁之先生在评述元明清的北京城时说:"明清两代主要是改建宫城、皇城,对全城的街道规划未作改变。一个现代化的城市中尚保留着 700 年前城市规划的街道布局,这在世界上也是很少见的,何况完成于公元 13 世纪中叶的元大都城市规划是中国古代都城规划最后的经典之作。"[1] 诚如此言,经过从元初到清代末年六个半世纪的修建与完善,在大都城基础上发展起来的古代北京城,无可置疑地成了我国古代都城史上的"经典之作",成了矗立在世界东方的一座华夏文明丰碑。

文明的阶梯

在北京城持续发展的过程中,另一个深藏不露的秘密也已展现出来。那就是,它的地位和作用是由低到高不断攀升的,呈现出逐次递进的几大阶段。

任何人类社会的发展,都是从原始社会的氏族群落起步的,北京也不例外。1996 年底,在地处闹市中心的王府井东方广场工地,发现了一处旧石器时代晚期遗存,年代在距今 2.5 万年上下。[2] 这是一处旷野遗址,深埋在地下 12 米处。它的发现,一举改写了远古人类多居住在山陵洞穴的历史,揭示北京的古人类早已深入到平原地带,深入到今北京城区。北京城区的其他原始遗存也还有一些,但若单以"城"的发展言之,从确切可知的北京城源头出发,

---

[1] 徐苹芳:《图说北京·序言》,北京燕山出版社,1999 年。
[2] 郁金城等:《北京王府井发现旧石器晚期遗址》,《北京文博》1997 年第 1 期。

它的发展可以归总为逐次递进的六大阶段：

一、邦国之都

北京城源起于"黄帝后人"的蓟，这是前面已经论证过的事实。那时的邦国虽然是独立的政体，但规模并不大，即使是黄帝后人的邦国亦如此。仅就目前的考古发现看，一个昌平的白浮，一个顺义的牛栏山，一个丰台的卢沟桥，由这三点构成的"金三角"地区，就是商周蓟国的主要领地。其范围虽不大，但这个蓟国却位于北京小平原的腹心地带，可以坐收其全部地理优势和资源优势。至于其都城，更是位在北京小平原的核心部位，地处今西城区的南半部。

二、诸侯国之都

"社稷血食者八九百岁"的召公燕国，是历史上第一个由中原王朝直接派驻的地方政权，也是北京地区有史以来的第一个一元政体。它既是周王朝分封的诸侯国，又拥有独立的政体，由此构成了它与夏商时期各自为政的邦国以及秦以后郡县制的本质差异。当经历了西周早中期的浴血奋战后，站住脚跟的燕国终于在西周中晚期之际由琉璃河迁都蓟邑，开始了它新的征程。又经过近五百年的砥砺前行，到了战国中期，这个燕国终于发展成统辖整个燕山南北的"战国七雄"之一，向东甚至扩展到了辽东半岛。

三、东北首府

从秦始皇统一中国起，直到契丹占领幽燕止，北京始终是历代中原王朝在东北方向的首府。这个过程前后持续了不下1100年，此期间北京城的政治、军事、经济、文化始终处在交替上升的状态。到了唐和五代，这里已发展成对全国政局起重要制导作用的通都大邑，而且几度成为地方割据势力的都城。

四、辽金陪都

此前论及北京的陪都史，都唯以辽的南京为说。但从城市的机构设置、政治地位、文化影响、经济实力等各方面看，金朝前期的燕京虽无陪都之名，却有陪都之实，已完全具备了作为金朝陪都的政治、军事、文化功能。因此，北京的陪都史理应包括金朝前期在内。而从辽南京算起，这前后经历了不下215年。在这二百余年中，北京的城市地位、城市功能、城市建设都攀上了一个新的台阶，成为北中国最发达也最具影响力的城市。

五、金中都

自从金海陵王正式迁都起，燕京成了北半个中国的首都，统御的疆域阔达三百余万平方公里。过去人们往往把金中都的历史与元明清的都城史划归在同一个阶段，然而事实上金朝只有半壁江山，很难与拥有整个中国的元明清三朝相比。因此，尽管金中都的历史从1153年到1215年只有63年，但也应划作一个独立的阶段。何况从发展的逻辑上说，从辽和金朝前期北中国的陪都，首先晋升为北中国的首都，再晋升为全中国的首都，金中都也恰好处在承前启后的过渡阶段。

六、中华帝都

自从元朝初年起，北京成了大一统王朝之都，由此进入全新的发展阶段。在这个阶段中，即使不算元朝初年木华黎在燕京设立的汉地统治中心，不算忽必烈于1264年的"诏改燕京为中都"，不算明成祖朱棣早在公元1403年就晋升北平为北京，也不算李自成大顺政权的建都北京，单就元明清三朝名副其实的全国性都城而言，元大都起讫于公元1272～1368年，明北京起讫于公元1421～1644年，清京师起讫于公元1644～1911年，三者相加也有588年。

中间大的间隔出现在明朝前期，盖因当时北京地区经过元末战乱后经济凋敝，再加上朱明王朝兴起于江南，所以一度定都南京。但除此之外，北京的都城史基本上一以贯之，而且各王朝在此建都的时间一朝比一朝长。

以上六大阶段，即六大级文明阶梯，每一级都深深镌刻着北京城不断走向辉煌的时代步履。顺着这六大级台阶，我们清晰地看到，北京城由方国之都到封国之都，由封国之都到东北首府，由东北首府到辽金陪都，由辽金陪都到金中都，再由金中都到元明清都城，整个发展轨迹始终处在逐次递升的过程中。伴随这个阶梯式的上升，北京的城市规模不断扩大，文明程度不断提高，城市功能不断完善，各方面都在不断攀升。与此相应，北京对外的影响力也不断扩大，先是由北京小平原扩大到燕山南北，再由燕山南北扩大到大东北行政区，进而扩大到北半个中国，最后直至覆盖全国。

北京城的递进式发展还有一个更为具象的指标，那就是城市人口的递增。据《北京城市历史地理》一书的统计，早自先秦燕国以来，北京的城市人口就一直处在阶梯式的增长中[①]：

---

① 见侯仁之主编《北京城市历史地理》第八章，北京燕山出版社，2000年。

先秦燕国是在战国中期达到鼎盛的，而作为列强之都，当时蓟邑的城市人口已经突破了10万之数；

汉唐时期，包括常驻军和眷属在内，蓟城（幽州城）人口最多时达到了15万人；

辽天庆三年（1113年），南京城内的居民总数约计158000人，比汉唐时期的峰值略有提高；

到了金章宗泰和七年（1207年），金中都的城市人口一跃而至40万人；

元大都的鼎盛时期是在元代中期，据统计，泰定四年（1327年）的大都城人口为95万人，接近百万之众；

明英宗正统十三年（1448年）时，北京城人口为96万人，与元朝的鼎盛期基本持平；

北京城居民总数正式突破百万大关，是在清王朝的后期。据清宣统二年（1910年）的统计，当时北京城市人口总计达1128808人。

城市人口是衡量城市规模的重要指数，在古代社会尤其如此。但毋庸讳言，城市人口也是个变异性极大的因素，会随王朝的荣枯、世道的兴衰、战争的有无、瘟疫的出没、收成的盈亏而波动，具有极大的敏感性。上面所举数字，都取自古代北京各时期的鼎盛期，是承平年间的最高人口值。因为只有这个数字，才能反映城市所达到的容量，也最能体现城市规模的逐步扩大。

总之，各种事实无不证明，不管历史的潮流如何跌宕起伏，北京城的发展始终贯串着一条红线，即它总是走在逐次递进的轨道上。而当我们逐次展开北京历史由量变到质变的递进式发展后，客观事实充分显示出，北京地位的不断提升绝不是一时一事的偶发因素所决定的，而是历史的必然。

　　于此之前，人们对北京史的研究往往习惯于从某一微观事态出发，单纯就事论事地把北京历史的变化归结为某些偶发的人为因素。例如，把安史之乱的爆发归咎于唐明皇的昏聩，把刘守光的拥幽州自立归咎于他的不自量力，把燕京成为辽南京归罪于石敬瑭的卖国求荣，把金海陵王的迁都燕京归结为他为南下征讨做准备，把明成祖的移都北京归结为他曾封藩燕京，如此等等。如果仅就某一个事件的诱发性因素而言，这些分析无疑是对的，然而对这些因素过分强调的结果，往往将北京地位的每一次提升都视为偶然，视为机缘巧合。但是，当我们从整个北京的发展脉络入手，认真考察了它的历史演变后，灼然可见北京的递进式发展完全是大势所趋，具有无可置疑的必然性。[①] 而只有这种必然性，才体现了北京历史发展的基本属性，才给人类文明的演进带来了宝贵的启迪。

结语

　　综合本章所论，从黄帝后人的"蓟"开始，直到成长为全国性的都城，北京城始终上演着波澜壮阔的动人故事，不断传承着古老璀璨的城市文明。无论是在文献典籍还是在考古资料中，抑或在丰富多彩的现实生活里，这种前后递嬗之迹历历可见，真切而翔实地勾勒出了北京城环环相因、步步提升的历史轨迹。

　　自从商王武丁时有了位列侯爵的蓟国起，发展到今天已经度过了3200多个年头。这是一个十分漫长的岁月，而在此期间，无论

[①] 考详王光镐《人类文明的圣殿：北京》（修订版），华夏出版社，2023年，第165~247页。

朝代如何更迭，无论区划如何调整，无论功能如何改善，也无论名称如何变动，北京城的一脉相承发展却始终不变，它的中心城市地位也始终不变。像这样一座城市，在地理位置固定不变、城市文明经久不衰、都市地位始终不降的前提下，竟然绵延不绝地发展了3200多年，这不仅在中国是独一无二的，在全世界也是绝无仅有的，充分彰显了它无与伦比的生命力。

正是这种连续性，使北京城在人类历史长河的各大阶段中从未缺席，由此构成了一部完整而悠长的城市发展史。这不仅给世界城市史的研究提供了一个难得的标本，也为中国乃至世界各地的城市发展提供了一个可资比较的路径。直到今天，这座城市仍健步走在时代的最前列，一如既往地活力四射，不断开创着更加辉煌的未来。

新北京 CBD 区

第五章
多元世界的多彩景象

　　早在蛮荒的远古时代，北京就给人们留下了一个万年不解之谜，它至今仍深藏在房山周口店的洞穴中。

　　这个秘密来自闻名遐迩的山顶洞人。山顶洞人发现于1930年，位于周口店龙骨山顶，地质年代为更新世晚期，考古学上属于旧石器时代晚期，人种属晚期智人。关于它的年代，过去的教科书都说是在距今1.8万年前，此后经北京大学文博学院、中国科学院古脊椎与古人类研究所、英国牛津大学三家合作，利用牛津大学的加速器质谱碳14重新测定，核定其年代应提前到距今2.7万到3.4万年间。因此，新版《中国历史》教科书已把山顶洞人的年代正式更改为"距今约三万年"[①]。

　　山顶洞的洞穴内共发现了三具完整的人头骨化石和其他解剖部位的化石多件，总计包括8~10个古人类个体。经鉴定，这些个体涵盖了男女老幼不同群体，其中5个是成年人，1个为少年，2个为儿童。成年个体中有2具为男性，3具为女性，男性中还有一个超过60岁的老人。山顶洞人的体质形态已经取得了显著进步，测定结果表明，其头骨的最宽处在顶结节附近，牙齿较小，下

[①]《我们为什么要修改山顶洞人的年代》，《中小学教材教学》2006年第7期。

山顶洞人遗址

颌前内曲极为明显，脑容量已达1300~1500毫升，凡此皆与现代人接近。山顶洞人男性的平均身高为1.74米，女性平均身高为1.59米，这也达到了现代人的水平。[1]

通过对人体头骨和其他骨骼的精密测量，发现这一穴之内的古人类个体竟然存在一些体质上的差异，代表了不同地域的不同人种。德国解剖学家和体质人类学家魏敦瑞是"北京人"的研究者，他鉴定的结果是，山顶洞人男性老人头骨的测量指数与欧洲克罗马农人相似，成年女性头骨A是美拉尼西亚人类型，另一具成年女性则与爱斯基摩人[2]相似。因此他得出结论——山顶洞人分别代表了蒙古人种、美拉尼西亚人种和爱斯基摩人种，是由彼此相隔万里的原始人类聚集到一起的。[3]

相比之下，中国学者的研究似乎更合乎情理。根据吴新智的缜密分析，证明这些头骨的特征都未超出原始黄种人的范畴，彼此间的差异只代表了黄种人中的中国人、爱斯基摩人、美洲印第安人三

---

[1] 贾兰坡：《山顶洞人》，龙门联合书局，1950年。
[2] 爱斯基摩人，现一般称为因纽特人。
[3] 转引自吴新智《周口店山顶洞人化石的研究》，《古脊椎动物与古人类》1961年第3期。

大支系。①吴氏的结论已为中国考古界所普遍认可,由此得出的共识是:"山顶洞人许多共同的基本特征,明显地代表了原始的黄种人,并与中国人、爱斯基摩人、美洲印第安人特别接近。"②

小小的一个洞穴,区区的数个个体,怎么会在体质上有所不同呢?换言之,何以在一穴之内,居然包含了不同的人种呢?这真是个令人匪夷所思的事!可惜的是,山顶洞人的人骨化石早已全部遗失在太平洋战争的连天炮火中,这个万年之谜或将永沉海底。但无论如何,山顶洞人的每个个体之间存在一些体质上的差异,应该是毋庸置疑的。

人类成长史的研究表明,人体特征是由不同的自然环境造成的,大致可分为树木茂密和水源丰盛的山岳型、土壤贫瘠的缺水型、草场沼地型、开阔且排水良好的低地型等几大类。③所以,较为合理的解释是,山顶洞人体质特征的细部差异,恰好表明他们来自孕育了黄种人的不同环境,集中了各类黄种人的最初雏形。借用现代民族学的概念来说,在周口店的山顶洞中,汇聚了黄种人的若干不同"民族",是最早的"多元民族"复合体。大约正缘于此,山顶洞人才不仅表现出了不同的体质特征,还汇集了较为丰富的文化。一个突出实例是,山顶洞人装饰品的质地非常丰富,来源也非常广泛,其中有些蚌壳类物品甚至来自遥远的黄淮地区。④这一事实恰好印证了山顶洞人的不同来源,证明山顶洞人确实是从孕育了

---

① 转引自吴新智《周口店山顶洞人化石的研究》,《古脊椎动物与古人类》1961年第3期。
② 任世楠:《旧石器时代晚期文化》,《新中国的考古发现和研究》,文物出版社,1984年,第28页。
③ [英]阿诺德·汤因比:《历史研究》,上海人民出版社,2000年,第69页。
④ 贾兰坡:《山顶洞人》,龙门联合书局,1950年。

黄种人的四面八方汇聚拢来的。

在蛮荒的旧石器时代，一穴之内的古人类和古文化之所以会来自四面八方，只能作出一种解释，那就是此地天生就是人类交往的中心。

北京地处东北大平原、华北大平原、蒙古高原、黄土高原和西太平洋的交接地，与生俱来就是联结这五大地理单元的中心枢纽。其自然天成的交通状况也是非同一般——西南方有沿太行山东麓直通中原各地的太行山东麓大道，西北方有通向太行山以西及蒙古高原的居庸关大道，东北方有通向燕山腹地的古北口大道，向东还有紧傍燕山南麓通向松辽平原的喜峰口大道和山海关大道。正是这种得天独厚的地理环境和交通状况，决定了北京早自远古以来就和外部世界发生了全方位的交往，成了联结各地的一大中心。

当进入历史时期后，一个区域的文化大多是由该地的政治、经济、民族、传统及自然环境等多种因素决定的，起主导作用的往往是它的社会属性。而在史前时期，一个地域的文化基本上是由自然环境所决定的，重在它的自然属性。上述北京地区的独特性，显然是拜天地所赐，属于它的自然属性。那么，在进入历史时期以后呢？这时北京地区的多元景象又是如何表现出来的呢？这才是更加值得人们关注的。因为只有历史时期的状况，才不仅反映了这个地域的自然属性，还反映了它的社会属性。

燕地文化的多元一体

我们已经知道，自召公奭分封于燕，经过长时期艰苦卓绝的不懈努力，燕国不仅结束了北京地区自亘古以来绵延不断的各邦国分治状况，还在文化上把北京地区纳入了华夏主流文明圈。然而殊为难得的是，在实现了这些根本性的转变后，燕国对异族的文化反而更加宽容，依旧保持了文化的多元性。

一个突出实例是，虽然敌对的商人势力早在西周早期便被铲除，但在燕的京畿之地，商文化却从西周早期起便赓续不绝，一直绵延到了西周晚期。

以上现象是由房山琉璃河西周燕国都城墓地揭露出来的。

综观整个琉璃河西周墓地，可以分为南、北两大部分。南半部是姬周燕人的墓葬，北半部是殷人遗民的墓葬，二者相互依傍，紧相比邻。饶有兴味的是，虽然同处一个燕都，虽然同在一片墓地，但在墓葬规格、埋葬习俗、随葬器物、车马坑形式、族徽标识乃至

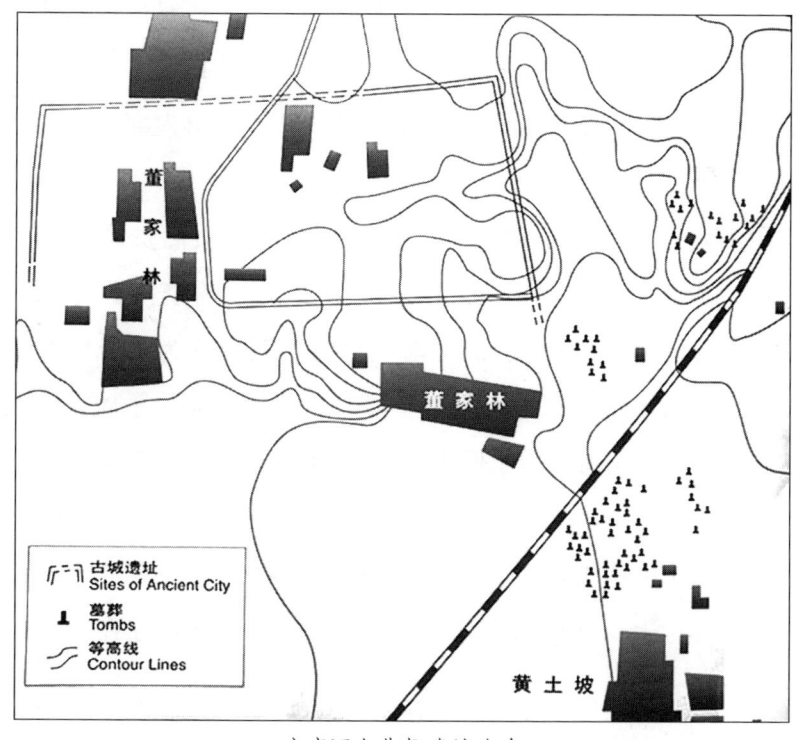

琉璃河古燕都遗址分布

人殉的有无等方面,这两大墓地都存在明显的差异,彼此间泾渭分明。

在墓葬规格上,位于南部的姬周燕人墓地不乏大型贵族墓,还出土了燕国国君的超大型墓。北面的殷遗民墓地则不然,其中一概不见大型墓,只有中小型墓。但即便是中小型墓,殷人墓地中仍然包括了不少贵族墓,其墓葬中仍然随葬了不少青铜礼器和兵器,有的还殉葬了奴隶和车马坑,规格依旧不低。

在埋葬习俗上,殷遗民墓设置腰坑的现象较为普遍,腰坑中往往还殉葬的有狗。这与安阳殷墟殷人墓中多设有腰坑和殉葬狗的习俗一脉相承,而与此大相径庭的是,琉璃河姬周燕人墓中既无腰坑,亦无殉狗。

在车马坑的设置上,殷遗民贵族墓的车马坑一般位于墓葬的南面,而且随葬时多以车马整装。而姬周燕人贵族墓的车马坑则大多位于墓葬的北面,随葬的车辆则是先拆卸了之后再入葬,彼此的区别也一目了然。

在人殉制度上,琉璃河的殷遗民墓秉承了殷商贵族惯用人殉的习俗,人殉之例不乏其见。尤为残酷的是,琉璃河殷遗民墓的人殉中除了一个17岁左右的年轻女性外,其他均为未成年的青少年,这也延续了殷人喜用童男童女随葬的传统。而见于琉璃河燕人墓,"除ⅡM202在南墓道东壁上有一殉葬人头外"[1],其余各墓均未见人殉。

除了以上几大方面外,在随葬品的种类及器物的型制上,以及在族徽的标记上,姬周燕人墓与殷商遗民墓的差异也在在皆是。

---

[1] 北京市文物研究所:《琉璃河西周燕国墓地》,文物出版社,1995年,第251页。

以上燕国国君、燕国贵族、殷贵族、殷遗民共处一个墓地的现象，体现的无疑是他们生前在燕国都邑内的和平相处。其中的姬周燕人墓代表了燕国和燕都的统治集团，殷遗民墓则代表了已然臣服于燕的商贵族和商遗民。若非已然臣服于燕，殷遗民就不可能被安葬在燕国都城附近了，更不可能与姬周燕人同处一个墓地。同时这也说明，燕国在对反叛的殷人残部进行讨伐的同时，对臣服的殷商旧部给予了全面的接纳，即便在死后也对他们一视同仁。

在周武王伐纣灭商后，如何处置数量庞大的殷遗民，如何消除根深蒂固的商人影响，是新兴的周王朝面对的大问题。《尚书·周书·顾命》载，周成王将崩之际召见太保奭、芮伯、彤伯、毕公等人说："用敬保元子钊弘济于艰难，柔远能迩，安劝小大庶邦。"这是周成王的临终遗言，嘱咐太保召公奭等朝臣一要保护他的大儿子姬钊顺利接位，二要辅佐姬钊柔服远方，亲善近邻，安定大小各邦。其中"柔远能迩，安劝小大庶邦"一句，是从周武王起留下的治国韬略，其意是要对商遗民及各族臣民采取怀柔之策，一概予以包容和接纳。为此周武王甚至不惜安排殷纣王之子王子禄父（武庚禄父）和商遗民继续留居殷都朝歌，以接续商人先祀。

可惜好景不长，周武王逝去后，王子禄父参与了"三监之乱"，成为这场叛乱的主力军。虽然这次叛乱很快被周公、召公率领的周朝大军荡平，但出乎意料的是，战败后"王子禄父北奔"，一下子把祸水引向了幽燕大地。那么，周人又是如何对付这股北窜的敌对势力的呢？史载阙如，难以知晓。然而，运用考古资料和文献史料相结合的"二重证据法"，却可以把这个过程还原得清清楚楚。

其一，根据考古资料透露的信息，燕地在西周早期突然涌现出大量商文化因素，印证了王子禄父及其商遗民的"北奔"。

其二，根据文献史料提供的信息，在周公、召公联手剿灭了"三监之乱"后，周公曾马不停蹄地东向追剿参与了叛乱的东夷奄国等大小五十个方国，史称此为"周公践奄"。那么召公呢？史册对此只字未提，但地下出土的文物却给人提供了宝贵的线索。

清道光咸丰年间，在爆发过宋江起义的水泊梁山，出人意料地出土了七件商周青铜器，俗称"梁山七器"。这七件青铜器计有大保方鼎一、大保方鼎二，以及小臣俞犀尊、大保簋、大史友甗、伯宪盉、伯鱻鼎。其中小臣俞犀尊乃晚商之物，器主与燕召公家族无关，其他六件青铜器的年代则都在西周成康时期，经考证一概出自召公奭本人或其后人。

自铭"大保"的大保鼎和大保簋即为召公奭本人所铸，其《大保簋》铭曰："王伐录子，圣揸厥，反。王降征令于大保。大保克敬亡遣。王迎大保，赐休余土，用兹彝对令。"①把这段铭文翻译成白话就是："录国谋反，周王讨伐录国，不料周王途中生病，于是返回都城。周王遂派大保率兵平定，大保不负圣望，完成讨伐之命。得胜班师后，周王亲迎大保，并将余地的良田赐予大保。大保因而做此器谢恩铭世。"以上"录国"，即指谋反的王子禄父，"大保"即太保召公奭。此铭十分清楚地指出，当王子禄父"北奔"时，奉命追剿他们的就是身为太保的召公奭。之所以西周早期燕地的商文化因素来得快去得也快，也正说明了在召公奭亲率大军的穷追猛打下，"北奔"的王子禄父的残余势力很快被荡平。

其三，历史学家每言及周初历史，总会反复强调，正是由于"周公践奄"，周人的势力才东向扩展到了大海边，于是才有了后来

---

① 殷玮璋、曹淑琴：《周初太保器综合研究》，《考古学报》1991年第1期。

的周之封国齐和鲁。但总是被人们无视的是，周朝的疆土又是如何向北扩展到燕山脚下的呢？要知道燕和西周都城的距离可是远远超过了齐和鲁。叙论至此我们知道，正是由于召公对商人叛军的乘胜追击，才把周的版图扩展到了燕山脚下。否则的话，不要说没有后来封在今北京的燕国了，自称"小邦周"的周人更不会有"肃慎、燕毫吾北土也"①的大版图了。

其四，古往今来的任何一位史家从未认真解释过，召公究竟是因何被封在燕地的。可是谁都知道，周公就是因为东向践奄，才被封在由他荡平的奄地的，而奄国国都在曲阜，曲阜就是周公的鲁。细想想，难道召公不也和周公一样，同样是被封在由他剿灭的商人残部的故地的吗？周王室这样做的道理其实很简单，就周公而言，既然以奄国为首的东夷是被你剿灭的，那就把你封在奄地，取个国名叫作鲁。而就召公而言，既然武庚禄父及北蛮诸邦是被你召公荡平的，那这北蛮之地就由你去统治，取个国名叫作燕。

其五，第二章已述，召公奭封燕是在成王六年左右，这时的琉璃河燕都古城及其核心部分"燕侯宫"皆以迅雷不及掩耳之势很快建立起来。而正是这煌煌大都的拔地而起，不仅昭示了周人对幽燕的控制，也昭示了燕国非同一般的实力。

其六，恩格斯说："（上古）战争可能以部落的消灭而告终，但绝不能以它的被奴役而告终。"②证之以这个人类历史上的普遍规律，按说召公受封后应该把追随武庚禄父北窜的商遗民全部歼灭才是。但周人的做法却与众不同，而且不同到令人瞠目。

见于琉璃河燕国墓地，周燕不但未将这些殷人一概杀戮，甚至

---

① 《左传·昭公九年》。
② 恩格斯：《家庭、私有制和国家的起源》，人民出版社，1972年，第156页。

也未将他们贬为奴隶，反倒是以宏大的气魄把他们统统接收到都城里来，让他们尽享都市的安乐与繁荣。根据对已发掘的琉璃河燕都300余座墓葬的统计，其中周人墓仅占1/4，商人墓则占到了3/4，足见燕国都城内的商遗民之多。而由此所揭示的，便是姬周燕人对臣服的商遗民的全面接纳与包容。

其七，在琉璃河古燕都的殷人墓中，不乏大大小小的殷贵族墓，可见这些殷遗民依然尽享安荣。不但如此，铭文记载这些墓主生前曾屡获燕侯赏赐的贝币和其他财物，尤见其待遇之优。在个别殷贵族的陪葬坑中，甚至殉有六驾和四驾马车，又可见这些贵族在升到天国后仍可继续享受他们"出有车"的超常待遇。

其八，在接收大量殷遗民的同时，周燕居然还允许他们保留自己的民族习俗和文化传统，即便是人殉恶俗也姑息一二，足见周燕对商遗民的宽容已到了何等程度。

综上所论，可知考古资料不但证实了王子禄父及商遗民的"北奔"，而且其"北奔"的目的地就是商文化根深蒂固的幽燕大地。当其"北奔"后，奉命北上追剿商人残部的就是身为太保的召公奭，而且召公一战克敌，大获全胜。召公大胜后，除被周成王赏赐一块叫作"余"的土地外，成王还按照封周公于他剿平的奄地的成例，封召公奭于燕。受封后，召公奭亲自督阵，快马加鞭，筑起了一座气势恢宏的都邑，昭示了周人宏大的气魄和扎根幽燕的决心。在各方面都取得了绝对优势后，召公奭又以极大的胆略和气魄，对臣服的商移民做了全面接纳，不仅接纳他们住进燕都，还保留了他们的贵族身份和待遇。以上是商遗民的生前待遇，至于他们死后，燕国统治者甚至允许这些商人和自己同葬在一块墓地上，并准许他们全面沿用自己的族墓地和埋葬习俗。总而言之，姬周燕人在各方面都给予了商遗民超乎想象的优厚待遇，就好像他们不是敌人，而是请来的嘉宾一样。

以上就是按照"二重证据法"复原的一段历史，一段周人征服燕地和召公奭受封的历史。这同时还是一段西周燕国包容异族文化的历史，而且包容的恰恰是敌对民族的文化。它告诉我们，召公奭建国后，确实对异族采取了"柔远能迩，安劝小大庶邦"的政策，并且贯彻的无所不至，以至把周人的燕都都变成了商遗民的乐园。

西周燕地的又一多元文化实例，见于蓟国的昌平白浮西周墓。

第二章已述，昌平白浮出土了三座西周中期的墓葬，其文化面貌很独特。一方面，这些墓葬在鼎、簋组合的核心礼制上，在铜礼器和陶器的形制上，已全部纳入了周文化的体系；但另一方面，这些墓葬中却不乏草原文化的因素，而且相当浓郁。仅就兵器而言，其中2、3号墓随葬的不但有纯属中原风格的戈、戟、矛，还有属于草原游牧民族的鹰首剑、马首剑、鹰首刀、响铃匕首以及异形头盔、皮铠甲等，这就是两种文化交织融合的典型实例。两种风格兵器的交织融合，组成了长短兼备的十八般武器，对战斗力的提高也不无裨益，同时还给该时期北京地区的多元文化增添了一道独特的风景。

通过充分论证，已知昌平白浮墓主为蓟国贵族。[①] 这个蓟国不仅自从周武王起就成了周的封国，而且到西周中期时它的礼制已由原来的殷商文化觚、爵组合，转变为姬周文化的鼎、簋组合，表明这时的蓟国已经臣服于燕。事既如此，那么昌平白浮墓表现出的文化多元性，也就是燕国体系内的文化多元性了。

---

① 说详第二章。

以上都是西周之例，至于到了春秋战国时期，最能反映北京地区多元文化面貌的，则属延庆军都山一带的少数民族遗存了。

自1965年以来，在北京延庆军都山南麓的溪谷山林地带，陆续发现了十余处极具特色的少数民族遗存，学者认定此即考古学上的山戎文化。其中经过发掘清理的主要有[①]：

1975年在延庆西拨子村清理了50余件窖藏青铜器，时代属西周晚期至春秋早期。

1985年至1990年在延庆的葫芦沟、西梁垙、玉皇庙三地共发掘了500余座墓葬，年代从两周之交直至战国早期。

1994年在延庆西梁垙又发掘出土了12座墓葬，时代属春秋时期。

以上墓葬和窖穴出土了不少青铜器、兵器、马具，还随葬了大量金、陶、玉、石、骨、蚌器。通过考古工作，可知这支山戎文化主要分布在河北省北部和北京西北部的丘陵山地，年代集中在西周晚期至战国早期。

综合以观，这支山戎文化的整体面貌既不同于比邻的燕文化，也迥然有别于其北的夏家店上层文化，更不同于其西的鄂尔多斯文化，极富自身的特征。仅从其墓葬文化看，它们的特点是：

一、部分墓葬有殉牲，以殉狗为多，其他依次为羊、牛、马。

二、除个别儿童墓外，其他墓主皆佩戴耳环，各种颈饰和项饰也十分流行。

三、成年男性一般随葬的有青铜兵器和工具，种类有青铜短剑、镞、削刀、锛、斧、凿等，女性则多随葬锥、针及装饰品。

[①] 靳枫毅：《军都山山戎文化墓地葬制与主要器物特征》，《辽海文物学刊》1991年第1期。

四、随葬的陶器大多制作简陋，火候较低，质地酥松。

五、在各类随葬品中，以不乏其见的直刃匕首式青铜短剑最具特色，是该文化一望可知的标志物。

延庆玉皇庙出土春秋早期青铜舟与青铜剑（首都博物馆藏）

于史可稽，活动在燕山山麓的山戎族是一个独立的政治实体，早在春秋时期便屡屡南侵，和燕国多次兵戎相见，说已见第二章。除此之外，燕国历史上还有一桩悬案也可能与山戎族的南侵有关，此即第三章所说的"桓侯徙临易"。春秋初年的燕桓侯之所以徙都临易，就是因为《左传·庄公三十年》所说的"山戎病燕"之故，即为了躲避山戎族的侵袭。

春秋之时，今北京地区的大部分地域已属姬周燕国，燕国的都邑也由琉璃河向北迁徙到了北京腹地的蓟邑，距军都山只有短短几十公里。在这样短的距离内，在西周晚期至战国初期这样长的岁月中，燕与军都山部族的长期共存恐怕不是单由兵临城下的两军对垒所能解释的。通观古今中外，烽火连天的战争状况是不能终古不息的，至少不能维持三四百年不变。因此，虽然军都山部族是独立的政体，虽然山戎族曾屡屡和燕国短兵相接，但燕与山戎族势必也还有相安无事的日子，而且这理应比兵戈相见的年代为多。根据考古类型学的分析，可知山戎族吸收了不少燕文化元素，其中既有直接汲取的，也有刻意模仿的，分别表现在青铜礼器、兵器、车马器、货币、漆器、陶器等各方面[①]，这就是山戎族和燕人正常交往的结果。

总之，和也罢，战也罢，是山戎也罢，抑或是某些人所说的"白狄"也罢[②]，军都山部落特异文化的存在，都印证了东周时期北京地区不同民族、不同文化的又一种共存。古人尝谓："卧榻之侧，岂容他人鼾睡！"[③]而与燕国蓟都近在咫尺的山戎族，正可谓酣睡在燕国"卧榻之侧"的"他人"。如此这般悠长的酣睡，从西周晚期一直睡到了战国早期，居然整整睡了三四百年，这难道是因为强大的燕国也一直在昏睡，不想或不能荡平它们吗？显然不是！正所谓"当非不能，而是不为"，正是因为燕的包容，才在幽燕大地上留下了这样一个风格迥异的少数民族文化。

至于东周时期燕地的主流文化，则可以由北京怀柔城北的东周墓葬一窥究竟。1959～1960年，在怀柔城北发掘出土了23座东周墓葬，时代从春秋时期一直延续到战国晚期。此地虽然紧邻军都山，但这些墓葬一没有青铜短剑，二没有殉牲，三则死者皆不佩戴耳环，与畜牧族的文化迥然有别。而证之以类型学的分析，可知它们显然与河南洛阳、郑州及陕西关中一带的文化一脉相承，属于同一个文化系统。墓葬整理者还特别注意到，怀柔东周墓的中原因素

---

① 靳枫毅、王继红：《山戎文化所含燕与中原文化因素之分析》，《考古学报》2001年第1期。

② 俞伟超：《古代西戎和羌、胡考古学文化归属问题的探讨》，见《先秦两汉考古学论集》，文物出版社，1985年。

③（宋）李焘：《续资治通鉴长编·太祖开宝八年》。

"在时间上却比上述地区要晚一些"①。也就是说，这批墓葬的风格虽与中原一致，但在时间上却比河南洛阳及陕西关中稍稍滞后了一步。这种现象反倒愈加明显地揭露出，东周燕文化的母体在中原，是经过一段时间的传播后才从中原辗转来到燕地的。

概括起来，由西周到东周，北京的多元文化包含了若干不同类型，充分反映了此阶段燕地多元文化中的多彩景象。它们主要是：

1. 不同民族、不同文化在同一国度内共存，例如燕和军都山部落，这反映了不同政体的兼容并蓄。

2. 不同民族、不同文化在同一地点内共存，例如琉璃河西周墓地的南区与北区，这反映了燕国统治者对商遗民的包容与接纳。

3. 不同文化在同一墓室内共存，例如昌平白浮 2、3 号墓，这反映了不同民族文化的相互融合。

以上即多元文化性状从宏观到微观的三种不同表现形式，分别代表了异族文化共存的三种不同情况，全都汇集在两周时期的北京历史文化中。当然，这里所举的实例无非是每种类型中的典型代表，燕国境内的同类实例甚多，都体现了北京多元文化的多彩景象。

以上还是仅就异族异源文化的共存形式而言，其实更为普遍的文化多元性，往往表现在同一个文化内不同因素的有机融合上。例如军都山遗存，其游牧文化虽然独树一帜，但在他们的生产工具及生活用品上，几乎处处可见燕文化的印记，这就是另一种形式的多元性。反过来说，游牧文化对燕文化的影响也是存在的，这一则表现在燕国的青铜礼器和兵器的造型上；二则表现在燕器纹饰多以动

---

① 北京市文物工作队：《北京怀柔城北东周两汉墓葬》，《考古》1962 年第 5 期。

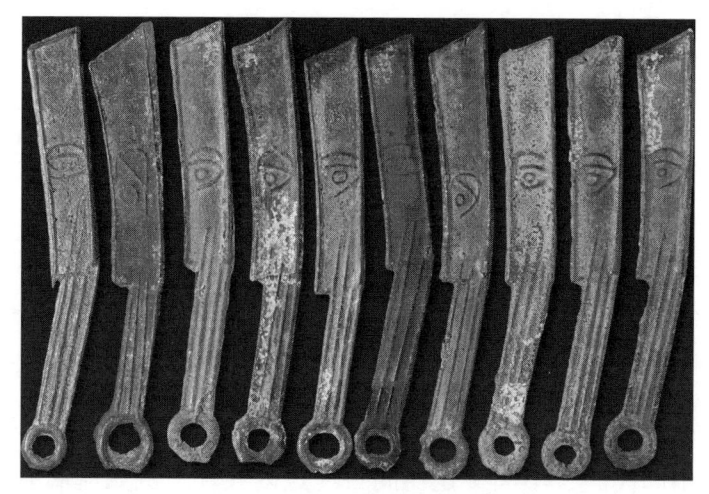

东周燕明刀（首都博物馆藏）

物形象为主题上；三则还突出反映在燕明刀的流行上。

"燕明刀"是东周燕国的主要货币，其形状犹如青铜刀削，故此名之。这种货币始见于春秋时期，流行于战国时期，币身上常有一个大篆的"明"字。[1]这是东周列国发行量最大的货币，也是流通范围最广的货币，出土地点遍及北京、天津、河北、内蒙古、辽宁、吉林、山西、山东、河南、陕西等省份，甚至还远播到朝鲜半岛和日本。[2]仅就河北易县燕下都一地所见，就累计出土了不下30余批，数量多以万计，充分体现了燕国货币经济的发达。而据学者考证，这种货币的形态与军都山等游牧部落使用的青铜刀削密不可分，是由这种青铜刀削演变而来的。[3]这恰好说明，燕人与北方草原民族的贸易往来十分频繁，而且都是正常的公平交易，这才有必

---

[1] 也有释"明"为"易"或"燕"的。
[2] 北京市文物研究所编：《北京考古四十年》，北京燕山出版社，1990年，第63~67页。
[3] 靳枫毅：《军都山山戎文化墓地的发现及埋葬制度特征》，《北京文物与考古》第三辑，1992年。

要创造出以畜牧族青铜刀削为范本的燕国货币来。当然，这也彰显了草原文化对燕国的影响，展现了两个文化的交融互通。

总之，诸多事实说明，在燕国据有整个北京平原后，虽然结束了自远古以来的各邦国多元分治局面，并且使北京从此纳入了华夏主流文化圈，但在实现这些"多元一统"根本转变的同时，却依然保留着"多元一体"文化。这里所说的"多元"，仍然是指不同类型的民族与文化，而其"一体"，则指它们总体上都处在燕的控制之下。这种控制有多种形式，有的是隶属于燕国，有的是臣服于燕国，有的或许本来就是燕国的一部分。

在实现了政权与主流文明的一统天下后，依旧保持民族文化的多元性，不仅是燕地文化的实情，更应是姬周燕国的"国策"。我们之所以在前面要对琉璃河燕都的墓地文化做那样详尽的分析，就是意在说明，这个实例最能反映姬周燕人对待异族文化的政策了。遥想当年，召公奭的燕国显然已经十分清醒地认识到，如果强迫被统治民族接受自己的文化，说不定会适得其反，甚至会激起他们的反抗，以致威胁新政权的安全。所以，反不如容许他们在一定时期内保留自己的习俗和文化，然后用周人的礼乐文化来慢慢融化他们、改造他们，直至完全同化他们。就整个燕地而言，这个同化的过程显然有快有慢，有时会因民族的不同而异，有时也会因地域的不同而异。事实上，整个燕山大地被姬周燕文化完全覆盖，是到战国中期才有的事。而在这之前的数百年中，正如我们看到的，燕国境内一直保留着色彩各异的民族文化，这就是当时的"多元一体"。

当然，历史上也有完全相反的实例，提供了截然不同的借鉴。例如地处西戎的秦国，细审有关考古资料可知，在秦始皇风卷残云的统一战争中，秦文化可以说步步紧随秦国大军，几乎秦国的战火烧到哪里，哪里的墓葬就有相当部分在转眼间变成了秦的风格。这种情况在先秦列国的战争中并不多见，足以证明秦始皇推行的文化专制主义是多么的强劲。然而这样做的结果是什么呢？想必这是尽人皆知的。

汉文明奠定的多元一统

秦王朝国祚短暂，仅仅存活了十余年，代之而起的汉王朝才是中国历史上第一个长期稳定的大一统帝国。西汉初年，在经历了秦末农民战争和楚汉战争后，神州大地哀鸿遍野，"民失作业，而大饥馑，凡米石五千，人相食，死者过半"[1]。汉高祖以秦为鉴，采取了一系列轻徭薄赋、与民生息的政策，使社会经济逐渐得以恢复。公元前180年，汉文帝刘恒继位，共在位二十三年。他是一代仁君，史家赞其"德至盛也"[2]。在位期间汉文帝励精图治，自奉甚俭，处处以民生为念，曾因惜十家之财而罢建露台。他一方面"绝秦之迹，除其乱法"[3]，一方面大力推行"藏富于民"之策，屡屡"除田之租税"[4]，还一度免去了全国的所有田租。汉景帝刘启即位后也延续了轻徭薄赋、发展生产的政策，"令民半出田租，三十而税一也"[5]，从此三十税一[6]成为汉的定制。以上措施，都给社会发展注

---

[1]《汉书·食货志》。
[2]《史记·孝文本纪》。
[3]《汉书·晁错列传》。
[4]《史记·孝文本纪》。
[5]《汉书·食货志》。
[6] 三十税一，即征收土地收获总量的三十分之一。秦始皇时横征暴敛，赋税达到了收获总量的三分之二。

入了蓬勃活力，由此开创了以"文景之治"美誉而载入史册的一代盛世。

截至目前，北京已出土了不少两汉时期的墓葬，为探索北京地区的汉代历史提供了丰富的第一手资料。它们分别见于丰台大葆台、三台子；昌平白浮、史家桥、半截塔；平谷西柏店、唐庄子；顺义临河；密云提辖庄；怀柔城北，以及宣武、朝阳、海淀等地，累计多达40余处。[1]这些墓葬包括了上至燕王（广阳王）下至平民的不同规格墓，在时代上则分属从西汉到东汉的各个不同环节。从它们的整体面貌看，其"墓葬形制及出土遗物在很大程度上与河南洛阳、郑州及陕西关中一带是一脉相承的"[2]，属于不折不扣的汉文化体系。当然它们的地域性也是存在的，但仅有一些细部表现，例如"东汉时代陶器上涂一层云母粉末"[3]等，全都无关宏旨。总之，综合它们的共性与个性，两汉时期的北京考古文化基本上属于汉文化的北方类型。以上状况是彰明较著的，但鲜为人知的是，在这些看似平常的汉墓中，却隐藏着中原汉墓所没有的秘密。

两汉是汉民族形成的关键时期，当时"汉人"之谓已经取代了此前的"华人""夏人""华夏人"等称谓，成为《史记》《汉书》等官修史书的正统表述。这无疑是一个标志，表明汉民族已经发育成熟。在此基础上，民族统一不断扩展，匈奴、鲜卑、乌桓乃至羌族和西域诸族相继融入了汉帝国，也相继融入了汉民族。

就燕地而言，两汉时期的北方民族以匈奴、乌桓、鲜卑为主，

---

[1] 张治强：《北京汉代考古》，《北京考古发现与研究》，科学出版社，2009年，第135页。
[2] 北京市文物工作队：《北京怀柔城北东周两汉墓葬》，《考古》1962年第5期。
[3] 同上注。

每逢天灾人祸，他们就接连不断地涌入长城沿线，成为物阜民丰的燕蓟之地的新居民。东汉初年，匈奴分裂为两部，呼韩邪单于之孙率领数万人南下附汉，称为南匈奴，其中就有相当部分定居在了蓟城的长城沿线一带。又据《后汉书·鲜卑列传》的记载，幽燕还是汉与鲜卑通胡市、设质馆（接待外族的馆舍）的重要地点，是汉族与鲜卑族交往的中心。于此之外，两汉时期尤以地近边关的乌桓族内附者为多。

乌桓人原属东胡族，在匈奴冒顿单于大破东胡后沦为匈奴人的部属，从此深受匈奴的奴役与压迫，岁贡不入便要"辄没其妻子"[1]。及至汉武帝派骠骑将军霍去病击破匈奴后，将乌桓族从匈奴人手中解救出来，汉武帝乃"因徙乌桓于上谷、渔阳、右北平、辽西、辽东五郡塞外"，把乌桓族整体安置在幽州境内。汉武帝还"始置护乌桓校尉"，在幽州专门设立了掌管内附的乌桓部民的机构。

东汉光武帝建武二十五年（49年），原居辽西的乌桓部又整体内附，光武帝同样对他们优抚有加，"封其渠帅为侯王君长者八十一人"，将他们全部安置在"辽东属国、辽西、右北平、渔阳、广阳、上谷、代郡、雁门、太原、朔方诸郡界"[2]，北京仍是重点安置区之一。

由上可知，两汉时期的北京地区不光是汉族与北方少数民族经济、文化交往的重地，还是他们杂居与融合的中心。特别值得关注的是，此时的北京虽然"五胡"杂处，但华夏与蛮夷的壁垒已经打破，生活方式与文化习俗的鸿沟已经填平，不同民族融汇成了新历

---

[1]《后汉书·乌桓鲜卑列传》。
[2]《三国志·魏书·乌丸传》注引《魏书》。

史条件下的"汉人"。最有力的证据之一,即当时北京地区的居民虽然来自四面八方,虽然包括了不同民族,但其墓葬却都归于整齐划一的"汉墓"。这就是北京地区两汉墓葬隐藏的秘密,其谜底就是有不少北方少数民族此时都不着痕迹地融入了汉文明。从表面上看,这只是文化的融合,但实际上它却深刻诠释了汉民族的形成过程,告诉我们汉民族就是这样在不同民族的融合下迅速成长起来的。

东汉末年战乱纷起,天下大乱,兵连祸结。幽州牧刘虞对外和合诸胡,"罢省屯兵",对内"务存宽政,劝督农植"①,在纷纷扰扰的乱世中开辟出了一方安宁祥和之地。徐州、青州一带的难民闻讯后如潮水般涌来,数量之多竟达"百余万口"。当时"道路隔塞,王命竟不得达",朝廷对这些难民不闻不问。但刘虞"皆收视温恤",令其"安立生业",以至"流民皆忘其迁徙"。此番流民的安置,使幽州地区人口大增,而且补充的都是山东、江苏一带汉化程度较高的汉民,给幽州的汉民族补充了大量新鲜血液。

三国曹魏及西晋时期,连遭重创的匈奴族归附的归附,远遁的远遁,分布在幽州沿边的仅余乌桓、鲜卑两大族。此期间南北各方虽不乏冲突,但曹魏及西晋王朝基本上能把控局面,靖边安民。早在建安十一年(206年),曹操就大破乌桓于柳城,斩其首领蹋顿。经此一役,"及幽州、并州柔所统乌丸万余落,悉徙其族居中国"②,大部分乌桓人内附中原王朝。自东汉和帝时北匈奴逃亡,其故地尽为鲜卑所占,匈奴所余十余万亦"自号鲜卑兵",鲜卑由此而盛。但为时未久,鲜卑首领檀石槐死,内部争立不休,"众遂离散"③,鲜

---

① 《后汉书·刘虞传》。
② 《三国志·魏书·乌丸传》。
③ 《三国志·魏书·鲜卑传》。

卑实力锐减。凡此种种，都给三国魏晋时期的东北边地创造了较为安定的社会环境，使和平交往成为该时期民族关系的一大主流。

北京地区出土的西晋墓葬已包括了上至公卿、下至庶民的各种不同类型。公卿类型的墓葬见于"骠骑大将军、都督东夷河北诸军事、领幽州刺史"王浚之妻华芳墓，于1965年发现于西郊八宝山①。王浚是西晋末年的幽州主官，爵列上公，夫人的等秩应与之相同。其他类别的墓葬则分别见于顺义大营村、石景山老山、西郊景王坟及八宝山等地。②

综合以观，北京地区各类西晋墓葬的形制、结构等均与西晋都城洛阳的同期墓葬相近，甚至"其出土器物的形制亦和洛阳中型墓出土的器物形制相似"③。当然，它们的地域性也是存在的，一则表现在部分墓葬的甬道设在长方形墓室的两侧，平面呈刀把

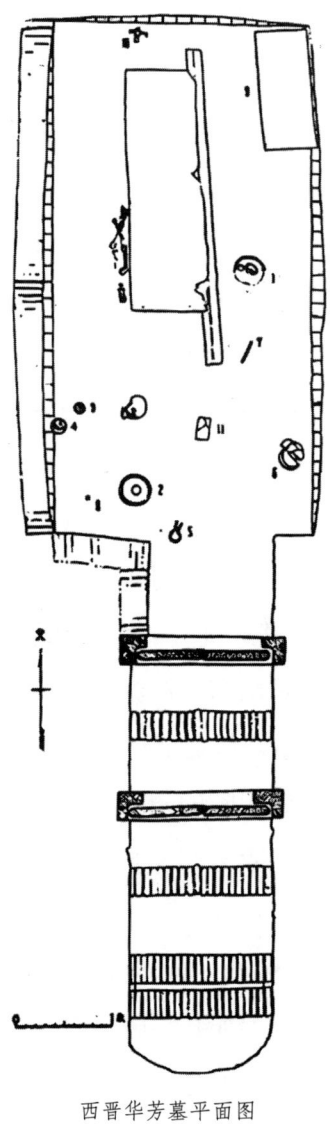

西晋华芳墓平面图
（《文物》1965年第12期）

---

① 北京市文物工作队：《北京西郊西晋王浚妻华芳墓清理简报》，《文物》1965年第12期。

② 北京市文物研究所编：《北京考古四十年》，北京燕山出版社，1990年，第119～123页。

③ 同上注第123页。

形；二则表现在个别墓葬出土的"陶牛车、车夫俑造型古朴，具有北方特点"[1]。综合上述情况，可知正如《晋书·礼制中》所说："丧纪之制，与夫三代变易。魏晋以来，大体同汉"，即北京地区晋墓与两汉墓葬的性质基本相同，皆属中原文化系统的北方类型。从当时幽燕居民的成分看，其墓主也不乏生活在北京的北方少数民族，此时他们也完全融入了"汉文化"，成了不折不扣的"汉人"。

总之，综观两汉至魏晋时期的燕蓟之地，已经完全实现了民族文化的"多元一统"。其最突出的表现就是，形形色色的民族不断融入到汉文化的大一统洪流中。也就是说，当时北京地区的民族是多元的，而文化是一统的。这不仅从深层次上揭示了汉文化特有的包容性，也揭示了汉晋时期北京地区特有的民族开放性和兼容性。

西晋八王之乱后，晋室分裂，天下崩离，"长安城中户不盈百，墙宇颓毁，蒿棘成林"[2]。在司马氏集团的自相残杀中，各派势力竞相借助外族武装，由此助长了北方少数民族军事力量的崛起。趁着兵荒马乱，各北方少数民族上层人物纷纷割地称王，由此带来了一场全新的社会震荡。在随之而来的十六国时期，幽燕作为各少数民族政权的必争之地，先后落入了羯族石勒的后赵、鲜卑慕容部的前燕、氐族苻洪的前秦、鲜卑慕容部的后燕之手。各少数民族政权"你方唱罢我登场"，由此造成了一场前所未有的民族搅拌运动。从西晋建兴二年（314年）鲜卑族段匹䃅占据蓟城起，到北魏天兴二年（399年）后燕燕郡太守高湖投降北魏止，这个阶段在幽燕大地持续了八十余年。

---

[1] 北京市文物研究所编：《北京考古四十年》，北京燕山出版社，1990年，第123页。

[2]《晋书·怀帝本纪》。

如果单凭想象，这段被史家称为"五胡乱华"的时期，似乎应是"蛮夷"文化大泛滥的时期。但揆诸史实，显然并非如此。甚至反而有不少迹象表明，各少数民族政权在此阶段或多或少都采取了一些汉化措施，藉以拉近和汉文明的距离。

所谓"五胡"，即匈奴、鲜卑、氐、羯、羌五大民族。此前这些民族的相当部分已经移居到长城沿线乃至长城以南，开始接受当地的农业生产方式和先进的华夏文明。而在兵荒马乱的年代，为了争得中原的一席之地，他们更是想方设法靠拢汉文明，竭力推进自身的汉化。

十六国时期的第一个少数民族政权是由匈奴人刘渊创建的。刘渊原本就是汉化程度较高的匈奴贵族，在灭亡西晋后更是只字不提自己和匈奴大单于的嫡亲关系，反倒自诩为两汉皇室的宗亲，奉汉高祖刘邦、光武帝刘秀、昭烈帝刘备为三祖。不但如此，他还打出了承袭汉祚的旗帜，以"汉"为国号（后改称赵）。

后赵的石勒是羯族首领，他杀伐攻掠无所不为，但却虔心仰慕汉学，尤其推崇汉高祖刘邦，每临政事常仿效汉初之策。在成为后赵的君主后，石勒"常令儒生读史书而听之，每以其意论古帝王善恶，朝贤儒士听者莫不归美焉"[1]。

十六国中以鲜卑族创建的小朝廷为多，先后有前燕、代、后燕、西燕、西秦、南凉、南燕等。他们自称是"有熊氏（黄帝）之苗裔"[2]，千方百计拉近和华夏族的血亲关系。

氐族苻洪创建的前秦是十六国中国祚较长的一个，创建于350年，亡于394年，前后维系了四十余年。而据《晋书·载记第

---

[1]《晋书·载记五·石勒传下》。
[2]《晋书·慕容廆载记》。

十二》的记载，苻洪自称"其先盖有扈之苗裔，世为西戎酋长"，也把自己归宗于华夏族的有扈氏。

若以最具象征意义的国号言之，十六国中称汉者一（匈奴人刘渊的汉），称夏者一（匈奴族赫连勃勃的夏），称秦者三（氐族苻洪的前秦、羌族姚苌的后秦、鲜卑族乞伏国仁的西秦），称赵者二（匈奴族刘渊的前赵、羯族石勒的后赵），称燕者五（鲜卑族慕容皝的前燕、鲜卑族慕容垂的后燕、鲜卑族慕容泓的西燕、鲜卑族慕容德的南燕、汉族冯跋的北燕），无不借用了中原王朝或中原列国的旧名。

当然，上面说的都只是些表面文章，但十六国时期的这些小朝廷个个如白驹过隙，转瞬即逝，也只来得及做些表面文章而已。

当"五胡十六国"时期结束后，匈奴、羌、氐、羯各族相继式微，不久后甚至从历史上销声匿迹，很难再寻到一丝踪影。其中匈奴族是战国秦汉时期称雄于长城以北的强大游牧族，一度控制了从里海到长城的广大地域，版图所及包括了今蒙古国、俄罗斯西伯利亚、中亚北部、中国东北等地。秦汉时匈奴人不断南下侵扰，对中原王朝造成了极大威胁。汉高祖六年（前201年），韩王信投降匈奴。第二年汉高祖刘邦亲率32万大军讨伐，在白登（今山西大同东北）一带竟被匈奴冒顿单于铁桶般地围困起来，几乎被生擒。汉武帝时国力强盛，前后三次对匈奴族发起了大规模进攻，匈奴屡遭重创，气势锐减。东汉前期匈奴分裂为南北两部，南匈奴内附中原，北匈奴西奔里海，称雄一世的匈奴族开始分崩离析。但一直到十六国时期，内附中原的南匈奴仍有相当势力，西晋王朝就亡在他们手里，十六国时期的前赵、胡夏、北凉也是由他们创建的。然而，十六国一过，南匈奴泥牛入海，再无半点讯息。由此可见，风云变幻的十六国时期，也是这些民族全面汉化的时期，以至五胡中竟有四胡融入了中华大家庭。在五胡中，硕果仅存的只有鲜卑族。而在十六国以后，堂而皇之地登上了华夏政治舞台的，也就是这个鲜卑族。

十六国之后，北魏王朝在北中国兴起，这就是由鲜卑族的拓跋氏创建的。《魏书·序记》云："黄帝以土德王，北俗谓土为托，谓后为跋，故以为氏。（黄帝）其裔始均……积六十七世至成皇帝讳毛立。"据此文，北魏皇族不仅说自己是黄帝的后人，还说其"拓跋"姓氏也来自"以土德王"的黄帝。尤其妙不可言的是，北魏拓跋氏说从黄帝之孙始均起，直到拓跋氏之祖止，居然有"六十七世"的谱牒可循。此言的确凿与否现已无从稽考，但这足以说明鲜卑人是多么深信自己是黄帝族的后裔。另据《魏书·礼志四》记载，北魏天兴元年（398年）太祖道武帝拓跋珪即皇帝位，立坛祭告天地，事毕后诏有司定"金木水火土"五行位次，"群臣奏以国家继黄帝之后，宜为土德"，这也说明了北魏拓跋氏自视为黄帝之后。

虽然打出了黄帝这面大旗，但北魏统治者心里明白，光靠这面大旗是唬不住人的，要想真正统御华夏，还要不遗余力地推进自身的汉化。

鲜卑拓跋部原居黑龙江大兴安岭一带，在汉代逐渐西移，先是进入了原北匈奴的漠北地区，此后南下游牧到云中（今内蒙古托克托），之后又迁居盛乐（今内蒙古和林格尔）。公元386年拓跋珪创建北魏，建都平城（今山西大同），之后经过半个多世纪的征战，北魏连破库莫奚、高车、后燕、后秦、大夏、柔然、北燕、北凉，于公元439年统一了北方，结束了北中国长达近一个半世纪的分裂割据局面。极盛之时的北魏疆域西至新疆东部，北抵蒙古高原，东北达辽西一带，南及淮河、秦岭一线，囊括了不少中原土地。在建立了较为稳定的政权后，特别是在占有了相当部分汉地后，北魏王朝开始由游牧转向农业，由武功转向文治。正是在这种背景下，北魏统治者开始大力推行自身的汉化。

最早推进北魏政权汉化的，是开国皇帝拓跋珪。他不仅亲手缔造了和汉人世家的政治联盟，还在称帝之初"便以经术为先，立太学"[1]，开始复兴汉学汉法。然而相比之下，在北魏历史上真正下大力推进汉化并取得了显著成效的，当属孝文帝元宏。

孝文帝原名拓跋宏，是北魏第七帝，在位于公元471～499年，庙号魏高祖。为了充分吸收汉族的先进文化，也为了巩固北魏在汉地的统治地位，孝文帝于太和十八年（494年）仿效黄帝南迁故事，把国都从平城迁到了洛阳。此外他锐意改革，全力推行均田制，大胆整顿吏治并革除鲜卑旧俗，在各方面都促进了鲜卑政治、经济、社会的发展。但真正让孝文帝青史留名的，还是他采取的如下汉化措施：

1. 鲜卑人原着胡服，"至高祖太和中，始考旧典，以制冠服"[2]，各级官员一律改穿汉服。

2. 在朝廷上禁用鲜卑语，通用汉语，"若有违者，免所居官"[3]。

3. 迁居洛阳的鲜卑人统统改籍贯为洛阳，死后也只能落葬洛阳城郊邙山，不得归葬平城，"于是代人南迁者，悉为河南洛阳人"[4]。

4. 改鲜卑复姓为汉姓，如皇族拓跋氏改姓元，孝文帝率先由拓

---

[1]《魏书·儒林列传》。
[2]《魏书·礼志四》。
[3]《魏书·高祖本纪下》。
[4] 同上注。

跋宏改名元宏，此外丘穆陵氏改穆氏、步六孤氏改陆氏、贺赖氏改贺氏、独孤氏改刘氏，如此等等，不一而足。

5. 承认汉人士族的地位，以范阳卢氏、清河崔氏、荥阳郑氏、太原王氏为汉族四大门第，与鲜卑族的穆、陆、贺、刘、楼、于、嵇、尉八大姓同贵。

6. 采用汉人律令，废除自十六国以来的严刑酷法。

7. "高祖诏群僚议定百官，著于令"①，按中华制度重新审定了官制。

8. 尊奉华夏礼制，提倡敬老养老。

9. 全面推行鲜卑人与汉人通婚，孝文帝带头纳汉人士族四大姓的女子为后宫嫔妃，并敕命六个兄弟各聘汉人士族女子为正妃，把原来的鲜卑族正妃降为侧室，北魏皇家公主也纷纷下嫁汉族名门。

通过以上鼎新革故，北魏统治集团很快在服饰、语言、籍贯、姓氏、法律、官制、礼俗、血统等方面融入了汉民族，实现了"全盘汉化"。

近几十年来，在山西大同发掘清理出一批北魏皇室成员及贵族的墓葬，墓室结构和埋葬习俗皆同于中原腹地，见证了北魏统治集团的汉化。他们的民族烙印当然也是存在的，例如在随葬的陶俑中还保留着部分游牧文化的孑遗等②，但也仅限于此。

至于北魏时期的幽燕地区，如《隋书·地理志》所载，一方面因融入了大量草原民族而民风侠勇，另一方面却"与太原同俗"，文明程度并不亚于太原。"虽俱曰边郡，然风教不为比也"——这

---

① 《魏书·官氏志》。
② 中国社会科学院考古研究所编：《新中国的考古发现与研究》，文物出版社，1984年，第537～539页。

就是《隋书·地理志中》对北魏以来幽燕地区现实状况的概述。此文说幽燕虽然地处偏远，但其风教丝毫不逊于内地。

北魏不是第一个君临中原的少数民族政权，却是少数民族政权中第一个长期立足中原的，前后统治了近一个半世纪。相比之下，仅就十六国时期统治过燕地的羯族后赵、鲜卑族前燕以及后燕而言，个个如匆匆过客，短短二三十年便灰飞烟灭，就连时间较长的氐族前秦也不过只维持了四十余年。那么，何以北魏能够长期立足中原呢？以前人们多将此归因于北魏士卒的骁勇善战，归因于魏廷的劝课农桑及均分田亩。这当然是不错的，但综观史实，十六国时期的哪个北方少数民族不精于骑射？哪个政权不在形成割据势力后便大力奖励耕作？何况相比之下，开始时北魏的国力很弱，在各个地方政权中只能算是蕞尔小邦，并没有特别的优势。所以正确的答案只有一个，那就是北魏政权比较看重文化，接受了"天下可马上取之，不可以马上治之"[①]的道理，采取了"以经术为先"的治国之策。北魏的这个治国经验是极其重要的，它不仅使北魏获得了其他少数民族政权所没有的软实力，还为后世少数民族政权承袭汉制提供了范例，影响之大远逮辽金和元清。

整个十六国及北朝时期的北京地区考古发现十分稀少，而且相当零散，不成系统。但难得的是，1973年在配合西城王府仓基建工程时，抢救发掘出一座较为完整的北齐墓葬。

北齐（550～577年）是中国南北朝接近尾声的政权，由东魏权臣高欢次子高洋所建，历经六帝，享国28年。王府仓北齐墓早年被盗，墓顶塌陷，经清理可知其为南北向的砖结构单室墓，墓顶似为穹隆状，墓室南侧有拱券顶的甬道。以上种种，皆与同期中原

[①]《魏书·儒林列传》。

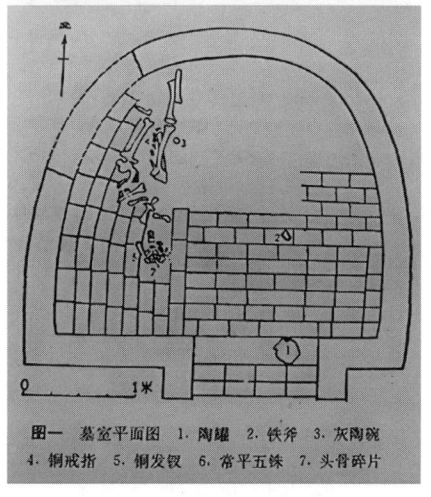

图一 墓室平面图 1.陶罐 2.铁斧 3.灰陶碗
4.铜戒指 5.铜发钗 6.常平五铢 7.头骨碎片

王府仓北齐墓及所出常平五铢
（《文物》1977年第11期）

地区的砖室墓基本一致。不仅如此，更如学者所说："该墓出土的红陶碗与1971年5月河南安阳北齐范粹墓出土的红陶碗和瓷碗形制极相似，铜发钗……与1955年洛阳涧西区北朝墓出土的发钗相似，陶壶与1965年山西大同石家寨北魏司马金龙墓出土的灰陶壶相似。尤以该墓所出'常平五铢'与北齐范粹墓、1971年9月河南安阳北齐颜玉光墓出土的常平五铢相同"[1]，即通观此墓的方方面面，与中原墓葬的共性比比皆是。

以上王府仓北齐墓虽然只是普普通通的一座墓，甚至只是孤零零的一座墓，但它的意义却实在非同一般。它向人们揭示，在度过了"五胡乱华"和北朝的250年后，在历经羯族石勒的后赵、鲜卑慕容部的前燕、氐族苻洪的前秦、鲜卑慕容部的后燕、鲜卑拓跋氏的北魏、鲜卑族东魏的统治之后，蓟城的墓葬文化直到北齐仍与中原地区保持着高度的一致。这不能不说是个奇迹，它不仅见证了各少数民族在此期间的汉化，见证了蓟地文化相沿不替的"多元一统"，还十分形象地说明，虽然从西汉初年起已经过去了七百多年，

---

[1] 马希桂：《北京王府仓北齐墓》，《文物》1977年第11期。

但两汉王朝奠定的汉文明依然气贯长虹，直到北朝末年仍保持着它穿越时空的强大生命力！

肇始于唐的一统多元

众所周知，大唐王朝开创了中国历史上的一代盛世，但不大为人所知的是，它还开创了一个最具民族开放性和文化开放性的时代。究其原因，这或许和李唐王室自身的血脉渊源有一定的关系。

李唐皇室是具有胡人血统的汉人，身上流淌着不少胡人的血液。例如唐高祖李渊之母独孤氏、太宗李世民之母窦氏、高宗李治之母长孙氏、玄宗李隆基之母窦氏等，无一不是胡人。《旧唐书·高祖二十二子列传》形容李渊曾孙滕王李涉"状貌类胡而丰硕"[1]，就是对李唐王室胡人血统的形象描述。因此在民族问题上，李唐皇室表现得十分开明，唐太宗就曾自我标榜说："自古皆贵中华、贱夷狄，朕独爱之如一"[2]，公开声明要摒弃沿袭了上千年的"夷夏大防"民族观。尤为难得的是，唐太宗李世民不仅是这样说的，也是这样做的，以下几桩事例堪称典范：

一是唐太宗派文成公主赴藏和亲以通吐蕃，千百年来传为佳话。

二是唐贞观四年（630年），唐太宗派大将李靖、李勣率十几万大军打败宿敌突厥汗国后，对被俘的突厥颉利可汗不仅不杀，还任命他为右卫大将军，把他全家安置在太仆寺，赐予大量田宅，厚加供养。颉利死后，唐太宗按照突厥风俗为其举办了隆重的火葬仪

---

[1]《旧唐书·高祖二十二子列传》。
[2]《资治通鉴》卷一九八。

式，还在灞水东岸为他修筑了高大的坟墓，并让颉利之子终身袭其父职。

三是东突厥灭亡后，其部众的安置成了大问题，大多数朝臣都主张将他们摒之于塞外，唐太宗却准许其内迁到幽州至灵州一带。

四是唐太宗贞观十八年（644年），又有突厥十余万众来降，自请安置在唐的腹心地区。群臣虑及"非我族类，其心必异"[①]，都表示反对，但唐太宗却对突厥的要求一概应允。

五是唐太宗起用了不少内附的突厥人为官，甚至连宫廷禁地都可见原来敌国的突厥贵族带刀侍卫。

正是这种化敌为友的气概，引得各少数民族纷纷投效，西北诸蕃甚至共同上表尊奉唐太宗为"天可汗"[②]。唐太宗李世民是唐王朝实际上的开创者，他对异族的宽大包容垂范后世，一直传承下来，使唐朝成了中国历史上最为豁达大度的王朝。

当时北方民族的势力相当活跃，尤其以地处东北边陲的幽燕地区最为突出。而在唐王朝宽松开明的氛围中，又有许多新的少数民族相继涌入幽燕大地。

唐太宗后，唐朝在幽州安置内附的少数民族成为常例，尤以中宗、玄宗两朝为著。《旧唐书·地理志二》云："自燕以下十七州，皆东北蕃降胡散诸处幽州、营州界内，以州名羁縻之，无所役属。"以上所谓"羁縻"，是一种以州、府、县为建制来整体安置内附藩属的制度，也是一种民族自治制度。在羁縻州府县内，各少数民族不但可以完全按本民族的风俗习惯生活，还可以充分享受行政自治权，中央政府则除了给他们提供各种物资保障外，其他方面则一概

[①]《左传·成公四年》。
[②]《旧唐书·太宗本纪下》。

"无所役属"。此制度有效保障了少数民族的权益,也有效控制了少数民族的势力,大大促进了民族间的团结。唐代的幽州就是实施羁縻制度的一大重点,到唐玄宗天宝年间,幽州境内侨治的羁縻州府已达二十个,安置的少数民族除内附的突厥、靺鞨外,还有契丹、奚、室韦、胡、新罗等,真正成了民族融合的中心。

唐幽州城内有26坊,仅从坊名看,就有不少是为少数民族设置的,其中较为著名的有罽宾坊、肃慎坊、卢龙坊等。罽宾乃古代西域国名,位置靠近开伯尔山口(今巴基斯坦和阿富汗之间),是古代中亚的一个内陆国家。罽宾国曾在唐初来华朝贡,唐高宗大喜过望,特置"修鲜都督府",委任罽宾国王为修鲜都督。从此以后,罽宾国与唐朝世代修好,幽州城也成了罽宾来唐后交涉与交易的一方重镇,以至城内都有了一个"罽宾坊"。至于肃慎,也是东北边远地区的古老民族,这时也在唐幽州城内有了一个集聚点。凡此事实无不说明,不仅广大的唐幽州地区"五胡杂处",唐幽州城内同样也是如此。唐玄宗年间大诗人李白访问幽州城,在《幽州胡马客歌》一诗中留下了"幽州胡马客,绿眼虎皮冠"的诗句,这就是对幽州城内五胡杂处的形象描述。

随着民族融合的加深,幽州的胡汉界限日益淡薄,最后终于冲垮了根深蒂固的华夷之分堤坝。其中最突出的表现,就是少数民族代表人物一举登上了幽州的最高政治舞台,从过去的被统治者变成了统治者。典型之例即唐玄宗时的安禄山和史思明,这两个胡人不仅攫取了幽州的最高权力,还仗唐玄宗的宠信,"以蕃将三十二人代汉将"[1],全面推行了幽州统治集团的少数民族化,最后联袂上

---

[1]《资治通鉴·唐纪三十三》。

演了著名的安史之乱。

安史之乱历时八年，最后终于在唐代宗广德元年（763年）被平定。但是，幽州实力的不断增强，少数民族势力的不断上升，终归是不可逆转的历史潮流，并未因安史之乱的平复而稍有止息。恰恰相反，这种趋势越来越明显，以至在考古学上都有了特别的反映。

截至目前，在北京昌平、丰台、房山、石景山、海淀、宣武、西城等地均有唐墓出土，数量多达四十余处。[①]其中既有简陋的土坑竖穴墓，也有大小不一的砖室墓，规格最高的则为史思明墓。史思明原为安禄山的部将，后在安史之乱中篡位称帝，过了几天皇帝瘾。此墓发现于丰台区王佐乡林家坟村，系用汉白玉石砌成，墓前有斜坡墓道，属于大型唐墓。此外，2013年在房山长沟出土了唐幽州节度使刘济夫妻合葬墓，这也是一座高等级墓葬，墓主人是唐幽州的最高军政长官。[②]

综合分析北京地区各类唐代墓葬的文化面貌，突出反映了对立统一的两个方面：

一方面是，北京唐墓与中原典型唐墓基本一致，甚至在某些细节上都不乏共同之处。例如有学者指出，北京唐墓"墓葬内多出土墓志，绘有壁画，壁画中多见牡丹花、十二生肖图案"[③]，这就和中原唐墓如出一辙。以上现象无疑体现了唐幽州城与大唐文明的血脉相连，体现了唐幽州是大唐帝国不可分割的一部分。然而事实上，这时的唐幽州早已五胡杂处，因此在北京地区出土的唐墓中，其墓

[①] 董坤玉:《北京隋唐五代考古》附表6-2，《北京考古发现与研究》，科学出版社，2009年，第240～242页。

[②] 史思明墓及刘济夫妻合葬墓的详情见上章。

[③] 董坤玉:《北京隋唐五代考古》，《北京考古发现与研究》第202页。

主人也势必有相当一部分是生活在燕蓟的"胡人"。这种情况和秦汉至北朝时期北京地区的文化性质一致，皆属在同一个文化中融注了不同民族的类型。

但事情的另一面是，除了和中原墓葬的共性，北京地区的唐墓也不乏鲜明的个性。最耐人寻味的是，这些个性恰恰是在唐玄宗之时彰显出来的，更在安史之乱后得以发展。其中一个十分突出的现象是，从唐玄宗年间开始，北京唐墓出现了一种新的墓室形制，即墓室的平面普遍呈抹角弧形或圆形。[①] 此类现象与中原唐墓的墓室基本上呈方形或长方形的情况迥然有别，差异之大一望可知。

在"事死如生"的古代社会，墓室往往和人们地上的居住状况有关，一定程度上再现了现实社会的居住形式。中原唐人久居方室，墓室因此呈方形或长方形，这是显而易见的。事同此理，北京地区唐墓的椭圆形或圆形墓室，则深深打上了草原民族圆形"蒙古包"或毡包的烙印。一个最有力的证据是，唐代墓室的平面呈圆形或椭圆形的现象还广泛见于辽宁西部、内蒙古南部和河北北部等地，而这恰好就是"胡人"的集聚区。当然，这并不等于说唐玄宗之时的幽州城已成毡房或蒙古包的世界，这是根本不可能的。因为作为唐王朝东北方的最大都市，当时的唐幽州城内显然是楼阁林立，瓦舍连连。但为什么它的墓葬会出现如此个性呢？唯一合理的解释就是，唐玄宗年间侨治幽州的羁縻州府累计已达二十个，少数民族的势力也因安禄山等"胡人"的权倾一方而如日中天，凡此都导致了北方少数民族的影响大大上升。而与此相应，幽州城的地方独立性也随之上扬，于是连带其考古文化也出现了明显的"胡化"倾向。

[①] 刘耀辉:《试论北京地区唐墓》,《北京文博》1998 年第 4 期。

在考古学上，墓葬的主体结构是极为关键的一个方面，绝非某些器物或纹饰的同与异所能比附。幽州城唐墓形制的这种变化，标志该阶段的幽州文化在仍然统属大唐文明的情况下，"胡化"的成分已经超越了细枝末节的范围，而成了一个不可忽视的部分。前文已述，在"多元一统"时期，燕地文化在统属汉文明的前提下，或者是"在陶器上涂一层云母粉末"，或者是"在随葬的陶俑中还保留着部分游牧文化的孑遗"，也都表现出了一定的地域性。但综合它们的主流、支流各方面，这些文化均未脱离"多元一统"的范畴，充其量不过是汉文化中的一个地方类型罢了。而现在不同了，一来"墓室平面普遍呈抹角弧形或圆形"的现象关乎墓葬的主体结构；二来这在唐玄宗以后的唐幽州墓葬中已成普遍规律；三来这种特征还广泛见于"胡人"的其他聚居区。综此三项，自能说明北方少数民族的文化已经上升到了一个相当显著的程度。

那么，如何看待这种在从属于汉唐文明的前提下，涌现出一股少数民族文化支流的现象呢？我们称之为文化的"一统多元"。在这里，"一统"仍指主流文明的一以贯之，"多元"则指少数民族文化的日益彰显。如果说，"多元一统"的现象告诉我们，汉民族是在少数民族不断融入汉文明中发展壮大起来的，那么"一统多元"的现象则告诉我们，汉文明和汉文化也是在不断汲取少数民族文化中博大恢弘起来的。

唐以前，因为力量的不均衡和水平的不对等，汉文明对少数民族的单向传播一直是事物的主流。而唐以后，北方少数民族势力不断崛起，力量大到了不仅足以酿成腰斩大唐文明的安史之乱，而且在这之后屡有契丹的辽朝、女真的金朝、蒙古的元朝、满族的清朝轮番登场，不断刷新了中国的历史。这虽然不等于说中华文明因此而被阻断，但随着少数民族势力的增强，随着他们交相成为历史的主角，其文化也不断融入了中华文明，而且越来越成为不可阻挡的潮流，这就是我们所说的"一统多元"。

公元907年，唐哀帝禅位给朱温，次年被朱温毒杀，享国289年的大唐帝国终于落下了帷幕。而并非巧合的是，恰于此年，契丹首领耶律阿保机"燔柴告天，即皇帝位"①，建立了契丹国。一个是大唐的灭亡，一个是契丹的创建，这无异于从两个不同的方面，把历史的改写同时锁定在了这个时间点上。

公元936年，后唐河东节度使石敬瑭举兵反叛，上表请求契丹帮助自己僭位称帝。这个梦想做皇帝的宵小竟然答应契丹，事成之后认契丹皇帝为父，并"割幽州等十六州以献"②。辽太宗耶律德光闻讯大喜，立即率五万精兵前往助战，四个月后大功告成。

后唐灭亡后，石敬瑭被耶律德光册立为大晋皇帝，史称"后晋"。辽太宗在册封石敬瑭的文书中说："余视尔若子，尔待予犹父也"③，与石敬瑭约为"父子之邦"。就这样，45岁的儿皇帝石敬瑭在登基大典上穿着契丹朝服拜见了34岁的父皇耶律德光，上演了一场人间丑剧。公元938年，石敬瑭如约把燕云十六州奉送给辽廷，并"每岁许输帛三十万"④。

石敬瑭割让给契丹的燕云十六州包括了长城沿线以南的今北京地区、天津地区、河北北部及山西北部。它们的割让，不仅使中原

---

① 《辽史·太祖本纪》。
② 《辽史·地理志·南京道》。
③ 《旧五代史·晋高祖本纪》。
④ 《旧五代史·契丹传》。

王朝丧失了一大片土地和百姓，更重要的是使中原失去了长城关隘。自此而后，燕山山脉的崇山峻岭不再是契丹铁骑南下的障碍，中原地区再也无险可依。而契丹重兵居高临下驻屯幽州，进可以长驱直入华北大平原，退可以据城固守以逸待劳，取得了战略上的主动。

极盛之时的辽朝地域广阔，几乎是北宋王朝的两倍，其范围东至太平洋，西及今俄罗斯境内的额尔齐斯河和鄂毕河，北连外兴安岭和贝加尔湖，南接河北白沟。辽的国土虽然广袤，但绝大部分疆域分布在长城以外，多为贫瘠的草原、山林、戈壁、荒漠，唯有燕云十六州的土地最为肥沃，物产最为丰富。而在燕云十六州中，若论文化最发达、人口最稠密、商贸最兴盛、城市最繁荣，又非幽州城莫属。因此，辽在公元938年得到幽州后，太宗耶律德光就立即升幽州城为南京。而在成为辽的南京后，北京地区发生了两大根本改变，给这段历史注入了特别的蕴意。

变化之一即早自西周燕国以来，燕京就一直背靠中原面向草原，突出的是它作为中原王朝边关重镇的军事职能。而在归属辽国后，它脱离了中原腹地，成为背靠草原面向中原的门户，城市的功能也随之由军事重镇转化为北中国的政治、经济、文化、外交中心。一跃而成辽南京，便是这个变化的开始。

变化之二即在成为辽南京后，契丹人及奚、渤海、室韦、女真等少数民族蜂拥而入，这里顷刻间变成了一座规模空前的多民族城市。对于宋境的汉民，辽廷更是"择沃壤，给牛、种谷"[1]，提供各种优惠政策，吸引他们前来定居。

---

① 《辽史·食货志上》。

上述两大变化，大大提升了幽州城在北中国的地位，也大大增进了幽燕地区各民族的融合。这种融合在考古学上的表现，便是"一统多元"文化的愈加明显。

在辽代统治的近二百年中，北京地区留下了丰富的历史遗存，仅传承至今的著名古建筑就有报国寺、大觉寺、团城、云居寺塔、牛街清真寺、天宁寺塔、良乡昊天塔等。在各种各样的遗存中，最能反映辽南京基本文化属性的，当然还是辽的墓葬，迄今在北京市已累计发现了数十处。①

天宁寺塔

契丹人在入主燕京后，依然保留着死后归葬塞北故里的习惯，故而北京地区发现的辽代墓葬，统统为汉人墓。其中较为重要的有北京永定门外的北平王赵德钧与夫人种氏墓②，大兴的金紫崇禄大夫马直温夫妇墓③，北京西郊的平州节度使韩佚夫妇墓④，阜成门外

---

① 北京市文物研究所编：《北京考古四十年》，北京燕山出版社，1990年，第144~152页。
② 苏天钧：《北京南郊辽赵德钧墓》，《考古》1962年第5期。
③ 张先得：《北京市大兴县辽代马直温夫妻合葬墓》，《文物》1980年第12期。
④ 北京市文物工作队：《北京西郊辽壁画墓发掘》，《北京文物与考古》1983年第1辑。

的保静军节度使董庠夫妇墓[1]，门头沟斋堂的壁画墓[2]，以及海淀永定路的李熙墓[3]等。宋人时称辽南京城内有"韩、刘、马、赵"四大汉人世家，"韩"即韩知古和韩延徽家族，"刘"即刘慎行家族，"马"即马直温家族，"赵"即赵德钧家族。其中马直温墓和赵德钧墓已见出土，另外再加上韩佚即韩延徽之孙，四大家族中已有三大家的墓葬相继问世。而由这些上自四大家族下至平民百姓的辽南京汉人墓可知，在辽朝统治的近二百年中，汉文明在辽南京仍然传承有序，并且依旧占据着主导地位。

在墓室结构上，辽南京汉人墓多为仿木建筑的砖筑墓室，而这和当时北宋流行的仿木结构雕砖墓如出一辙。这种结构的墓室是由唐代后期发展而来的，它在辽、宋的同时出现，体现了中国南北各方对中原唐文明的共同继承与发扬。

受唐朝壁画墓的影响，辽南京砖室墓也有相当部分绘有壁画，保存较好的有赵德钧墓、韩佚墓、百万庄1号墓、斋堂辽墓等。这些壁画的内容大多上承中原风格而来，几与中原壁画无异。例如赵德钧墓，墓室中绘制的壁画有伎乐、庖厨等，皆保留了原汁原味的中原画风。特别是其中的墓主人生前享乐图，"壁画中所见女仆发髻的样式、服饰的特征皆为唐风"[4]，唐的风格尤为明显。又如辽平州节度使韩佚墓，壁画内容为花鸟屏风及侍女，穹隆墓顶上还绘有

---

[1] 北京市文物管理处：《近年来北京发现的几座辽墓》，《考古》1972年第3期。
[2] 北京市文物事业管理局等：《北京市斋堂辽壁画墓发掘简报》，《文物》1980年第8期。
[3] 王有泉：《丰台区永定路辽墓》，《中国考古学年鉴》(1991年)，文物出版社，第125页。
[4] 董坤玉：《北京隋唐五代考古》，《北京考古发现与研究》，科学出版社，2009年，第283页。

云鹤及十二生肖像，题材和布局也都极具中原风格。再如斋堂的辽代末年壁画墓，绘有孝孙原谷等大型孝悌故事图，不仅壁画人物皆为汉人，且一概身着汉服。总之，综观辽南京汉人墓的壁画，举凡选材、布局、人物、衣冠、器用乃至禽鸟花卉等，无不极具中原画风。反之，综观辽上京、中京等地，同期契丹墓的壁画却与之大相径庭，这说明了什么已是不言而喻。

在随葬器物上，同期中原宋墓最常见的有瓷枕和定窑瓷器等，而辽南京汉人墓中也不乏此类物品。例如韩佚墓出土的瓷器，白瓷属定窑，青瓷属越窑，皆出自中原窑址。其他如马直温墓、王泽墓，出土的精美瓷器也不乏中原窑址的产品。至于辽南京汉人墓随葬的铜钱，更一律是唐朝传下来

辽南京韩佚墓瓷壶（首都博物馆藏）

或宋朝流通过来的，和中原宋墓出土的钱币毫无二致。

以上墓室构造、壁画风格、随葬器物三大方面，都表明辽南京的墓葬文化具有明显的汉文化特征。这无疑是现实生活的反映，说明契丹治下的南京城仍不乏汉文化色彩，该城的汉人仍在传承本民族的文化。

于此之外，辽南京汉人墓中也不乏契丹文化的一面，而且同样占很大比重。

从葬式来说，契丹人流行火葬，事如《隋书·契丹传》所云：契丹人"但以其尸置于山树之上，经三年之后，乃收其骨而焚之"。受此影响，辽南京城内也有相当部分汉人采用了火葬，数量之多甚至占到了辽南京汉人墓的一半。其中级别最高的是赵德钧墓，此人贵为辽朝北平王赠齐王，是辽南京汉人中爵秩最高者，但也违反祖制采用了火葬。马直温夫妇墓同样采用了火葬，但其骨灰没有盛放在骨灰盒中，而是放在仿照死者生前形象雕刻的木质真容雕像里。这种真容雕像同时还出土于河北宣化等地的辽代墓葬[1]，看来在火化的同时尽可能保留死者的真容，也不失为一种折中的作法。

从墓制来说，赵德钧墓有前中后三室，另置左右耳室，共计九个墓室。赤峰出土的辽驸马赠卫国王墓的下葬年代比赵德钧墓仅晚一年，也作前中后三室加耳室，唯独耳室的数量略少，合计五个墓室。[2] 这两座墓的主人都位秩王爵，虽然前者为汉族，后者为契丹族，一个在北京，一个在赤峰，但都采用了"多室"结构。相比之下，北宋皇室成员的墓葬多以单室为主[3]，与上述情况迥然有别。

从随葬品来说，塞外契丹贵族墓中时常出土一种标志性器物，此即器底阴刻"官""新官"字款的白瓷器。而在辽南京汉人墓中，同样出土了此类瓷器，赵德钧墓即其中之一。仿皮囊制作的马镫壶是辽代早中期契丹墓中最具鲜明个性的随葬品，几乎是契丹文化一望可知的标准器，而辽南京的汉人墓中同样随葬了此类物品。此

---

[1] 河北省文物管理处等：《河北宣化辽壁画墓发掘简报》，《文物》1975年第8期。

[2] 前热河省博物馆筹备组：《赤峰县大营子辽墓发掘报告》，《考古学报》1956年第3期。

[3] 郭湖生等：《河南巩县宋陵调查》，《考古》1964年第11期；周到：《宋魏王赵頵夫妻合葬墓》，《考古》1964年第7期。

辽南京墓葬出土马镫壶（首都博物馆藏）

外，辽南京汉人墓出土的黄釉龙头洗子、黄绿釉盆等，也是契丹文化的典型器。

以上葬式、墓制及随葬品等，就是契丹文化给辽南京汉人墓打下的烙印，它们在一墓之中与汉文化并行不悖，互不相扰。

综合以观，辽南京汉人墓葬文化给我们带来了不少启示：

首先我们看到，在入主燕云十六州后，契丹人并没有放弃自身的文化。其道理很简单，因为倘如说辽南京汉人墓中不乏契丹文化的印记，那当然是以契丹人保有自己独特的文化为前提的。而事实上，契丹文化的特异性不仅存在，在上京、中京等契丹大本营还表现得相当突出，这已由当地的考古发现所揭示。[①] 这是一个很值得注意的现象，因为如前所述，自秦汉以来，凡是占据了幽燕之地的少数民族政权大多放弃了自己的文化，或迟或早融入了汉文化。而契丹人则不然，他们不仅在本土固守着自己的文化，而且在进入燕地后也一仍旧贯，甚至把自己的文化渗透到燕地的汉人中。这样一来，辽人不仅给北京地区的多元文化增添了一道风景，还给少数民

---

① 中国社会科学院考古研究所编：《新中国的考古发现和研究》，文物出版社，1984年，第602～605页。

族政权入主北京后保留本族文化提供了一个典型范例。

其二,在辽南京,汉民族本是被统治民族,汉文化本是被统治文化,这是毋庸置疑的。但正如我们看到的,汉人不仅高官得做,其民族文化也得以传承,说明契丹统治者确实对汉民族和汉文化采取了一种较为宽容的态度。

索诸史实,在辽朝占有燕云十六州后,立即采取了"因俗而治"的国策,推行了"以国制治契丹,以汉制待汉人"[①]的方针。为此辽廷还专门成立了两套中央机构,其中的北枢密院专管契丹内部事务,一律任用契丹贵族,官制也沿用契丹旧俗;南枢密院则专管燕云十六州等汉地州县,官吏一般由汉人担任,也有部分契丹贵族,官制则基本仿照唐代。为了区别这种番、汉并存的双轨制,辽太宗还特别规定:"太后、北面臣僚国服;皇帝、南面臣僚汉服。"[②]即无论汉人或契丹人,凡是担任南面官的一律着汉服,皇帝也着汉服,太后及北面官则着契丹服。这种二元政治的推行,必然会反映到文化上,而辽南京墓葬中汉文化与契丹文化的并行不悖,就是辽国二元政治在文化上的反映。

其三,辽廷虽然对汉文化采取了宽容之策,但南京的汉人墓中仍不乏契丹文化的印记,这又说明了什么呢?这又说明,在契丹统治下,汉人也出现了明显的"胡化"倾向。不难看出,在这些汉人墓中,契丹文化的因素并不固定,而是各有千秋。例如有的采用了契丹的火葬习俗,有的随葬了契丹民族的马镫壶,有的使用了契丹人常用的黄釉瓷器等,色彩各异。这种现象透露出,汉人墓葬中的契丹文化因素并非出于某种统一的规定,而是来自墓主人的自主选

---

① 《辽史·百官志一》。
② 《辽史·仪卫志二·国服》。

择与认同。历史上有一个铁的规律，即统治者的文化一定是占统治地位的文化，这从不因统治者的宽容与否而移易。因此，只要统治集团固守自己的文化，这种文化就一定会逐步渗透到社会的各方面去。辽南京汉人墓自发的"胡化"倾向，就是在这种背景下产生的。

以上即辽南京汉人墓带给我们的启示。仅此管中窥豹，已足见辽朝"以国制治契丹，以汉制待汉人"在文化方面的反映，也足见"一统多元"性状在辽南京的延续与发展。

上述辽南京汉人墓葬的属性，体现的实际上是辽南京城内的现实状况。路振是北宋的文学家，历任福建巡抚、太常博士。他于宋真宗大中祥符元年（1008年）奉命出使契丹，将所见所闻撰成了《乘轺录》一书，上呈宋真宗御览。其文曰：辽南京城内"俗皆汉服，中有胡服者，盖杂契丹、渤海妇女"[1]。仅从这一语即可看出，当时南京城内汉人皆着汉服，胡人皆着胡服，彼此各随其意，互不相扰。八十年后，唐宋八大家之一的苏辙于宋哲宗元祐四年（1089年）出使契丹，在其诗作《其七燕山》中感叹说：南京城"哀哉汉唐余，左衽今已半"。此文所言"左衽"，指的是北方少数民族的传统服装，其特点是向左掩怀，而汉服则为"右衽"，即向右掩怀。苏辙喟叹南京城内"左衽今已半"，恰好说明到了辽朝后期，南京城居民中着胡服的已逾半数以上，而其中有相当部分都是汉人。这自然说明了南京城汉人的"胡化"，以至苏辙发出了"哀哉汉唐余"的叹息。当然契丹人的"汉化"也是无所不在的，而其中最具典型意义的，就是契丹皇室对汉儒文化的崇拜与吸纳。

---

[1] 路振：《乘轺录》，《丛书集成初编》，中华书局，1991年。

早在辽朝初年，契丹皇太子耶律倍就以"通阴阳，知音律，精医药、砭焫之术，工辽、汉文章"①而享誉朝野。到了辽圣宗年间，契丹开始进入封建社会，契丹贵族的汉化程度更有明显提高。当时辽皇室能用汉文作诗并通晓汉人音律者不知凡几，辽圣宗就是相当突出的一个。辽圣宗耶律隆绪在位于公元982～1031年，共计49年，是辽朝在位时间最长的皇帝，比唐朝在位时间最长的唐玄宗（712～756年在位）还长了5年。他深谙汉文学艺术堂奥，"幼喜书翰，十岁能诗。既长，精射法，晓音律，好绘画"②，对汉民族的诗歌、音律、书法、绘画几乎无所不能。辽兴宗耶律宗真亦深得其父圣宗的真传，他"好儒术，通音律"，登基之初就"御宣政殿放进士刘贞等五十七人"③。辽道宗耶律洪基也笃好文学，擅长音律，他的皇后萧氏更是文采斐然，是契丹诗人中冠盖中华者。史载萧氏"姿容冠绝，工诗，善谈论，自制歌词，尤善琵琶"④，她既是辽朝公认的第一美人，也是辽朝成就最高的诗人，有不少汉文诗歌传世，据说琵琶弹奏也是天下第一。

以上辽皇室对汉学汉制及汉文化艺术的趋之若鹜，也有效扩大了汉文化在辽朝的传播。

公元1122年，女真金人战胜了辽国，燕京成为金的领地。而后北宋政权一度赎取了燕京，但为时未久金人卷土重来，再度占领了燕京。金皇统九年（1149年），金太祖之孙完颜亮弑君篡位，自

---

① 《辽史·宗师列传》。
② 《辽史·圣宗本纪一》。
③ 《辽史·兴宗本纪一》。
④ 《辽史·后妃列传一》。

立为帝,随即于公元 1153 年下诏迁都燕京,称金中都。迁都燕京后,为了断绝女真贵族的后路,海陵王尽毁上京宫殿、宗庙、诸大府第及名苑重寺,令上京臣民"不问疏近,并徙之南"①。这样一来,成千累万女真皇室、宗亲、贵族和猛安谋克户背井离乡,全部迁入了中都城,这里又成了民族融合的中心。

女真族的历史也相当悠久,可溯之上古。《金史·世纪》云:"金之先,出靺鞨氏……古肃慎地也。"寻本溯源,女真族起源于古肃慎族,此后称勿吉、靺鞨、女真。到了辽代,接近辽朝的女真部落较为先进,称熟女真,距辽朝较远的女真部落保留了许多原始习俗,称生女真。创立金国的女真人就是居住在"白山黑水"间的生女真,史载其"地有混同江、长白山,混同江亦号黑龙江,所谓'白山黑水'是也"②。

因为远离文明之故,金人入关前的文化相当朴拙。《大金国志》附录一《女真传》云:"死者埋之而无棺椁,贵者生焚所宠奴婢,所乘鞍马以殉之。"由上可知,女真人开始时只有简单的土葬,并无棺殓之具,随葬品也相当少见,唯有上层人物以奴婢和爱驹殉葬。但在入主燕京后,这种情况很快发生了变化。

除了北京房山的金帝陵外,北京地区的金墓还广泛出土于城区及房山、丰台、通州、昌平、门头沟、石景山、海淀等地,年代多为金海陵王迁都燕京以后的。其中较为重要的女真贵族墓有丰台王佐乡乌古伦氏家族墓地③、海淀香山蒲察胡沙墓④等,较为重要的汉

---

① 《金史·世宗本纪下》。
② 《金史·世纪》。
③ 北京市文物工作队:《北京金墓发掘简报》,《北京文物与考古》第一辑,1983 年。
④ 齐心:《金代蒲察墓志考》,《北京史论文集》第一辑,1980 年。

人贵族墓则有通州宣威将军石宗壁夫妇墓[①]等。在这些金中都时期的墓葬中，女真贵族墓占到了墓葬总数的 20% 左右，可见女真贵族死后已不再像契丹人那样归葬故里，而是把中都城当作了自己生死两界的永久家园。

综合以观，北京地区的金墓具有如下特征：

其一，墓制已由过去简单的土葬，发展为石室墓、砖室墓、砖石混筑墓、土坑墓等几大类共存。其中尤以石板构筑的石室墓为多，占了北京金墓总数的 60% 以上，传统的土坑墓反倒少见。

其二，葬具已由"无棺殓之具"发展为木棺、石棺并用，乌古伦家族墓地出土了以汉白玉石板为棺椁的墓葬，就是典型一例。尤其令人瞩目的是，即便是规格低下、型制简陋的土坑墓，此时也大都有了木棺具。[②]

其三，葬式以火葬最为常见，普遍流行于各不同阶层的墓葬。但在房山长沟峪的"诸王兆域"中，也发现了个别土葬之例。[③]

其四，墓志开始在贵族墓中流行，上刻死者生平，极具史料价值。

其五，随葬品从开始时的简单马具、陶器、铁器，转为随葬精美的瓷器、玉器、金银器，明显由简转奢。

其六，迄今未见"生焚所宠奴婢"的现象，可见金人在入主中都后迅速汉化，废除了野蛮的人殉制度。

以上用石板建造椁室的现象，很早就流行于东北地区，可见这是草原民族的传统习俗，也是女真族的传统习俗。吉林扶余西

---

① 北京市文物管理处：《北京通县金代墓葬发掘简报》，《文物》1977 年第 11 期。
② 北京市文物研究所：《北京亦庄考古发掘报告》，科学出版社，2009 年。
③ 张先得、黄秀纯：《北京市房山县发现石椁墓》，《文物》1977 年第 6 期。

山屯出土了一座女真贵族石室墓,时代属辽末金初[①],这就是女真金人用石板构筑椁室的较早一例。受此影响,金的汉族官吏也起而效仿,例如河北新城县出土的时丰墓,是一座汉族官吏墓,葬于金天会五年(1127年),这就是石室墓。时丰之父时立爱是金朝重臣,官至"知枢密院事"[②],还被封为郡王。时立爱的卒年较儿子时丰为晚,葬于皇统三年(1143年),其墓葬却为多室砖构墓。[③]父子两人同葬一个墓地,葬制却迥然有别,可见北京地区的金墓虽以石室墓为主,但也不乏砖室墓。

前引《大金国志》已经说明女真人原来实行的是"死者埋之"的土葬,可见金中都流行的火葬并非女真的传统。吉林扶余西山屯等早期金墓皆为土葬,就清楚地说明了这一点。前文已述,契丹人流行火葬,辽南京也流行火葬,这或许就是金人由土葬转火葬的原因之一。此外金人崇信佛教,南宋洪皓《松漠纪闻》称金中都城内"蓝若(佛寺)相望,大者三十有六",而佛教提倡火葬,这或许也对金中都火葬的流行起了推波助澜的作用。

至于随葬品方面,见于通州出土的宣威将军石宗璧墓,随葬的主要是中原式瓷器,器类包括了汉人常用的碗、盘、洗、杯、瓶等,窑口则主要为陕西铜川的耀州窑和河北曲阳的定窑。石宗璧墓的年代为大定十七年(1177年),已属金代中期。但颇为奇特的是,辽南京墓中常见的鏊锅、鏊子等陶明器在此墓中也不乏其例,可见金朝的达官贵人对昔日敌国的文化也并不排斥。女真贵族乌古伦窝

---

① 吉林省博物馆:《吉林省扶余县的一座辽金墓》,《考古》1963年第11期。
② 《金史·时立爱传》。
③ 河北省文化局文物工作队:《河北新城县北场村金时立爱和时丰墓发掘记》,《考古》1962年第12期。

金中都乌古伦家族墓青釉壶
（首都博物馆藏）

伦墓与石宗壁墓同属金世宗大定朝，随葬的瓷器除了具有浓郁中原风格外，还有女真人喜爱的鸡腿瓶等。由此看来，随葬品的选择在金墓中也是各有所好，并无定数。金墓随葬铜钱的做法较为普遍，而北京金墓随葬的不只是金的铜钱，也不乏宋的铜钱。记述死者生平的墓志兴起于南朝，流行于隋唐，本为典型的中原文化产物，这时也被金中都的女真贵族所采用。

通过上面的梳理，可知在棺椁的普及、随葬品的组成、墓志的推广、人殉的废除等方面，金中都墓葬都深深打上了中原汉文化的烙印，此外则各有女真文化和契丹文化的渊源。正是汉、金、辽这三大元素，构成了金中都墓葬文化的三大来源，组成了它的"一统多元"文化。

金灭北宋后，版图内形成了三大板块：一是塞外的金人故地，包括金上京在内的今东北地区；二是此前纳入了辽境的燕云十六州；三是拒马河以南、淮河以北的原北宋疆土。以上三大区域，第一大区是女真各部及契丹、奚、渤海等族的故地，基本沿袭了北方的游牧生活，实行的是女真奴隶制；第二大区的居民主要是汉人和汉化的少数民族，实行的是内地的封建制，但文化上却不乏契丹人的印记；第三大区原为汉族和汉文化的正宗园地，入金后基本承袭了北宋高度发达的经济和文化。金中都墓葬的三大元素，恰是这三大区域文化的缩影,它不仅再现了金中都城内的现实生活,也折射出了金朝社会的基本构成。

以上即唐至辽金时期北京地区文化的"一统多元"。在这之后,"一统多元"文化仍是时代的主流,但因朝代的不同而表现各异。

在元朝,"一统多元"的"一统",主要表现在大的意识形态和治国理政方面。

一如元世祖忽必烈于公元1271年"盖取《易经》'乾元'之义"①,建国号为大元。今按:元朝本无国号,直接以族名称蒙古,"元"是它有史以来的第一个国号。"元"不仅是蒙古的第一个国号,还是中国历史上第一个以华夏经典文义为国号者,意义非同一般。

二如在元大都的兴建上,忽必烈严格遵循从周朝传承下来的帝王之都的理想模式,不折不扣地按照《周礼·考工记》的记载,建造了中华历史上第一座完全符合华夏精义的都城。

三如为了巩固对汉地的统治,也为了笼络汉族士大夫,元朝对孔子也备承敬仪,眷顾之隆甚至比诸前朝都有过之而无不及。当年元太祖成吉思汗初入燕京时便降旨在故金中都城内建造了祭祀孔子的宣圣庙,元太宗窝阔台更赐封孔子后人为衍圣公,并多次重修孔子庙。元世祖忽必烈中统二年(1261年)又特别下旨,把孔庙及所属书院列为神圣不可侵犯的国之重地,"禁诸官员使臣军马,毋得侵扰亵渎,违者加罪"②。

基于上述事实,明朝大儒主持编修的《元史》甚至评价忽必烈

---

① 《元史·世祖本纪四》。
② 《元史·世祖本纪一》。

"信用儒术，用能以夏变夷"①，说他是个以儒治国的君王。

忽必烈之后，元朝基本上能把尊重汉学、汉制的祖宗成法承袭下来。例如在对孔子的尊奉上，元大都修竣后，元廷又特意在城内加建了一座孔子庙，建成于元成宗大德十年（1306年）。这是北京成为全国性都城后建造的第一座皇家孔庙，历尽沧桑后至今犹在，位于安定门内成贤街。尤有甚者，元武宗至大元年（1308年）还加封孔子为"大成至圣文宣王"②。这是历朝历代给予孔子的最高谥号，比唐朝封谥的"文宣王"、宋朝封谥的"至圣文宣王"更有擢升。

但事情的另一面是，在服装、发式、饮食及婚丧嫁娶等日常生活方面，蒙古人依然保持了过去的传统，沿袭了蒙古族的旧俗。以元大都为例，一来蒙古统治者全盘接受了汉式的亭台楼阁，二来又在居室乃至皇宫的布置上，在饮食起居以及生活方式上，照样维持了本族的传统。为了不让子孙忘记草原，元世祖忽必烈甚至突发奇想，把草原也搬进了元大都宫廷。意大利人马可·波罗目睹了这个宫廷奇观，他记述道："上述两（宫）墙之间，有一极美草原，中植种种美丽果树，不少兽类，若鹿、獐、山羊、松鼠，繁殖其中……所以除往来行人所经之道外，别无余地。"③倘如真像马可·波罗说的这样，元大都宫廷内有一处"极美草原"，倒也给冷冰冰的皇宫增添了些许生气。

朱元璋建立的大明王朝，是由汉族创建的最后一个封建王朝，

---

① 《元史·世祖本纪十四》。
② 《元史·武宗本纪一》。
③ [意] 马可·波罗：《马可·波罗行纪》，冯承钧译，江苏文艺出版社，2014年，第204页。

它给长期以来一直被少数民族统治的北京带来了一场空前的汉文化回潮。早在明代初年建都南京之际，明太祖朱元璋就多次下诏禁绝胡服胡语，"诏衣冠如唐制"[①]。同时，他还下诏禁绝北平地区的"胡俗"，如奢习密宗、近亲结婚、婚嫁紊乱等。鉴于朱明王朝是在明成祖时由南京迁都北京的，而南京是两宋文化的根基之地，因此明北京"一统多元"的突出表现，就集中体现在南北文化的交汇融合上。

至于满清王朝，众所周知的是，在清朝覆亡后，入关的满族人最后全都融入了汉民族，以至在各方面都再无差别。但另一方面，广为妇女喜爱的旗袍被视为汉民族的典型标识，这却是满族文化的遗留。以上正反两个例证，恰好形象诠释了清朝的"一统多元"，也深刻揭示了这种"一统多元"的终极结果。这个结果就是，在发展至今的汉文明中，中原汉族和四隅少数民族的文化早已是你中有我、我中有你，由此共同组成了一个覆盖整个神州的大中华文化。

满族旗袍（徐铁摄影并供稿）

[①]《明史·太祖本纪二》。

结语

以上从历史时期的燕国开始，按照三个典型的时代段落，归纳出了北京地区多元民族与多元文化的三种演进模式。通过这个脉络，灼然可见汉民族和汉文化是如何成长起来的，又是如何发展起来的。

在这个不断演进的历史大潮中，贯穿始终的因素有两个：一个是"多元"的民族与文化，一个是"一统"的汉民族与汉文明。主角虽然是两个，但在其中从始至终起主导作用的，显然是汉民族和汉文化。

燕国多元民族与多元文化的"多元一体"，无疑是以燕国为主导的。而燕国对少数民族及其文化采取的是"柔远能迩"之策，不但包容了他们的存在，而且给予了他们优厚的待遇，只是不断用先进的文化去影响他们。这一做法显然是成功的，否则就没有典型燕文化在战国中晚期的覆盖整个燕山南北了。在这里起决定作用的，当然是燕国的包容大度和华夏文化的博大恢弘。正是华夏文明的胸襟广阔，才成就了燕的"多元一体"，也成就了燕国长达八百余年的历史。

汉文明奠定的"多元一统"，则突出反映了汉民族的成长过程。寻根溯源，早在先秦时期，当各个周边民族一概被斥为"蛮夷戎狄"时，自诩为"华夏"的不过是黄河中游的一小部分群体，那个自称为"夏"的王国甚至只统辖了今河南、山西的部分地区，几乎抵不上东周时期一个稍有实力的诸侯国。而当汉代的人口从汉高祖（前206～前195年在位）时的不足1300万，一下子激增到汉宣帝（前74～前49年在位）时的5000多万人时，已不单单是人口增殖的结果了，更是四周少数民族相继融入汉民族的结果。在汉代的官修史书中，汉的臣民一概称为"汉人"，这就不仅体现了汉民族的成长，也证明汉民族就是由整个汉王朝的臣民组成的。尤其令人出乎意料的是，当历史一下子堕入天下大乱的"五胡乱华"时，居然也是以各少数民族相继融入汉民族为归宿的。这或许在文献中很难找到答案，却能在考古资料中发现线索，前述王府仓北齐墓便是鲜明例证之一。

至于从唐朝开始出现的"一统多元"，无非是因为融入汉文明的少数民族势力已足够强大，人数也足够庞大，以至在进入汉文明时不可能不留下自己的痕迹。考古发现与历史现象竟是如此合拍，都把少数民族势力及其文化从量变到质变的转折点界定在唐玄宗年间，界定在安史之乱爆发之时。安史之乱后，唐王朝被迫采取了以方镇制方镇的办法，却因此进一步丧失了对方镇的有效控制，造成了更大程度的藩镇割据。于是，见于幽州的考古文化，个性特征的进一步张扬也就是十分自然的了。

然而，最大的问题在于，既然从唐玄宗开始，历经辽、金、元、清几大王朝，少数民族势力在幽燕地区越来越占统治地位，按说他们的文化应该上升为统治文化才对，可是为什么总跳不出汉文明的"一统天下"呢？这无疑是更值得关注的。

综观整个人类文明史，统治集团的文化是统治的文化，这几乎是不可逆转的定律。典型之例一如西亚两河流域的苏美尔文明，这是人类最早兴起的文明，远在公元前 4300 年左右就进入了铜器时代。可是当从叙利亚草原过来的阿卡德人于公元前 24 世纪中叶征服了苏美尔人之后，苏美尔文明便一下子消失得无影无踪，整个两河流域很快被阿卡德文明所取代。再如古印度文明，当公元前 15

世纪皮肤白皙、身材高大的雅利安人从里海一带进入印度河流域后,给古印度带来了一个以婆罗门教命名的"吠陀时代",此前绵延了近千年的哈拉巴文明便被彻底遗弃,"以致印度人以为,他们的历史是从约公元前 1500 年雅利安人入侵印度河流域时开始的"①。久而久之,印度河的本体文明几近湮没,只有几处偶然揭露出来的遗址在徐徐清风中向人们低声述说着往日的故事。再看我们身边的例子,仅就北京地区而言,当以畜牧族为主体的夏家店下层文化燕南类型于夏代后期进入这里后,此前绵延了数千年的农耕文明便戛然而止,北京平原顷刻间变成了田园牧歌的别样天地。②

这样的例子实在是太多了,举不胜举。可以说,统治集团的文化是占统治地位的文化,这才是人类文明史上的通例。而像燕以后的北京地区这样,历经朝代和统治民族的更迭,始终保持了汉文明的"一统多元"的,反倒是个罕见的特例。其中的缘故究竟何在?答案无别,唯一的解释就是汉文明实在是太有魅力了,也太过强大了,以至无论是哪个少数民族统治者,一旦进入幽燕这块汉文明的基石之地后,便会自然而然投入汉文明的怀抱。这一点早已被世界史学家看得一清二楚,例如美国史学家斯塔夫里阿诺斯就说:"曾有许多游牧民族侵入中国,甚至还取某些王朝而代之;但是,不是中国人被迫接受入侵者的语言、习俗或畜牧经济,相反,是入侵者自己总是被迅速、完全地中国化。"③斯言诚是。

揆诸史实,汉文明之所以在北京赓续不绝,还源自以下几个

---

① [美] L.S. 斯塔夫里阿诺斯:《全球通史——1500 年以前的世界》,吴象婴、梁赤民译,上海社会科学院出版社,1999 年,第 134 页。
② 详见王光镐《人类文明的圣殿:北京》(修订版),华夏出版社,2023 年,第 326~338 页。
③ [美] L.S. 斯塔夫里阿诺斯:《全球通史——1500 年以前的世界》,第 278 页。

原因：

一是自从汉武帝"罢黜百家，独尊儒术"以来，儒学渐渐融入了汉民族的政治、思想和文化，成了汉文明乃至汉民族心理的重要组成部分，也成了幽燕文化的主干。在少数民族势力入主北京时，汉文明在燕地早已长成参天大树，绝不是任何一个少数民族的欠发达文化所能撼动的。于是，它在汉以后仍一如既往地传承下来，在辽、金、元、清时期仍继续发挥着主导作用。

二是出于对汉文明的仰慕，也出于归宗华夏的意愿，燕山以北的各少数民族政权基本上都主动接受了汉文明，甚至主动接纳了儒家学说。从纯功利的角度说，儒家倡导的"内圣外王"之道，以及对"仁"和"礼"的追求，都极有利于维系一个地域广阔的多民族国家，也极有益于"助人君顺阴阳明教化者也"[1]，故而乐于为北方少数民族统治者所接受。更何况于史可鉴，北魏及辽代就是因为采用了"以经术为先"的圣人之道，才得以天下承平、国祚长久的。出身契丹皇族的元朝重臣耶律楚材说："圣人之名教，有国家者莫不由之，如天之有日月也"[2]，这就是少数民族上层人士以史为鉴得出的认识。

三是大国文化自有大国气派，汉文明在成长过程中也不断汲取了其他民族的文化精髓，由此融汇成了包纳百川的浩瀚大海。特别是辽金以降，北京地区的汉文明虽然不失其主导地位，却也一直和契丹、女真、蒙古、满清文化处在零距离的接触中，各种文化的碰撞、浸润、交融势所难免。因此事情的一方面是，相处愈久少数民族的汉化愈深；另一方面则是，相处愈久汉文化中的多元因素也愈

---

[1]《汉书·艺文志》。
[2]《元史·耶律楚材传》。

加丰富。正是这两股潮流的交织融合，最终铸成了北京的"一统多元"文化，也铸成了博大精深的汉文明。

总之，纵观北京这个多元世界，从头到尾浓缩出了一部汉民族和汉文明的形成史。先秦时期姬周燕国对多元民族和多元文化的包容与接纳，是汉民族与汉文明形成的基础条件，给后来汉民族和汉文明的孕育生成创造了最佳环境。而两汉至南北朝时期多元民族的相继融入汉文明，则形象说明了汉民族的形成过程，说明这个地球上的最大族群到底是怎么来的。此阶段的考古学文化似乎不带有显著的多元性，但在同一个考古学文化掩盖下的民族多元性，则是更具历史意义和社会意义的多元性。至于唐中期以后少数民族文化的相继融入汉文明，则揭示了博大精深的汉文明的形成过程。而总括上述不同阶段、不同含义的多元性，就合成了北京这个多元世界的多彩景象。

第六章
煌煌京都，巍巍紫禁

北京是元明清的首都，这已是尽人皆知的事实。但是，北京的建都史究竟开始于何时？这却是个歧见纷披的问题。综合历来的观点，大致有如下几种说法：

一是以召公奭的燕都为说。

召公奭始封于公元前十一世纪，建都于房山琉璃河，于是便有了以此为北京建都之始的说法。按照第二章的论述，召公奭始封于周成王六年（前1036年）左右，由此推算，这个建都史迄今已有3060载。①

二是以战国的燕都为说。

燕是周王朝的诸侯国，它一方面有自己的独立自主性，一方面在西周乃至春秋时期仍受周王室的辖制。而到了战国时期，周天子形同虚设，各诸侯国成了独立的政体，燕国也不例外。于是，便有人主张"北京建都的始年，应当是……我国历史上战国时代开始之年"②。一般认为，战国时代开始于公元前475年，因此按照此说，北京建都的历史至今已有近2500年。

---

① 本文所论绝对年代皆截止到2024年，下同。
② 有关各说参考贺树德《北京建城年代与建都年代问题》，《北京建城3040年暨燕文明国际研讨会会议专辑》，北京燕山出版社，1997年。

三是以某些地方政权的建都为说。

十六国时期的前燕国慕容儁从龙城（辽宁朝阳）迁都蓟城，"僭称皇帝，置百官，号年元玺，国称大燕"①，事在公元352年。

唐中期安史之乱时史思明自号应天皇帝，国号大燕，定燕京为都，事在公元759年。

五代时期刘守光自恃"我大燕地方二千里，带甲三十万，东有鱼盐之饶，北有塞马之利，我南面称帝，谁如我何！"②遂僭称大燕皇帝，建都幽州城，事在公元911年。

以上事件均发生在今北京，于是也就有将上述事件作为北京建都之始的，尤以慕容儁的前燕国迁都蓟城之说为著。

四是以辽南京为说。

辽会同元年，辽太宗耶律德光从石敬瑭手里得到了燕云十六州，随即升幽州城为南京，又称燕京，事在公元938年。这也构成了北京建都的一说，距今已有1080余年。

五是以金中都为说。

金贞元元年，海陵王完颜亮来到燕京，"以迁都诏中外，改元贞元，改燕京为中都"③，至此金的都城从远在松花江边的会宁府搬到了今北京，事在公元1153年，距今已有870余年。

六是以忽必烈迁都元大都为说。

元至元元年（1264年），忽必烈"诏改燕京为中都"④，定燕京为中都。至元九年（1272年），新城的建设尚未告竣，忽必烈就迫不及待地"改中都为大都"，正式立燕京为都，称大都。至元十一

---

① 《魏书·慕容儁传》。
② 《旧五代史·刘守光传》。
③ 《金史·海陵本纪》。
④ 《元史·世祖本纪二》。

年（1274年）春正月，元大都主体宫殿落成，忽必烈"始御正殿，受皇太子、诸王、百官朝贺"①，燕京由此成了元朝的统治中心。一般认为，忽必烈的"诏改燕京为中都"即是元大都建城之始，若以此为计，迄今已有760年。

除了以上六说，还有一些虚无缥缈之说，例如认为"禺京人……写下了北京建都历史上的第一页"，"北京开始建都的年代，是在距今5600年前"②等等，不一而足。

一座城市的建都史，何以如此言人人殊呢？关键的问题在于，对于"都城"二字不知该如何界定。界定的标准不同，其结论自然不同。从总体上看，以上涉及的"都城"包括了性质不同的几大类，主要有：

一是西周时期的诸侯领地中心或后来西汉等王朝的封国、藩国中心。这些中心虽然也可称之为"都"，但这些诸侯国、封国、藩国基本上都不是独立的国体，汉以后尤其如此，因此这些"都"只能算是地域性的行政中心。

二是分裂时期的地方政权之都，包括战国时期摆脱了周天子束缚的燕国都城，也包括十六国时期前燕国的都城，以及史思明的燕京城、刘守光的幽州城。它们虽然算得上是"国都"，但只是地方割据势力的都邑，而这样的都邑在中国总计不下数百座，完全无法和真正的华夏都城相比。夏商时期乃至更早的方国之都在北京也不乏其例，从本质上说，它们也只是地方政权的中心。

三是在一部"廿五史"中纳入了中华正统谱系的王朝之都，其

---

① 《元史·世祖本纪五》。
② 李江浙：《北京始都年代考》，《北京建城3040年暨燕文明国际研讨会会议专辑》。

中既包括大一统王朝的全国性都城，也包括分治时期的三国、两晋、南北朝、五代、宋、辽、金都城。

以上三类中，真正有资格列入"中华古都"的，显然只能是第三类。按此标准，黄帝后人的蓟邑、西周或战国的燕都、西汉及以后的封国之都、慕容儁的蓟都、史思明的燕京、刘守光的幽州城等，都不足以代表北京建都史的开始。

那么，在剩下的各说中，当以何者为是呢？

建都之始

在历来有关北京建都史的讨论中，最为学术界认可的一说，是金海陵王的迁都燕京。其说认为："贞元元年即1153年，金主完颜亮迁都燕京，并将其改称中都，由此拉开了北京作为都城的历史。"[1]于是由学者联合倡议，2003年9月北京市举行了十八项活动，隆重纪念北京建都850周年。2013年4月，北京市又举行了

北京建都纪念阙

---

[1] 齐心：《金中都——北京建都之始》，《北京规划建设》2003年第6期。

十五项重点活动，纪念北京建都860周年。

然而关键的问题在于，若说金中都是北京成为"首都"之始，尚且情有可原，但如果说这是北京建都之始，难道辽的南京不是都城吗？难道"陪都"就不是"都"吗？其实，不少华夏古都都是由陪都成长为首都的，成为陪都就是它们建都史的开始。典型之例如洛阳，周成王时在这里建造了一座成周城，这就是周王朝的陪都。但毫无疑问，成周不仅是洛阳建都史上一个十分重要的组成部分，而且它对东周以及后来历朝历代在洛阳建都都产生了不可低估的影响，绝对算得上是洛阳建都史上的重要一环。所以，无论什么人说起洛阳的建都史来，都会不假思索地把西周成周城归在洛阳的"十三朝古都"中。事同此理，北京自然也不例外，其建都史也应包括辽的南京城在内。更何况，稍加分析便不难看出，辽的南京不仅是一座名副其实的都城，而且是辽代都城中最具实力的一座。

这里首先要强调的是，辽朝是以一部正史被纳入中华正统谱系的重要王朝，而且它称霸东亚二百余年，是十到十二世纪的世界强国之一。极盛之时的辽朝幅员广阔，不但是赵宋王朝的两倍，也比后继的金朝要大。以辽圣宗耶律隆绪统和年间（983～1031年）为例，其疆域东濒太平洋，西至今俄罗斯的额尔齐斯河和鄂毕河，北至外兴安岭和贝加尔湖，南接河北白沟及甘肃北部，可谓"幅员万里"[①]。慑于辽的强大，北宋、西夏、高丽或向辽朝缴纳"岁币"以自保，或俯首称臣以为附庸，没有敢与辽朝一决高下者。由于契丹声名远播，以至外部世界误以为当时整个中国都在契丹的统治之下，并以契丹代指中国。马可·波罗在他的游记里第一次向西方介

---

① 《辽史·地理志一》。

绍中国时，就把整个中国称作了契丹。直到今天，国外不少民族仍称中国为"契丹"，俄罗斯语的 Китай 便是典型一例。所以，辽的国都无疑属前述都城中的第三类。

辽朝建国后实行了多都制，合称五京。

其中最先设立的是上京临潢府。这是辽太祖耶律阿保机称帝之处，于神册三年（918年）立为辽的皇都，地在今内蒙古巴林左旗林东镇。

第二个设立的是东京辽阳府。这是原渤海国的故地，于辽太宗天显三年（928年）升为陪都，称南京，地在今辽宁省辽阳市。

幽州是辽五京中的第三个京城。它设立于辽太宗会同元年（938年），因位于辽的南部而称南京，又称燕京。与此同时，辽太宗改辽阳府的南京为东京，改临潢府的皇都为上京，由此合为三京。

第四个设立的是中京大定府。这是前奚王牙帐所在地，于辽圣宗统和二十五年（1007年）升为陪都，地在今内蒙古宁城县老哈河北岸。

最后设立的是西京大同府。这是辽兴宗重熙十三年（1044年）为控制西南边地设立的，地在今山西大同。

以上五京中，上京临潢府原称皇都，地位居首。但是自从有了幽州的南京之后，原来的南京辽阳府不但要把名字让出来，就连临潢府的皇都也因此而改称上京。辽人改"皇都"为"上京"的目的，无非是要缩小它与南京之间的差别，否则就没有必要把好端端的"皇都"之名弃之不用了。其实，"皇都"也罢，"上京"也罢，并非出身"蛮夷"的契丹人在这里玩文字游戏，而是在他们的主观意识里，以至在客观形势上，幽州的南京都是辽五京中最突出的一个。

《辽史·太宗本纪》载，会同元年（938年）夏四月，辽太宗"如南京"。当时石敬瑭向契丹进献燕云十六州的仪式尚未举行，可是辽太宗已经等不及了，忙不迭地前来燕京巡视。会同三年（940年），辽太宗又亲诣南京，以中原礼节款待了幽州官吏，极尽对汉臣的拉拢。驻跸南京期间，辽太宗连日大摆宫宴，接受回鹘、西域、后晋等国使臣的朝贺，俨然以南京为国都。会同五年（942年）春，辽太宗再次临幸南京，此后又于次年"如南京，议伐晋"，开始了征伐后晋的战争。直到公元947年辞世，辽太宗的最后几年几乎全都是在南京度过的。总之，仅在辽太宗之世，南京作为辽朝的汉地统治中心、对外交往中心及军事指挥中心的地位已经完全奠定。

在取得燕云十六州后，鉴于当时塞外的契丹社会尚处在以游牧经济为主体的奴隶制阶段，而幽云地区早已进入以农耕文明为主体的封建社会，于是辽朝因地制宜，实行了番汉分治，还为此特意创建了两套中央机构。《辽史·百官志》载："至于太宗，兼制中国，官分南北，以国制治契丹，以汉制待汉人。"辽的这种二元政治的推行，就是因燕云十六州而起的，充分体现了幽燕地位的非同一般。

自从升为南京起，辽廷就在这里设置了一系列中央机构，甚至直接设立了代表朝廷的宰相府。此外，辽廷还在这里成立了掌管文化的南京太学，负责粮帛转输的南京转运使司，负责皇帝治安警卫的虞侯司等，都直接归辽帝统辖。另据《辽史·韩延徽传》的记载，辽太宗还在南京设置了三司使。自唐末五代以来，三司使就是掌管全国财政的衙门，而辽代的三司使只设在五京中的南京，尤见其地位之独特。有学者指出,南京的三司使不仅负责一国之财政,还负责征收盐铁赋税,负责军队的供给和犒赏等,同时还兼有处理司法事务的职能[①],几乎是一个无所不能的小朝廷。

之所以把三司使设在南京,还有一个特殊原因,即它要在南京负责接收他国贡纳的岁币。在割让燕云十六州时,石敬瑭曾经许以每岁向契丹贡帛三十万匹。寡廉鲜耻的石敬瑭兑现起卖国条约来毫不含糊,仅会同二年(939年)八月一次,他就奉送了"二岁金币于燕京"。以往契丹人靠战争才能掠夺来的财富,如今稳坐南京城便唾手可得,此外再加上幽燕本地的赋税收入,南京成了辽国取之不竭的财富中心。

辽太宗时,契丹屡伐后晋,屡犯中原,南京都是太宗亲自坐镇的军事指挥中心。辽太宗后,辽与后周、北宋战事频仍,而每临战事辽帝都亲临南京指挥,由此更加强了南京的军事中心地位。为此南京设立了不少军事机构,主要有直属辽廷的南京都元帅府,由都元帅、大元帅统领中央军马。此外还有南京兵马都总管府,这也是受辽皇辖制的"京官",负责南京的防卫和戍兵。

据《辽史》记载,辽南京的皇宫已成辽皇的重要活动场所,仅以其中的元和殿为例,在此举行的重大国事活动就不乏其例,主要有:

会同三年(940年)夏四月,辽太宗在这里举行了盛大的"入阁礼"。

会同八年(945年)夏四月,辽太宗征讨后晋返回南京,"宴将士于元和殿"。

---

① 付亚洲:《辽代南京三司研究》,《广播电视大学学报》(哲学社会科学版)2018年第1期。

统和四年（986年）夏五月，辽圣宗击溃了北伐的宋军后，于元和殿"大宴从军将校……诸有功将校爵赏有差"。

重熙五年（1036年）冬十月，辽兴宗"御元和殿……赐冯立、赵徽四十九人进士第"。

又《辽史·礼志五·嘉仪上》载："册皇太后仪：前期陈设于元和殿如皇帝受册之仪。"

以上是单就《辽史》的部分记载而言，仅此管中窥豹，便知历代辽皇不但在元和殿临朝听政、宴赏功臣、策试进士，还在这里举行辽皇及皇太后的册封盛典，足见辽南京确实在很多方面都承担了国都的职能。

辽圣宗统和二十二年（1004年），辽国以20万大军再次南侵，辽圣宗之母萧太后亲御戎车，"指麾三军，赏罚信明，将士用命"①，其势锐不可当。短短两个月，辽军前锋就兵至黄河岸边的军事重镇澶州（今河南濮阳，又称澶渊郡），宋廷为之大震。在主战派宰相寇准的力阻下，宋真宗打消了南逃的念头，亲赴澶州督战。这时寇准倚重的将领是在历次抗辽战斗中屡立战功的杨嗣和杨延朗（杨业之子，后改名杨延昭，即杨六郎），加之宋真宗御驾亲征，极大鼓舞了宋军的士气，一时间从四面八方赶来澶州抗辽的大宋军民竟多达数十万。当战事陷入僵局时，由于双方军事力量的抗衡，也由于辽廷不敢窥伺中原大位，辽、宋双方签订了著名的"澶渊之盟"。盟约规定，辽、宋约为兄弟之国，以白沟河为国界，互不侵犯和招降纳叛，宋朝则许以每年向辽朝"输银十万两，绢二十万匹"②。至此，继后晋之后，大宋朝又开始向辽廷缴纳岁币，而负责接收这些

---

①《辽史·后妃列传》。
②《辽史·圣宗本纪五》。

岁币的，仍然是南京的三司使。

金人在评述澶渊之盟时说："亡辽虽小，止以得燕故能控制南北，坐致宋币。"①此话一语道破天机，即正是由于辽人据有了燕地，才和宋朝达成了坐收渔利的澶渊之盟。盟约签订后，双方信守诺言，结束了敌对状态，开创了长达近120年的和平局面。这在中华民族关系史上是十分罕见的，而这个和平局面的最大受益者，无疑是位于两国边境的幽燕，这又进一步促进了南京城的繁荣与发展。

《宋史·食货志》引宋臣余靖曰："臣尝痛燕蓟之地，陷入契丹几百年，而民忘南顾心者，大率契丹之法简易，盐曲俱贱，科役不烦故也。"余靖是宋仁宗的言官，澶渊之盟后曾三度出使契丹。他站在宋臣的立场上说，辽廷统治下的燕蓟法度不苛、劳役不烦、物价低廉，以至"民忘南顾心者"，而这就是澶渊之盟后的和平局面带来的。又《辽史·道宗本纪》载：道宗清宁二年（1056年）"南京狱空"。南京的监狱竟至空无一人，这也说明了澶渊之盟后南京的太平祥和。

幽燕之地本属辽的农业经济发达区，一旦进入和平年代，其农业的发展更是大见成效。据《辽史·圣宗本纪》记载，辽圣宗统和七年（989年），辽廷下旨准许燕乐、密云二县荒地任民耕种，且一概免除赋役十年。统和十三年（995年），又降诏准许昌平、怀柔等县无地农民开垦荒地。于此之外，辽廷还多次减免南京地区的租赋，减轻农民负担。史称澶渊之盟后南京"蔬蓏、果实、稻粱之类，靡不毕出。而桑、柘、麻、麦、羊、豕、雉、兔，不问可知"②，其之富饶可想而知。

①《金史·梁襄传》。
②《契丹国志·四京本末》。

作为游牧经济和农业经济的贸易重镇，辽南京的商业也十分发达。据《宋史·商税市易志》记载，辽景宗保宁九年（977年），辽廷全面开放了榷场（两国交易市场），南京顿成南北交易的中心。澶渊之盟后，宋、辽双方更是主动开放边界，"终仁宗、英宗之世，契丹固守盟好，互市不绝"[1]。边关贸易的发展，使南京的经济更具活力，成为集四方财物于一地的经济重镇。《辽史·食货志》载："太宗得燕，置南京，城北有市。"这里说，当时南京城北有一座大市场，面向四方全面敞开，"陆海百货，聚于其中"[2]，由此成了北中国的第一大商贸中心。南京城不仅通过榷场与南中国发展互市关系，还通过榆关路、松亭关路、古北口路和石门关路等驿道与塞外相连，和高丽、西夏乃至西域都保持着经常性的商贸往来。

澶渊之盟后，南京武夫渐少，文士渐多，涌现出一大批文人雅士和富有文化修养的文官，带动了南京地区文化的发展。早在太宗之世，辽朝便在南京设立了太学，圣宗时又下令修建孔子庙，使南京的儒学传统得以恢复。辽中期后开始推行科举制，南京又成了辽的科考中心。《辽史·景宗本纪上》载：保宁八年（976年）"诏南京复礼部贡院"。贡院是开科取士的考场，它在南京的设立，不仅意味着辽廷将推行科举制，也意味着南京城将成为辽五京中唯一的科考中心。果不其然，辽圣宗统和六年（988年）"诏开贡举"[3]，辽的开科取士终于在南京拉开了序幕。

由于辽廷开始时对汉族士人尚心存戒备，圣宗初年的科举考试及第者寥寥，但澶渊之盟后情况很快发生了变化。史载太平五

---

[1]《宋史·商税市易志》。
[2]《契丹国志·四京本末》。
[3]《辽史·圣宗本纪三》。

年（1025年）辽圣宗"驻跸南京"，一次就"求进士得七十二人"[①]。《辽史·兴宗本纪一》载，重熙五年（1036年）冬十月兴宗幸南京，还亲自主持了殿试。"殿试"是皇帝在朝堂主持的最高级别考试，创始于唐高宗和武则天。辽朝将此法照搬过来，亦可见其在科举制度上也是紧随中原王朝的步伐，须臾不离汉制。

中国的科举制度既是官吏的选拔制度，也是将一种文化覆盖全社会的极有效途径，可以兼收政治与文化的双重功效。因此，一个王朝的科举中心，实际上就是它的文化中心，而南京便是辽的这个中心。

早在辽太宗年间，南京就担负起了辽朝对外交往中心的职责。至澶渊之盟后，南京更由辽朝南下伐宋的军事中心，转变为辽朝处理多边关系的中心，尤其成为辽与宋朝交往的中心。当时宋、辽两国的使者往来如梭，多交集于南京，辽廷还为此专门在南京悯忠寺设立了辽、宋官员会晤的场所。双方的使者多为朝廷重臣，仅就宋朝而言，先后派出的使臣就有大名鼎鼎的欧阳修、王安石、包拯、沈括、苏辙、苏颂等。由于交通的便利和城市的繁荣，南京不仅成为辽、宋交往的中心，还成了辽和西夏、高丽交往的中心，辽帝经常在这里接待各国的使臣。

《金史·梁襄传》载：辽皇"冬犹处于燕京"。这说明，除了前述辽圣宗、兴宗等辽帝时常驻跸南京外，南京在整个辽朝都是辽皇的"冬宫"，每逢冬季辽皇必驾临于此。此外，据《辽史·皇子表》记载，自从辽圣宗起，南京的地方长官已多由亲王兼任，如圣宗弟耶律隆庆、圣宗四子耶律吴哥、兴宗弟耶律重元、道宗弟耶律和鲁

[①]《辽史·圣宗本纪八》。

斡、兴宗孙耶律淳等，都曾先后出任南京留守。辽道宗和天祚帝即位前曾封燕王，更是直接由南京起家的。由此可见，在辽中期以后，南京已成辽皇直接控制的地区，不再假手他人。辽代末年，天祚帝在上京失守后逃到南京，一度以南京为统治中心。为时未久，天祚帝在中京失守后又从南京向西逃窜，时任南京留守的耶律淳被将士拥戴为帝，正式以燕京为都，由此又给燕京平添了一段短暂的"首都"史。

总之，从经济上说，南京是辽五京中实力最强的一个；从文化上说，南京不但是五京中最先进的一个，也是地位最突出的一个；从政治上说，南京是和上京临潢府相映成辉的一个；从外交上说，南京是辽廷最倚重的一个。除此之外，若论城市的规模，南京也是毋庸置疑的辽五京之首。

《辽史·地理志》载：南京"城方三十六里，崇三丈，衡广一丈五尺，敌楼、战橹具"。而根据该志的记载，堂堂辽上京临潢府仅"城高二丈，不设敌楼，幅员二十七里"，规模远比南京城为小，城垣也远不及南京城高。辽朝其他各京的规模分别是：东京"高三丈，有楼橹，幅员三十里"，西京"敌楼、棚橹具，广袤二十里"，皆比南京城小。至于中京，开始时是辽五京中规模最小的一座，在"圣宗城中京"后才有所扩大，但也无法和辽南京相比。由此可见，单就城市的规模而言，南京城就是辽五京之冠。

不仅城市的规模位居五京之冠，辽南京的繁华程度也位列五京之首。见于史乘，辽南京城的总人口已达15万，是当时中国北方人口最多的城市。对于它的繁华，《契丹国志》描述说："大内壮丽，城北有市，陆海百货，聚于其中。僧居佛寺，冠于北方，锦绣组绮，精绝天下……水甘土厚，人多技艺。"①据此言，可知无论商贸繁荣、物产丰富、锦绣绮美，抑或宫室壮丽、佛寺兴盛、人才荟萃，皆以南京城为最。

总而言之，南京虽然只是辽五京中的一个，但其政治地位之高、军事职能之重、外交作用之大，皆非辽朝其他各都可比。其经济、商贸、文化的繁荣，更堪称辽五京之冠。若论城市建设，它尤其是北中国唯一一个能与北宋都城媲美的大都市。所以无论从哪方面来说，辽南京都是一个确凿无疑的都城，而且是个非同一般的都城。

索诸史乘，在中国古代，一国之都往往称"国都""都城"或"皇都"，罕见"首都"之谓。《清史稿·食货志一》云："耤田行于首都先农坛。"这是迄今所见最早的"首都"之称，始于清朝。而于此之外，一般人认为，"1927年中华民国国民政府定都南京，将南京称为首都，至此中国第一次有了'首都'的称呼，并将该词沿用至今"②。既然没有"首都"这个词汇，又何来"首都"这个概念呢？由此可见，"首都"也罢，"陪都"也罢，无非是我们今天强加给辽朝的一个政治概念罢了，其实当年并无此区分。③特别是契丹是一个有捺钵文化传统的民族，更不会在五京之中突出一个"首都"了。

"捺钵"乃契丹语，意为君王的行营。而所谓"捺钵文化"，即按照契丹民族的传统，其君王要随季节的变化四处巡幸游猎，称为四时捺钵。而为了方便君王巡游，便要在不同地点建立起几个都

---

① 《契丹国志》卷二十二《四京本末》。

② 百度词条。

③ 本书在前面谈到辽南京时仍按人们的习惯说法称其为"陪都"，是为了使大家更容易理解和接受，但实际上辽南京的"陪都"之说并不确切，严格说只能称它"都城"。

城，于是就有了多都制。当然，作为一个多民族国家，辽国采用多都制的核心目的显然是为了更好地分治各方。辽的上京设在辽的龙兴之地，其东京设在原渤海故地，中京设在前奚王重地，南京设在原中原王朝的东北重镇，便能说明辽五京的设立实际上是为了更有效地统治域内的各大民族。而对于契丹皇廷来说，似乎只要能够达到这个目的就行了，至于如何称呼它们，那是并不重要的，因为辽帝和辽臣们反正要按照不同季节往来于不同都城之间。

遥想当年，当契丹只有一个京城时，叫临潢府为"皇都"显然是不二之选。但在有了辽五京后，当辽帝要按不同季节往来于各不同都城后，"首都"就失去了它的意义，甚至"皇都"也失去了它的意义。当契丹以幽州为南京后，辽太宗立即改"皇都"为上京，显然就是为了淡化所谓"首都"的概念。不要以为辽的"上京"仍有"首都"或"皇都"之义，那不过是一个"以北为上"的都城而已。例如辽以后的金朝，同样是北方少数民族，同样实行了多都制，但在海陵王正式以燕京为国都后，金朝原来的都城会宁府仍称上京，可见"上京"并无"首都"之意。所以，当辽太宗升幽州城为南京并改临潢府为上京时，二者的地位已不分轩轾。

事既如此，那为什么不能说辽太宗会同元年的升燕京为南京，就是北京建都之始呢？综合上述全部事实，我们的答案无疑是肯定的。要知道，在人类历史上，徒有虚名的都城不知凡几，例如隋炀帝及唐高宗晚年的长安城便是一例，又如罗马帝国后期的罗马城也是一例。但如本章所论，辽的南京城却恰恰相反，它不仅是辽朝事实上的经济中心、军事中心、文化中心、外交中心、交通中心、商贸中心、教育中心，还是和上京临潢府相映成辉的政治中心，在不少方面都承担了"首都"的职能。因此，北京的建都史理应从辽南

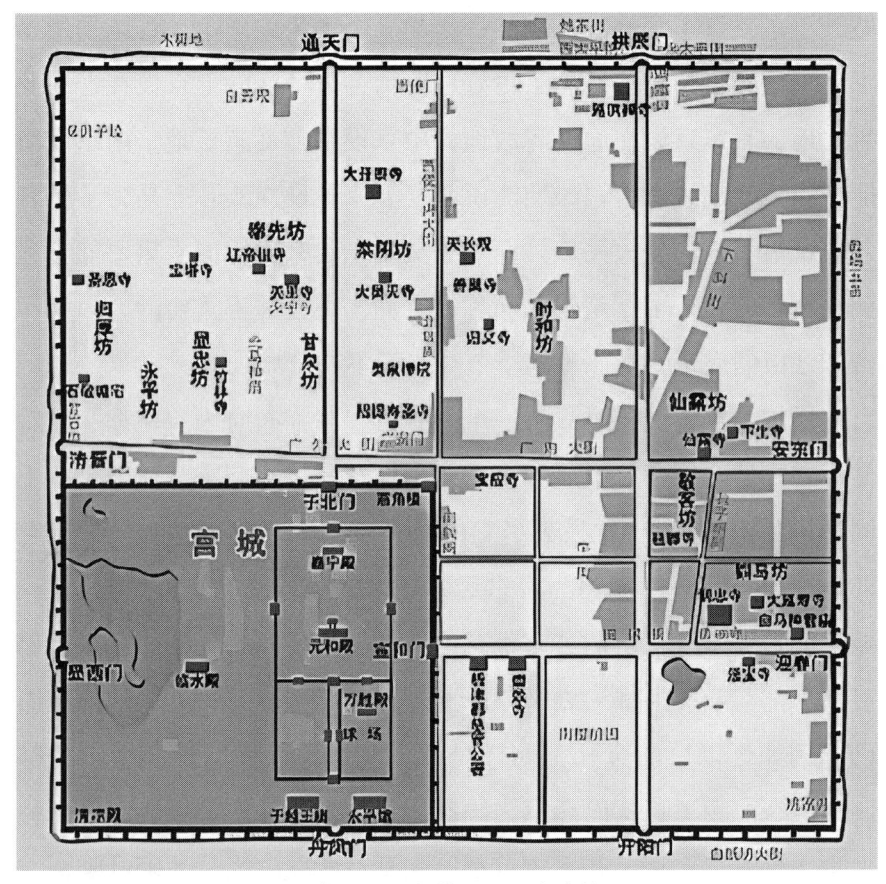

北京最早的都城——辽南京城

京算起。而从辽会同元年的公元938年绵延至今,已经度过了悠悠一千余载。

金天会三年(1125年),金军从宋人手里夺回了辽南京,称燕京。自此而始,北京的历史又掀开了新的一页。

金太祖称帝之初,其都城设在黑龙江省哈尔滨市阿城区南的会宁府。当时这里一无城郭,二无宫殿,所谓的宫墙也不过是用柳树和榆树栽成的篱笆而已。天会三年(1125年)金太宗"建乾元殿"①，金人这才开始在会宁府建造宫室。《金史·熙宗本纪》载：熙宗天眷元年（1138年）决定"以京师为上京，府曰会宁，旧上京为北京"，金廷从此建立了两京制。这里的"旧上京"，是指原辽国的上京临潢府，改称"北京"，另外则以金的会宁府为上京。当时的燕京虽不在两京之列，但金人与契丹一样，同样是来自塞外不开化地区的民族，同样对燕京的繁华垂涎已久，同样对这个通往中原的桥头堡志在必得，怎么会对这块战略要地弃之不顾呢？看来事情还真不是定不定都城那么简单。

据《金史·韩企先传》等文献的记载，占领燕京后，金廷便把原来设在平州（今河北卢龙）的中书省、枢密院两大权力机关移至此地。金的中书省、枢密院是掌管汉地事务的最高机构，自从这两个机构迁至燕京后，燕京就成了金朝事实上的汉地统治中心。

金的枢密院偏重"掌凡武备机密之事"②，具有军事职能，更适合战争年代。于是进入承平年代后，金熙宗天眷元年（1138年）改燕京枢密院为行台尚书省。③这里的"台"，指金廷的尚书省，"行台"是指金廷尚书省设在外地的分支机构。它的设立，表明燕京已经直接受帝王的辖制。此外，金帝还在燕京设置了中央的行政、军事、经济衙署，例如行政方面的"内省使"，军事方面的"马军都指挥使"，经济方面的"曲院都监"等，皆与辽南京的设置无异。金初燕京的最高行政长官为燕京留守，而"留守"是专为陪都或行都设置的官职，这也和辽南京的地方长官相同。

《金史·刘彦宗传》云："（金）太祖入燕，始用辽南、北面官

---

① 《金史·太宗本纪》。
② 《金史·百官志一》。
③ 同上注。

僚制度。"金在占领燕京后，也沿袭了辽代以汉治汉的"汉官制"，起用了一批富有经验的辽、宋旧臣。其中较为突出的有刘彦宗、时立爱、韩企先等，他们先后担任了"同中书门下平章事，知枢密院事"，成为主掌燕京事务的最高长官。这些重臣大权在握，凡下属的一品以下官员皆可按制任免。由于熟知汉人汉情，在他们的治理下，燕京很快恢复了社会秩序。为了振兴燕京经济，金廷还采取了减免赋税、"敦劝农功"等举措，又在局势稳定后开放了榷场，恢复了燕京南北贸易中心的地位。

从金朝初年起，金廷就推行了科举制，录用的人数也远比辽朝为多。最值得注意的是，据《金史·选举制》记载，从皇统八年（1148年）开始，金熙宗便"以上京僻远"为由，命天下举子"诣燕京拟注"且"岁以为常"，把会试的地点定在了燕京。熙宗说上京"僻远"，其实只是找了个借口，因为早在这之前，许多金廷会试便已集中在燕京，熙宗无非是因俗定制罢了。但这足以说明，自打金廷占领燕京起，燕京已成事实上的金朝文化中心。

至于燕京在金朝帝王心目中的地位，更是非比寻常。金太祖完颜阿骨打驾崩后，金太宗诏"立《开天启祚睿德神功之碑》于燕京城南尝所驻跸之地"[①]，在燕京专为太祖立了一块神碑。这块神碑在当时无异于金太祖陵寝之外的又一神主，意义非同一般。史称天眷三年（1140年）金熙宗至燕京，下车伊始便"亲飨太祖庙"[②]，可见此时在燕京除了太祖神碑外，还有了一座太祖神庙。察"都"之本义，即指祖先宗庙的所在。《左传·庄公二十八年》云："凡邑，有宗庙先君之主曰都，无曰邑。"许慎《说文解字》亦云："都，有先

①《金史·太祖本纪》。
②《金史·熙宗本纪》。

君之旧宗庙曰都。"综合上述解释，可知建有先君宗庙的城邑便是都城。金人既然在燕京建造了"太祖庙"，足见金人早已把燕京当作了自己的国都。

金太宗之所以没有正式迁都燕京，是因为当时燕京尚处在金人南下伐宋的最前线，其所承担的主要是军事指挥功能。金人南下伐宋是分东、西两路展开的，西路军"自西京入太原"，东路军"自南京入燕山"①。这两大集团军的指挥中心分别设在燕京和云中（大同），金人甚至为此专门在这两地建立了东、西两个枢密院，号称"东朝廷"和"西朝廷"。而当时的燕京，就是"东朝廷"的所在。

金熙宗皇统元年（1141年），金与南宋签订了"绍兴和议"，结束了战争状况。金熙宗是金朝继金太祖、金太宗之后的第三位皇帝，对汉文化格外推崇，对燕京这个金朝境内的汉文明重地更是心驰神往。在达成和平局面后，熙宗便时常驾幸燕京，甚至长住不归。例如天眷三年（1140年）九月金熙宗至燕京，至皇统元年（1141年）九月返上京，仅这一次熙宗就在燕京整整住了一年。驻跸燕京期间，熙宗勤勉朝政，做了不少影响至远的事情。据《金史·熙宗本纪》的记载，此期间熙宗不仅在燕京推行汉制改革，创建"天眷新制"，还在这里举行皇家祭祖大典和祭孔大典，此外更在这里接受群臣上尊号、宣布改元和大赦、接见高丽和夏国使臣、赐封辽和北宋降君等，几乎所有重大国事活动皆决于燕京。

上述事实说明，熙宗朝的燕京算得上是金上京之外的又一个政治中心。除了对燕京的倚重外，熙宗时的金朝已占领大半个中国，一味固守在松花江边的上京会有诸多不便，这也是金廷把许多国事

①《金史·太宗本纪》。

活动转移到燕京的一个原因。

总之,从行政建制、经济发展、文化地位、政治影响等各方面看,金初的燕京虽无陪都之名,却有陪都之实,已完全具备了作为金朝陪都的政治、军事、文化职能。若从熙宗年间燕京的地位和影响看,燕京已与都城无异,即便升格为"首都"也是水到渠成。然而不幸的是,熙宗晚年"酗酒妄杀,人怀危惧。所谓前有谗而不见,后有贼而不知"[1],不仅曾有的抱负烟消云散,最后甚至未得善终。

熙宗皇统九年(1149年)十二月,庶长出身的完颜亮弑杀熙宗,篡夺了帝位,史称海陵王。在篡位登基后,海陵王决定立即迁都燕京,遂于天德三年(1151年)四月发布《议迁都燕京诏》,派张浩、苏保衡等人以宋都汴京为蓝本在燕京打造一座新都。这之后,金廷发动民夫80万、兵役40万,历时三年建造了一座全新的都城。

公元1153年,海陵王完颜亮来到燕京,"以迁都诏中外"[2],至此金的都城从远在松花江边的会宁府迁到了燕京。在金熙宗确立的上京和北京的基础上,海陵王还进一步完善了金的六京制度,分别是:以会宁府(黑龙江省哈尔滨)为上京,以辽阳府(辽宁省辽阳)为东京,以大定府(辽宁省宁城)为北京,以大同府(山西省大同)为西京,以开封府(河南省开封)为南京,另以大兴府(今北京)为中都。燕京因位在五京之中并且是正都,故名"中都"。

时隔不久,野心勃勃的海陵王欲南下攻打南宋,遂于正隆六年(1161年)将都城搬到了汴京(今开封)。但迁都当年金廷便发生

---

[1]《金史·熙宗本纪》。
[2]《金史·海陵本纪》。

了动乱，东京留守完颜雍称帝于辽阳，海陵王也被哗变的前线将士所诛杀。完颜雍是金太祖之孙，史称金世宗，他即位后"群臣多劝世宗幸上京者"，纷纷吁请复都上京会宁府。但经过反复权衡，金世宗完颜雍采纳了大臣李石、张玄素的建议，率师回迁中都，完成了对燕京的第二次定都。李石等大臣当时强调的理由是："正隆（海陵王）远在江淮，寇盗蜂起，万姓引领东向，宜因此时直赴中都，据腹心以号令天下，万世之业也。"[①] 由此可见，自金朝据有燕京，燕京已成事实上的金朝"腹心"，成了"万姓引领东向"之地，它的都城地位已不容更改。

从辽南京到金中都，都给北京留下了极为珍贵的历史文化遗存。

在辽南京的近二百年历史中，传承至今的地上建筑及地下墓葬不胜枚举，说已详上章。除了这些遗存之外，和以前的蓟城、幽州城相比，辽南京还有一个最大的不同，即它作为都城有了一个不可或缺的部分，此即"大内壮丽"的皇城。

据《辽史·地理志四·南京道》记载，辽南京皇城的一大特点是"大内在西南隅"，即位于全城的西南角。综观中原皇城，其位置一般多在都城的中心偏北，辽南京的皇城却建在了全城的西南部，显然于制不合。察此中缘故，盖因唐、五代幽州藩镇的衙署就在南京城的西南部，史思明称帝时还曾把这里改建成临时小皇宫，而辽南京的皇城就是在它们的基础上因地制宜建造起来的。由此观之，辽朝毕竟是少数民族政权，在皇城的构建上遵循的是不尚奢靡的原则，因此并不拘泥于汉人的传统模式。《辽史·地理志》云：

---

① 《金史·李石传》。

辽南京皇城"燕角楼"故址

"（皇城）西城颠有凉殿，东北隅有燕角楼。"以上记载为辽南京皇城的位置确立了一个地理坐标，这就是位于皇城东北角的"燕角楼"。据清人朱一新《京师坊巷志稿》考证，这个燕角楼位于今西城区南线阁①，此即辽皇城的东北角。

辽南京皇城的第二大特点是，其"（宫）门有楼阁，毬场在其南"，即在皇城的南侧建有一个马球场。这倒是不折不扣突出了游牧族契丹人的特征，相当于给南京城打下了一个鲜活的骑射文化烙印。不言而喻，马球是马背民族喜爱的体育运动，因此辽人才会在皇城内建一座马球场。但鲜为人知的是，大唐王朝的唐中宗、玄宗、宣宗、僖宗等人也个个痴迷"击鞠"（马球）运动，因此这个马球场的建立也多少有点直追大唐遗风的意思。

---

① （清）朱一新《京师坊巷志稿》："今南北烟阁经三里许，皆以燕角楼得名。北线阁直抵西便门，正如辽史所云东北隅也。"

辽南京皇城内的重要宫殿有元和殿、洪武殿、昭庆殿等，其中有的甚至一直沿用到了金朝。《金史·世宗纪下》载金世宗谓宰臣曰："今仁政殿辽时所建，全无华饰，但见它处岁岁修完，惟此殿如旧，以此见虚华无实者，不能经久也。"此语非常形象地指出，辽南京的宫殿虽然"全无华饰"，但却坚固耐用，有的甚至一直沿用到金朝仍完好如初。

金的中都城仍然建在了辽南京的旧址上，只是在南京城的基础上向东、西、南三面各扩展了三里。据上个世纪50年代所做的考古勘查，可知其城垣周长约37里许，近似正方形。[①] 此城是按海陵王的旨意仿照北宋都城汴京建造的，也分大城、皇城和宫城三重结构。城内建有太庙和社稷坛，城外建有分列四方的天、地、日、月四坛，尽显皇都气派。

1991年，在右安门外西侧发现了一处金中都水关遗址。经发掘可知，这是当年莲花河水流出南城墙的涵洞，位于金中都南城丰宜门和景风门之间。涵洞为南北走向，全长43.4米，城内

金中都水关遗址

[①] 阎文儒：《金中都》，《文物》1959年第9期。

的入水处呈喇叭状，宽约 40 米。整座水关为木石结构，水面平铺石板，石板之间用银锭铁固定，石板下面衬以粗大的方形横木，横木下还有成排的地钉和横方木，结构异常坚固。[①] 在中国古代，一向有引水贯穿都城以象"天汉"之说，秦始皇即曾"引渭水贯都，以象天汉"[②]。水关遗址的发现，证明中都城的建设在解决城市用水的同时，也采纳了华夏都城的天汉之说，突出了皇都的神权色彩。

相比辽南京而言，金中都的建设就规范得多了。其突出表现是，金中都的皇城和宫殿区都集中在城市的中心部位，宫阙制度也完全模仿了汴京皇宫。《大金国志·燕京制度》载：金中都皇宫"内殿凡九重，殿凡三十有六，楼阁倍之。正中位曰皇帝正位，后曰皇后正位。位之东曰内省，西曰十六位，乃妃嫔居之"。从以上布局看，金中都的宫廷几乎相当于一座缩小版的明清紫禁城。

金中都的皇宫不仅布局谨严，而且极为富丽堂皇，甚至比起北宋汴梁的皇宫来都有过之无不及。当初右丞相张浩受命主持新都营建时，曾专门南下汴京，把北宋汴京的城市布局和宫殿建筑全都临摹下来，还不惜工本把汴京宫殿的梁架大木、精美饰件、奇珍异石全部运到了金中都，作为新都的建筑材料。《金史·海陵本纪》载，建成后的中都皇城"遍傅黄金而后间以五采，金屑飞空如落雪。一殿之费以亿万计，成而复毁，务极华丽"，其之靡丽可想而知。

依托燕京的青山绿水，金廷还在中都城内外修建了许多景色绮丽的御花园，大名鼎鼎的琼林苑便是其中之一。琼林苑是皇家的中心御苑，位于宫城的西侧，又称西苑。据《金史·地理志》等文献

---

① 祁庆国:《金中都南城垣水关遗址》，《中国考古学年鉴》，文物出版社，1991 年。

②《三辅黄图》卷一《咸阳故城》。

的记载，琼林苑内湖波荡漾，岛屿耸峙，湖光山色，楼台隐映，宛如蓬莱仙境。此外的金廷御苑也个个美不胜收，保留至今的有北海、香山、钓鱼台、玉泉山、陶然亭、玉渊潭等。闻名遐迩的"燕京八景"也是由金章宗钦定的，其中的太液秋风、琼岛春荫、西山晴雪、卢沟晓月、玉泉垂虹等，如今仍是游人神往的京城美景。

葱茏玉峰定京华

继辽南京、金中都的都城史后，北京进入了元明清的大帝都时代。

中统元年，公元 1260 年，元世祖忽必烈即皇帝位。在荡平了漠北的叛乱后，他怀着"大有为于天下"①的政治抱负，开始实现其走向中原帝国宝座的梦想。为此他采取的一个重要措施，就是对都城做了全面调整。至元元年（1264 年），他首先废除了远在漠北的和林都城，将其降为岭北行省；继而他把当年总领漠南汉地时在锡盟正蓝旗修筑的开平城晋升为上都；再后"诏改燕京为中都"②。虽然忽必烈实行的是"上都""中都"两京制，燕京也刚刚晋升为中都，但并非偶然的是，早在此前的中统四年（1263 年），忽必烈就"诏建太庙于燕京"③。如前所述，按照历来的古制，"惟在京师者则曰太庙"④，于是由此一事即可看出，立燕京为都对忽必烈来说早已是成竹在胸。

---

①《元史·世祖本纪一》。
②《元史·世祖本纪二》。
③《元史·祭祀志三》。
④《金史·礼志三》。

蒙古人一向忌讳在废弃的营地上设置新营，加之金中都在战争中遭到了严重破坏，供应金中都的西湖水量又明显萎缩，于是忽必烈决定另选新址。选择新址的上述原因都是显而易见的，此外据说还有一个原因，并且这原因还出自一个外国人之口，这外国人就是意大利人马可·波罗。其云："大汗曾闻星者言，此城（金中都）将来必背国谋叛，因是于旧城之旁，建筑此汗八里城，中间仅隔一水。新城营建以后，命旧城之人徙居新城之中。"① 此文说，"星者"称金中都故城将来"必背国谋叛"，不能继续沿用，所以要建新城。这里的"星者"指星象术士，他们的话虽然荒唐，但却是当年蒙古大汗不能不听的。可是细审此文，一方面虑及金中都故城会出现反叛，另一方面又把真正有可能反叛的金中都居民全部迁入新城，确实有悖常理。看来术士就是术士，说得越玄虚越好，本无逻辑可言。

然而十分合乎逻辑的是，如果另选新址，这个新址几乎是明摆着的，这就是位于今北海琼华岛的金朝离宫。

此离宫位于金中都的东北郊，是金帝每年夏季避暑的地方，称万宁宫。早在中统五年（1264年）初，忽必烈就下令修复万宁宫的广寒殿，作为他每次来燕京的驻跸之所。关于这座万宁宫，《金史·地理志》载："京城北离宫有太宁宫，大定十九年建，后更为寿宁，又更为寿安，明昌二年更为万宁宫……又有琼华岛，又有瑶光楼。"综合此类记载可知，这座宫殿最后建成于金大定十九年（1179年），先后称太宁宫、寿宁宫、寿安宫，金章宗明昌二年（1191年）定名为万宁宫。万宁宫一带有大片天然湖泊，水中遍植莲花，内有

---

① [意]马可·波罗：《马可·波罗行纪》，冯承钧译，江苏文艺出版社，2014年，第210页。

琼华岛、广寒殿、瑶光台等。整个御苑水波涟漪，楼台耸峙，山环水抱，风光绮丽。

万宁宫的正殿为紫辰殿，此外还有许多离宫别馆，规模相当宏大。万宁宫西园是其重要组成部分，位居西园正中心的便是琼华岛。该岛高32.3米，周长913米，整体范围不大，但整座岛屿宛如美玉堆砌起来的仙山，故名"琼华"。岛上和海子四周遍建宫苑，遍植花草，高低错落的宫殿掩映在苍松翠柏中，别有一番仙趣。忽必烈对此岛可谓一见倾心，早在决定建新都之前就常常临幸此地，而在决定另建新都后，便确定以此岛为中心。

今日琼华岛

谁都知道北京城有一条纵贯南北的中轴线，但未必知道它还有一个"定心石"，这就是钟灵毓秀的琼华岛。正是这个小岛，不仅决定了今北京城的所在，而且从头到尾串联起了一部完整的北京建都史。

关于这座琼华岛的来历，有一个很有趣的传说，见载于元末明初史学家陶宗仪的《南村辍耕录》。其云："闻故老言，国家起朔漠日，塞上有一山，形势雄伟。金人望气者谓此山有王气……乃大发卒凿掘，辇运至幽州城北，积累成山。"[①] 按照这个传说，琼华岛原是塞外的一座神山，因其自带王气，故被金廷派人凿掘后用手推车一车一车运到幽州城北来。这当然是个子虚乌有的神话，可这座小岛到底是怎么来的呢？这倒和永定河有一定的关系。

汉以前的永定河是由今德胜门进入积水潭的，而后转向南流，经什刹海、北海、中海、南海再转向东南流，最后经龙潭湖出城。汉以后的永定河不断向南改道，直至移到今天的位置上。永定河虽然改道了，但在故道上留下了一条称作高梁河的支流，并在低洼处形成了沼泽。高梁河水注入沼泽，汇成湖泊，这就是后来的太液池。至于琼华岛，原本应是永定河故道上的一个小土丘，或者只是一处略高出地面的土岗，后来随着永定河泥沙的淤积，加之修筑湖堤时不断挖湖取土，泥土堆积到土丘上，这个小丘遂成小山。可是，没有湖水何来岛屿？于是，由于湖水环绕，小山又成小岛。总之，如果要说琼华岛是谁搬来的，那就不妨说是永定河水搬来的。

在坦荡无际的北京平原，有这样一座孑然独立的山丘，而且周围湖水环绕，这该是一处多么难得的风水宝地啊！于是，自从有都城起，琼华岛便成了历代帝王精心打造的皇家禁苑。

明朝沈德符《万历野获编》载："又有梳妆台，与此山相近，予幼时往游，尚有圮材数条，今尽配腐，存台基而已，相传为耶律后萧氏洗妆之所。"文中所言"此山"即今之景山，而"与此山相近"的"梳妆台"，就是紧傍景山的琼华岛。此文说早在辽南京时，琼华岛上已建有萧太后的宫苑。同类记载尚多，如：明末毛奇龄《西河诗话》载，辽太后"梳妆台"在太液池东小山上，一名琼华

[①] 陶宗仪：《南村辍耕录》，《四部丛刊》第 1 卷第 19 页。

岛；清朝高士奇《金鳌退食笔记》亦称，琼华岛在太液池中，其山巅古殿相传为萧太后"梳妆台"；《御制白塔山总记》记载："西苑作镇则曰白塔山，白塔山者，金之琼华岛也;《北平图经》载：辽时名曰瑶屿，或即其地。"[1] 像这样一件喧腾众口的事，是不大可能凭空捏造的，看来萧太后确实在琼华岛上建有宫殿。

萧太后（953～1009年）是辽朝历史上的一位奇女子，名萧绰，小字燕燕，是辽朝重臣萧思温之女。保宁元年（969年）三月，辽景宗继位后即遴选萧绰为贵妃，两个月后册立为皇后，当时萧绰刚满16岁。辽景宗在位期间，萧绰即参与军国大事，运筹帷幄于宫闱之中。乾亨四年（982年），体弱多病的辽景宗去世，萧太后之子耶律隆绪继位，尊萧绰为皇太后，萧绰由此开启了她长达27年的临朝听政生涯。萧绰主政后重用贤臣良将，"明达治道，闻善必从"，先于统和四年（986年）击退了宋朝大军对辽南京的进攻，后于统和二十二年（1004年）与辽圣宗耶律隆绪共同伐宋。在伐宋之役中，她身先士卒，一身甲胄，"亲御戎车，指麾三军，赏罚信明，将士用命"[2]。经过此役，辽与宋朝达成了澶渊之盟，从此双方进入了河清海晏的承平之世。

仅凭萧太后的上述经历即可看出，独掌权柄的她曾多次驾临南京。据《辽史》记载，景宗在世时就曾六次偕皇后萧绰巡幸南京，其子圣宗即位后萧太后更是长驻于此。辗转至今，今北京通州还保留着一条"萧太后河"，这应该就是当年萧太后留下的活动印记。据说萧太后统帅南伐北宋的大军驻扎在南京时，一度天旱缺水，差

---

[1]《钦定日下旧闻考》卷26《国朝宫室》，北京古籍出版社，1983年，第364～365页。

[2]《辽史·后妃传》。

役寻水良久，最后终于找到了一条河流。萧太后亲饮河水后夸赞水很甘冽，便降旨以她的名号来命名。这当然只是个传说，但传说有时也很接近事实，因为"萧太后河"是北京境内唯一一条以人名命名的河流，理应事出有因。有迹象表明，这是一条人工河，大致开凿于辽代，这就把这条河与萧太后紧紧联在了一起。

堂堂一国的皇太后，而且是独掌权柄的皇太后，既然常来常往于南京并且久居于此，来了以后究竟下榻于何处呢？前文已述，辽南京的皇宫是因陋就简在唐、五代藩镇的衙署上改建的，规模不大，堂堂皇太后不可能挤在这个小皇宫里。何况与那些执事的臣僚们厮混在一起，对皇太后来说既不方便，也不得体。于是理所当然地，萧太后来南京后必定有自己的住所。这样一来，风水宝地琼华岛就成了萧太后的首选，岛上也就有了萧太后的"梳妆台"。

及至金朝，根据前引《金史·地理志》之文，可以获知三点有关琼华岛和万宁宫的信息：

一是此时"京城北离宫有太宁宫"，即琼华岛已扩建为胜景无限的皇家离宫，琼华岛只是其中的核心部分。

二是这个皇家离宫"大定十九年建"，即它是在金世宗大定十九年（1179年）最后扩建完工的。或许从那时起，这里才成了既有琼华岛，又有横翠殿、瑶光台、瑶光楼的皇家大御苑。

三是它原称太宁宫，"后更为寿宁，又更为寿安，明昌二年更为万宁宫"，即它于金章宗明昌二年（1191年）最后定名为万宁宫。《金史·世宗本纪下》载：金世宗大定十九年（1179年）"幸太宁宫"，大定二十一年（1181年）"幸寿安宫"，可见早在称太宁宫、寿安宫时，这个皇家御苑便成了金帝频频驾临之地。至于这之后，《金史》中有关金帝"如万宁宫"或"至自万宁宫"的记载更是不绝如缕,这里几乎成了金朝的半个金銮宝殿。

《日下旧闻考》卷二十六载:"金源琼华岛踞太液池中,奇石叠累,皆当时辇致艮岳之遗。"此文所说的"艮岳",是北宋汴京一处宛若仙境的皇家御苑,宋徽宗赵佶曾亲自为它撰写《御制艮岳记》。而《日下旧闻考》此文特别强调,琼华岛上奇石叠累,皆为宋汴京的"艮岳之遗",即它们都是从汴京的艮岳运来的。过去一般认为,艮岳之石是金世宗大修太宁宫时从汴京运来的,但事实上把北宋汴京宫殿的精美饰件、奇珍异石等不惜工本运到金中都,作为新都的建筑材料,是金海陵王时的事。这说明,早在海陵王迁都中都时,金人便开始营造这座以琼华岛为中心的皇家离宫。学者景爱曾经指出:"现在北海公园宝塔山上的太湖石,据《北平旧志》所载,为'宋艮岳之遗,金人辇致于此'。海陵王受汉族文化影响比较深,性喜奢侈,他把汴京开封城艮岳的奇石(太湖石)拆运到太宁宫的可能性比较大。"[①]此文便认为琼华岛上的太湖石应该是海陵王运来的。而从海陵王天德三年(1151年)诏建新都起,到金世宗大定十九年(1179年)万宁宫最终落成止,前后经历了28个寒暑。这28年,就是辽南京之后的琼华岛建造史,也是这个皇家御苑从萧太后的"梳妆台"演变成万宁宫的发展史。以其工期之长,足见金廷对这座御苑的重视,也足见这座万宁宫的美轮美奂。金世宗时太宁宫一度毁于火,但很快便复建起来,一切恢复如常,甚至其之雕梁画栋更胜从前。

《金史·移剌履传》云:"世宗崩,遗诏移梓宫寿安宫。"此文说,金世宗驾崩前曾特别留下遗诏,要求将他的梓宫安放在寿

[①] 景爱:《金中都万宁宫与明清故宫》,《地域文化研究》2017 年第 1 期。

安宫，即万宁宫。金世宗完颜雍是金朝的第五位皇帝，在位于1161～1189年。此期间他实现了史家盛称的"大定盛世"，不但开创了金朝的盛世，也开创了金中都的盛世。他死前居然遗诏停柩万宁宫，足见他对该宫的恋恋不舍。虽然他的遗诏由于于礼不合而未能实现，但不言而喻的是，万宁宫的地位在金帝的心目中早已不亚于皇宫，甚至已超越皇宫。

金世宗之后，其孙金章宗完颜璟继位。《日下旧闻考》云："琼华岛周围计二百七十四丈，旧有广寒殿，相传为金章宗时李妃妆台遗址。"此文所言"李妃"，是金章宗的元妃，即史上大名鼎鼎的李师儿。此女因家人获罪没入宫中，后因才貌双全被金章宗纳为妃，后又封为元妃。因为备受章宗宠爱，李师儿虽然出身卑微，一家人却因此鸡犬升天，权倾朝野。章宗驾崩后，李师儿还曾参与朝政，与完颜匡等共拥卫绍王为帝。就是这样一位地位相当于皇后的宠妃，居然不住皇宫而住琼华岛，恐怕也只能用"金屋藏娇"来解释，而这个"金屋"，就是琼华岛上的广寒殿。金章宗一向是以铺张、奢靡著称于世的，但《金史·章宗二》记载：金章宗明昌六年（1195年）"命减万宁宫陈设九十四所"。奢靡如金章宗，竟然也不得不裁减万宁宫的陈设，而且一次就裁减了94处，足见当时万宁宫的华贵奢靡已到了何等程度。

金亡后，这座风光旖旎、胜景无限、华贵大气的万宁宫，这座山水俱佳、风水鼎盛、帝王专属的万宁宫，怎么可能不被新的统治者所青睐呢？据《元史·世祖一》记载，忽必烈刚刚登极大汗之位，便于"是冬，驻燕京近郊"，紧接着又于中统元年（1260年）十二月"帝至自和林，驻跸燕京近郊"。忽必烈当时驻跸的"燕京近郊",就是金中都东北郊的万宁宫。忽必烈敕令"城大都"①是在至元四年(1267年),而他频频驾临万宁宫比这早了整整七年,足见他对万宁宫的情有独钟。尤有甚者,同样也是在确定"城大都"之前,忽必烈就开始精心打造这座景态万状的琼华岛。

《元史·世祖本纪三》记载,至元二年(1265年),用整块大玉雕琢的精美玉瓮"渎山大玉海"制作完成,忽必烈下令"敕置广寒殿",把这个稀世珍宝放进了琼华岛的广寒殿。过后不久,至元三年(1266年)夏四月,"五山珍御榻成",忽必烈又降旨把这个奇珍异宝放到了琼华岛广寒殿。如此这般地一再把天下奇珍聚集于琼华岛,忽必烈对琼华岛的钟爱可谓无以复加。光是汇集天下奇珍还不够,忽必烈决心把琼华岛打造得更加绮丽动人。《元史·兵志二》载:至元三年五月"帝谓枢密臣曰:'侍卫亲军,非朕命不得发充夫役。修琼华岛士卒,即日放还。'"此文说,忽必烈觉得把自己的侍卫亲军都打发去修筑琼华岛似为不妥,于是敕令把亲军召回。由此看来,忽必烈甚至一度把自己的贴身警卫都投入到琼华岛的修建工程中了,可见此外投入的民夫兵丁更是不知凡几。

以上诸事,都发生在至元四年(1267年)忽必烈决定建大都之前。于是,当忽必烈决定"城大都"时,会以哪里为中心呢?当然是以琼华岛为中心了,舍此岂有它哉!单说那个早在至元二年就被"敕置广寒殿"的渎山大玉海,高70厘米,口径135~182厘米,膛深55厘米,可盛酒722升,是忽必烈专门用来宴飨群臣的。为什么要把这个大玉海放在广寒殿呢?不就是因为这里是忽必烈召见百官的地方吗?不就是因为这里是忽必烈大宴群臣的地方吗?在

---

①《元史·世祖本纪三》。

忽必烈的心中，琼华岛的广寒殿早就是他的皇宫正殿了。

元末明初陶宗仪《南村辍耕录》称："未几，金亡，世皇（忽必烈）徙都之。至元四年兴筑（万宁宫）宫城，山（琼华岛）适在禁中，遂赐今名云。"细审此文，其中透露出了三点信息：

一是忽必烈亲军于至元三年投入的琼华岛建设工程，至少持续到了至元四年，此即文中所说的"至元四年兴筑宫城"。

二是新修的元大都皇城是以琼华岛为中心建造的，这由"山（琼华岛）适在禁中"一语便可知晓。

三是金的琼华岛到元朝时改称"万寿山"或"万岁山"，而从"遂赐今名云"一语看，这名字是忽必烈敕赐的。

这三层含义中，最重要的就是"山（琼华岛）适在禁中"这句话。它说明，在元大都选址时，就是以琼华岛为宫禁的中心的。

忽必烈营造的元大都城有三重城垣：最外是大城，中间是皇城，最里是宫城。大城是整座城的轮廓，宫城是皇帝临朝听政和居住的地方，这都是显而易见的。而在宫城之外、大城之内，还有一座不大为人所关注的特殊城池，这就是皇城。

考古工作已经探明，元大都的皇城位于全城的正中偏南，整体平面大致呈方形，四周围以红墙。这是座拱卫皇宫的城池，更是皇家独享的宫廷禁地，共有15座城门，南墙正中是棂星门，位置就在今故宫午门附近。

细审之，皇城里位置居中的不是宫城，而是皇家御苑太液池。修建皇城时曾特意开凿了一条专用水道，把西北郊的玉泉山水引入湖中，以保证湖中永远清水涟漪，水波荡漾。宫殿建筑有四大群，分别建在太液池的东西两岸。位于东岸的是宫城，位于西岸的是兴圣宫、隆福宫和太子宫。东岸的宫城是正宫，位置略偏南，正对棂

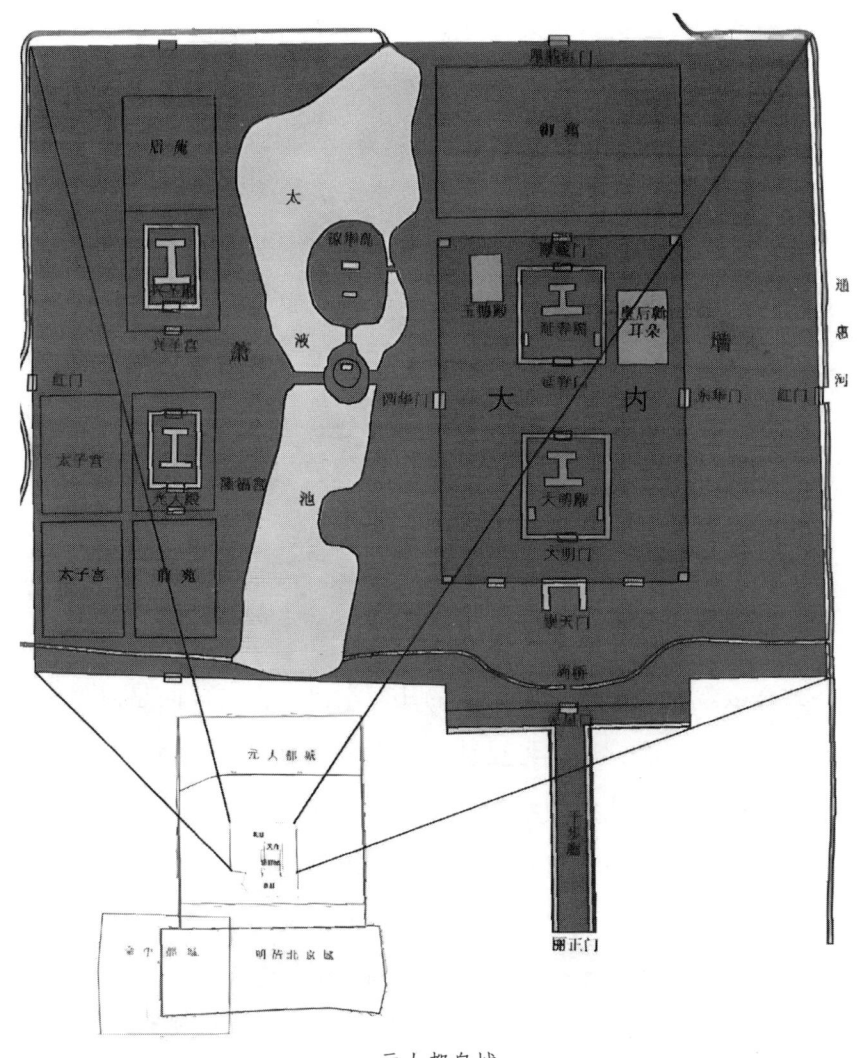

元大都皇城

星门。西岸的三大宫殿群以兴圣宫居北,主要供皇后、嫔妃居住;隆福宫、太子宫居南,前者主要供太后居住,后者主要供太子居住。女性在蒙古族中的地位高于汉族,皇后可与皇帝并坐临朝,后妃亦可单独占据一两个宫区,所以元大都皇城就形成了以太液池为中心、四大宫分列两岸的格局。

太液池的核心部分是万寿山，此即琼华岛。经过忽必烈的精心打造，这座小岛成了艳盖京华的绝美景观。在《马可·波罗行纪》一书中，这个意大利人是这样形容这座小山的："北方距皇宫一箭之地，有一山丘，人力所筑……山顶平，满植树木，树叶不落，四季常青。汗（忽必烈大汗）闻某地有美树，则遣人取之，连根带土拔起，植此山中，不论树之大小。树大则命象负而来，由是世界最美之树皆聚于此。君主并命人以琉璃矿石满盖此山，其色甚碧，由是不特树绿，其山亦绿，竟成一色。故人称此山曰绿山，此名诚不虚也。山顶有一大殿，甚壮丽，内外皆绿，致使山树宫殿构成一色，美丽堪娱。凡见之者莫不欢欣。大汗筑此美景以为赏心娱乐之用。"[1] 由马可·波罗的描述不难看出，无论自然景观还是人文景观，琼华岛都苍翠如黛，宛若仙境。

综合以观，如果不是以简单的几何学概念言之，而是以整个布局的宏观态势言之，灼然可见整个元大都就是以皇城为中心的，整个皇城又是以太液池为中心的，而整个太液池则是以琼华岛为中心的。换言之，正是因为忽必烈首先选中了琼华岛，才营造出以其为中心的太液池，又构建出以太液池为中心的元皇城来。所以毫不夸张地说，琼华岛就是整个元大都新城的"定心石"。

除了风光绮丽外，不能不提到的是，以琼华岛为整个元大都新城的"定心石"，还有一个更为重要的原因，这就是新城的水资源问题。从先秦时期的蓟城开始，直到辽的南京城和金的中都城，二千多年的北京城都是在今莲花池以东的同一个地点上发展起来的，城市供水主要靠城市西部的西湖水系，此即今广安门外的莲花

---

[1] [意]马可·波罗：《马可·波罗行纪》，冯承钧译，江苏文艺出版社，2014年，第204页。

池水系。到了金朝末年，莲花河水域逐渐萎缩，污染日益严重，已无法满足一个更大规模都市用水的需求。而琼华岛一带水面开阔，水源充沛，更有高粱河水系和玉泉山泉水源源不断汇入，可以有效保障超级大都市和宫廷的用水。于是正如侯仁之教授所言："从中都旧城迁移到大都新城，实际上也就是把城址从莲花池水系迁移到高粱河水系上来。"[1]

明的北京城是在元大都城的基础上发展起来的，不仅城址的位置未变，大城、皇城、宫城三城相套的格局也丝毫未变。稍稍变化了的，是如第四章所述，明朝初年把原来的元大都北城墙向后撤退了五里，缩回到今德胜门、安定门一线，明成祖年间又将元大都南城垣向南推进了二里，延伸到今宣武门、正阳门、崇文门一线。这样一盈一缩，导致明皇城也发生了些许变化。明末清初孙承泽《春明梦余录》云："至永乐十五年改建皇城于东，去旧宫可一里许。"向东仅位移了一里许，足见明皇城基本还是在元皇城的位置上，发生的变化可以说微乎其微。

明初承袭南京之制，把北京的宫城和禁垣统称"皇城"。明神宗万历朝重修《大明会典》，把宫城改称"紫禁城"，把禁垣称为"皇城"，这样才把二者区分开。在皇城的位置稍稍向南和东偏移后，不可移动的太液池当然就从元皇城的正中心，微微向西发生了位移，变成了与紫禁城并列于明皇城的正中间。但仍然保持未变的是，琼华岛依旧处在整个明皇城的核心部位。

明皇城是和紫禁城同时起建的，都建成于明成祖永乐十八年

---

[1] 侯仁之：《历史地理学的理论与实践》，上海人民出版社，1984年，第164页。

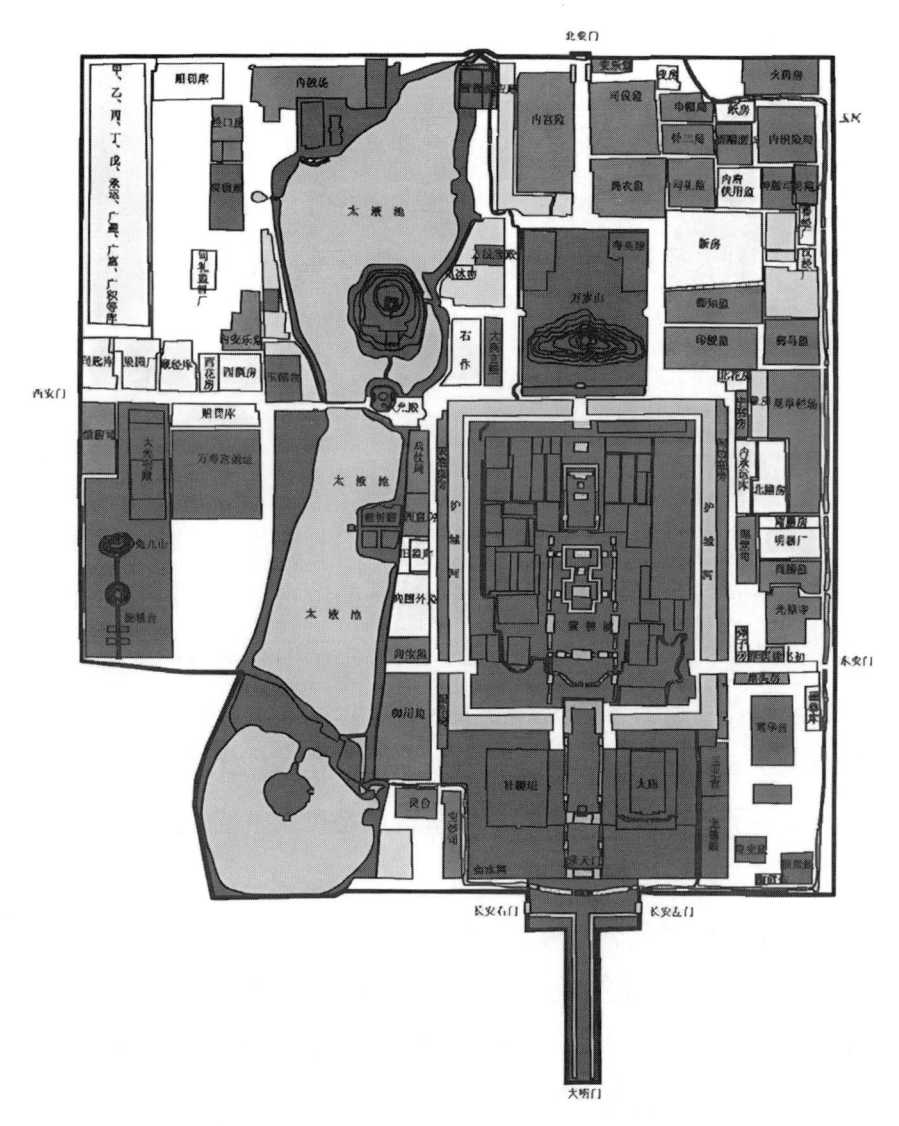

明清皇城

（1420年）。这是一座全封闭的城池，四周围以高大的皇城墙，墙身为红色，高一丈八尺，东西长2500米，南北长2750米，占地总面积6.8平方公里。四墙各有一门，皇城北门是北安门（清代叫地安门），东门是东安门，西门是西安门，南门是大明门（清代叫大清门，民国叫中华门）。总体上看，明皇城的格局及功能与元大都皇城完全相同，位置也基本未变，但其内部的布局却大有改观。

首先一点，明的紫禁城是在元宫廷的废墟上重新起建的。当年明朝大军围攻元大都时，元顺帝仓皇北遁，元皇宫几乎毫发无损地落入明军之手。但为了去除前朝的"王气"，明太祖朱元璋仍下令把元大都皇城内太液池东岸的宫城全部铲平。此后明成祖决定迁都北京时，便在此废墟上重新建起了一座新宫城。

"左祖右社"是皇城内一个极重要的组成部分，而元皇城虽然也是太庙在东、社稷坛在西，但各在齐化门、平则门以内，与宫城相距甚远，并且不在同一条轴线上，明显不合《周礼·考工记》所说的"左祖右社"规制。明北京皇城的太庙、社稷坛则按儒家经义做了调整，严格对称在紫禁城正前方的左右两侧，烘托出了以族权、神权护佑皇权的意境。

明廷在拆除元宫城时，特意把大量瓦砾泥土堆积在紫禁城玄武门之北的中轴线上，由此形成了一座人工堆砌的小山。此处原是元皇城重要宫殿延春阁的所在，在这里堆出一座人造山峰，显然也有以此"镇山"来压制前朝"风水"的意思。此山原称"煤山""镇山"，万历三十八年（1610年）改称万岁山，清顺治十二年（1655年）改称景山。

在明皇城中，元的太液池不仅得以保留，而且仍是皇城中最重要的皇家御苑，称西苑。当时为了适应宫城东南移的需要，在元太液池的基础上又向南开挖了一片水面，此即南海。明后期以太液池上的两座石桥为界，将原来的"西海子"划分为三个水面，金鳌玉𬘭桥以北为北海，蜈蚣桥以南为南海，两桥之间为中海，由此合为"三海"。

明皇城内还有其他许多重要建筑，例如中海之西的万寿宫建筑群，原是永乐十四年（1416年）建造的西宫，后改名永寿宫。嘉靖四十年（1561年）永寿宫失火焚毁，重建后改称万寿宫，亦称西内，嘉靖晚年曾长居于此。另在皇城的东南隅建有皇史宬，落成于嘉靖十五年（1536年）。这是明皇家的档案馆，存放着皇家的"圣训"、实录及玉牒等，是仿照古代的"金匮石室"建造的。它的主体建筑全为整石垒砌，殿内大厅无梁无柱，既能防火防潮，又能防虫防霉，而且冬暖夏凉，极有利于档案文献的保存。皇城内还在南池子一带建造了一处"南内"宫苑，另在西安门内建有明皇家的道教建筑"大光明殿"等，诸如此类，不一而足。

在明皇城的大小宫殿间，另有名目繁多的为帝王服务的衙署司局，包括十二监、四司、八局等，号称"二十四衙门"。它们塞满了明皇城的各个角落，此外再加上各类服务设施和储物仓库等，便构成了一个只为皇家服务的全封闭皇城。

清北京的皇城基本上延续了明皇城的格局，特别是其中的核心部分，如紫禁城、太液池、景山、太庙、社稷坛等，统统一仍旧贯。此期间发生的一个最大变化是，正如《钦定日下旧闻考》卷三十九所载："皇城之内，前明悉为禁地，民间不得出入。我朝建极宅中，四聪悉达，东安、西安、地安三门以内，紫禁城以外，牵车列阓，集止齐民。稽之古昔，前朝后市，规制允符……"即清廷对原来的全封闭皇城做了些许调整，增设了一些向社会开放的功能。其前提是，清顺治元年（1644年）清军挥师入关后，强制推行了一次大规模的北京城市人口迁徙，把原来内城的所有汉民迁至外城，内城专供旗人居住。这样一来，皇城位于整个内城的中心，四周八旗环绕，整座内城都塞满了"自己人"。这使紫禁城的安全系数大为提升，皇城原有的护卫功能大大减弱，于是向周边做些局部开放也就顺理成章了。

此外清廷对前明的皇城衙署进行了大刀阔斧的改革，这也为皇城面貌的转变提供了基础性条件。这场变革始于康熙朝，主要举措是将皇城的部分服务功能"市场化"，"俱派民间"。此事见载于清人陈康琪的《朗潜纪闻》，其云："至世祖皇帝登极，始悉除之。紫禁城内一切工作，俱派民间，今皆现钱雇觅。明季宫女至九千人，内监至十万人……今则不过四五百人而已。"这一裁减果然大见成效，原来明皇城内的"二十四衙门"及其"内监至十万人""宫女至九千人"等，一下子裁减至"四五百人而已"。这四五百人统归清内务府管理，人数虽然大大减少，效率却不降反升。

清皇城腾退下来的场地和"办公用房"，后来大多改建成了寺庙。如尚衣监改为玉皇庙，司设监改为慈慧寺，内织染局改为华严庵，秉笔直房改为福祐寺，汉经厂改为嵩祝寺，惜薪司改为慈云寺等。此外，再加上明代保留下来的社稷坛、太庙、大高玄殿、大光明殿等，乾隆中期皇城内的各类庙宇已达 70 余处。特别值得一提的是，康熙三十八年（1699 年）还在万寿宫旧址上建造了一座天主教堂[①]，使皇城内的各大宗教一应俱全。

清廷对皇城的又一改革，即将皇城内的一些建筑改造成住宅。这当然不是普通人的住宅，而是专供王公大臣及内务府的上三旗包衣家奴居住的宅邸。随着住宅的逐步增加，清乾隆时甚至连商铺也在皇城内有了一席之地。据清乾隆时期《日月合璧五星联珠图》的

---

① 王佳音：《清北京皇城布局变迁概说》，《北京规划建设》2013 年第 6 期。

描绘，当时东华门大街两侧店幌高悬、商肆林立，车马行人熙来攘往，川流不息，这就是清皇城内的商铺一条街。当然，皇城内并非"尽给居人"，其中有相当部分仍不准外人出入。事如清陈宗藩《燕都丛考》所云："皇城以内，外人不得入，紫禁城以内，朝官不得入，奉事者至午门而止。"特别是太庙、社稷坛、西苑三海、景山等，更是与世隔绝的皇家禁地。

沧海桑田，斗转星移，悠忽间，由至元十一年（1274年）春正月忽必烈"始御（元大都）正殿"起，到清朝末年溥仪逊位止，已近六个半世纪。此期间从元皇城的一山一水映宫阙，到明皇城的冠盖如云伴孤君，再到清皇城的红墙平添烟火气，北京皇城一时一个图景。但在世事变幻中，始终不变的，就是那个琼华岛，就是那方"定心石"。辗转至今，海还是那个海，岛还是那个岛，甚至连名字也还是那个名字，只不过早已物是人非。今日的琼华岛是北海公园的中心，岛上遍布殿阁亭台，依旧宛若仙境。清顺治八年（1651年）始建的白塔位于岛的最高峰，塔身呈覆钵状，上为两层铜质伞盖，顶上设鎏金宝珠塔刹，下筑折角式须弥塔座，塔身耸峙，巍峨灵秀。有一首尽人皆知的歌曲是这样唱的："让我们荡起双桨，小船儿推开波浪，海面倒映着美丽的白塔，四周环绕着绿树红墙……"这首歌里唱的，就是这塔、这海、这红墙。按照塔前建寺的原则，顺治帝还在琼华岛的南坡建造了一座白塔寺，于乾隆八年（1743年）重修后更名为永安寺。这座地处皇城的寺庙极具皇家气派，所有殿顶皆覆以黄绿色琉璃瓦，殿脊上还刻有龙形图案，观之宛如宫阙。

北海永安寺

经过从辽南京以来历朝历代的精心打造，雍容典雅、仪态万方的琼华岛可谓芳华尽染，精美绝伦。但看起来它还缺少一块碑记，标明这是北京城的"定心石"。如果当年不是以它为基点选址，恐怕今天的北京城就未必是这座北京城了。正是一个定心石、一条中轴线，以及一幅由《周礼·考工记》描绘的平面图，铸就了今天的大北京。

紫禁城与世界五大宫

在君主专制的封建时代，都城建设的主旨就是要无所不至地表现帝王的唯我独尊，而这恰好就是元明清北京城的主题。它的表现是多方面的，一则反映在古都北京的外城拱卫内城、内城拱卫皇城、皇城拱卫宫城的帝居核心上；二则反映在元大都城从一开始就确定的"左祖右社，面朝后市"的整体布局上；三则反映在宫廷及皇室主要建筑皆纵贯于南北中轴线的正统定位上；四则反映在城内外皇家坛庙的星罗棋布上；五则反映在城市中心及京郊各处胜景无限的皇家御苑上；六则反映在气势恢弘的帝王陵寝上。而除了上述各项外，更突出也更核心的表现，则是全城居中而建的金碧辉煌的皇宫。事如《史记·高祖本纪》所言："天子四海为家，（宫城）非壮丽无以重威。"也正如唐朝诗人骆宾王《帝京篇》所咏："不睹皇居壮，安知天子尊。"帝都的宫城，代表着帝王的天威，是古代社会重君崇君观念的最突出体现。

金中都城的皇宫已蔚为大观，但被蒙古大军付之一炬。元大都的宫城更是享誉中外，可为了消除前朝的"王气"，也被明太祖朱元璋下令拆除。因此有幸保留到今天的，唯有明成祖始建的紫禁城。从明成祖朱棣起，到清末帝溥仪止，先后有24个皇帝在这里临朝听政，辗转至今已有六百余载。

这是一座城中城，坐落在皇城之中，始建于明成祖永乐四年（1406年），竣工于永乐十八年（1420年）。它位居北京南北中轴线的中心，北倚景山，西临太液池，南对正阳门，东西宽753米，南北长961米，是一个长方形城池，总面积达72万平方米。其城内的所有建筑全是木结构，黄琉璃覆顶，汉白玉或青白石底座，轩榭廊檐间满饰雕龙画凤的贴金彩画。

按照古代星相学说，位于中天的紫薇星垣（北极星）是代表天帝的星座，乃天帝所居，其宫殿称"紫微宫"或"紫宫"。而皇帝是天帝之子，故此天人相应，皇帝所居亦当为紫宫。加之这里是对外封闭的禁城，所以自明万历朝起，这座原称皇城的宫城正式改名为"紫禁城"。1911年，辛亥革命推翻了清王朝，1924年逊帝爱新觉罗·溥仪被逐出紫禁城，此后这里改称故宫。

紫禁城的四周有一道10米高的宫墙，外围环绕一条宽52米、深6米、长3800米的护城河。宫墙四隅耸立着4座风格不同的角

明清紫禁城——北京故宫

楼，各有 3 层屋檐、72 个屋脊，巍峨宏丽，宛如仙阙。宫墙四面各设一门，南为午门、北为神武门、东为东华门、西为西华门。南面的午门为正门，是四门中最高大宏丽者，由正楼、二朵殿、四角亭、两雁翅楼及三门洞、两掖门组成。午门外还建有端门和天安门，中间隔以朝房和狭长广场。这个广场是朝廷举行出征、凯旋、献俘、颁历等仪式的地方，也是皇帝"廷杖"大臣的地方。

紫禁城的全部建筑按中轴线对称布局，层次分明，主体突出，错落有致。按照"前堂后室""前朝后寝"的宫室制度，以乾清门广场为界，紫禁城又分为外朝和内廷两大部分。外朝位于紫禁城的南半部，分东、中、西三路，主体建筑是建在中路的三大殿。这三大殿都建在汉白玉砌成的 8 米高台基上，远望如神话中的琼楼玉宇。明朝初年的三大殿分别称奉天殿、华盖殿、谨身殿，明嘉靖时三大殿一度被雷电所毁，复建后改称皇极殿、中极殿、建极殿，清朝又改为太和殿、中和殿、保和殿。

清太和殿即明的奉天殿，是三大殿中的主殿，俗称金銮宝殿。它是紫禁城中最富丽堂皇的建筑，也是中国古代最宏大的木结构殿堂，面阔十一间，东西长 63 米，南北宽 35 米，高 35.05 米。在六根蟠龙金柱的拱卫下，太和殿正中设有金龙宝座，是至高无上的皇权的象征。宝座安放在 2 米高的台上，前有造型秀美的仙鹤、炉、鼎，后有雕刻精美的围屏。在明清两朝的五百年中，举凡皇帝登基、大婚、册封、朝会、命将出征等，一切重大政务活动皆在此殿举行。太和殿后面的中和殿是皇帝出席重大典礼前休息和接受朝拜的地方。最北面的保和殿则是每年除夕和元宵节皇帝赐宴王公贵族和文武大臣的地方，乾隆年间还把三年一次的殿试由太和殿转移到了保和殿。

三大殿的两翼按"文东武西"排列着文华殿、武英殿，相当于三大殿的左辅右弼。文华殿在东，是文臣为帝王讲解治国安邦之道的地方，每逢重大灾难降临，这里也是帝王反躬自省的幽闭之所。武英殿在西，初为皇帝与将帅商讨军国大事的地方，清顺治年间曾是摄政王多尔衮的专用宫殿。康熙时改武英殿为文英殿，辟为皇家修书处，专事编撰与刊印钦定图书及经史典籍。世所珍稀的"武英殿刻本"古籍，就是从这里问世的。

在三大殿之后，穿过乾清门向北，就进入了紫禁城后半部的内廷。内廷是皇帝及其他皇室成员的寝宫，也分东中西三路，以位在中路的乾清宫、交泰殿、坤宁宫为主体。这三大宫排列在紫禁城的中轴线上，是皇帝与皇后的主寝宫，象征皇天后土居中。古以"乾"为天、"坤"为地，皇帝为天，皇后为地，故而乾清宫是皇帝的正寝，坤宁宫是皇后的正寝。乾清宫同时也是明清两代皇帝处理日常政务的地方，其中设有宝座，上悬"正大光明"匾额。交泰殿位于乾清宫和坤宁宫之间，是皇帝、皇后共同的寝宫，殿名取自《周易》"天地交泰"之文，寓意天地交融便可国泰民安。

坤宁宫东西两侧是众嫔妃的住所，每侧各六宫，分别称东六宫、西六宫。西六宫南面的养心殿是清朝皇帝事实上的居所，清帝日常的起居、进膳、读书、批阅奏章、召对引见等大多在此。养心殿内有一个开间不大的小侧室，是乾隆帝专门用来收藏王羲之的《快雪时晴帖》、王献之的《中秋帖》及王珣的《伯远帖》的，故名"三希堂"。内廷也有不少政务活动场所，大名鼎鼎的军机处就设在内廷西路的养心殿附近，侍臣值班的南书房和皇子读书的上书房也离乾清宫不远。

紫禁城的其他宫殿尚多，如太上皇居住的宁寿宫区，太皇太后、皇太后居住的慈宁宫、寿康宫、寿安宫区，皇太子居住的毓庆宫区，皇幼子居住的乾东五所、乾西五所等，著名的殿宇则有奉先殿、皇极殿、养性殿、重华宫、雨花阁等。传说宫内共有9999个房间，实际上根据1973年的实地测量，其建筑面积总共15.5万平方米，计有大小院落90多座，房屋共计8707开间（四根房柱之间为一开间）。

整座紫禁城布局疏朗，规模宏大，庄严凝重。置身这个完全与世隔绝的独立天地，无论是仰观那一座座巍峨高大的殿宇，还是环视那一道道深不可测的宫门，抑或攀缘那一层层绵延不绝的玉阶，莫不令人悚然心动。遥想当年，一旦跨入午门，就如同掉进了一个巨大幽闭的空间，渺小恐惧的感觉会顷刻间扑面而来，以至把人压得喘不过气来。每当臣子们踽行于宏大空旷的宫城，踟蹰于带刀护卫的人墙，匍匐于轩朗幽深的大殿，皇权的高大和个人的渺小不知会产生多大的反差，不啻有天壤之别！它的建筑极尽人间之奢靡，它的物品汇聚了天下之奇珍，处处令人叹为观止。

经过明清两朝的营建，紫禁城巍峨壮观、富丽堂皇、气势恢宏，成为当今世界上保存最完好的皇家宫殿之一。辗转至今，这座皇宫早已跻身世界著名宫城之列，和法国凡尔赛宫、英国白金汉宫、俄罗斯克里姆林宫、美国白宫并列为"世界五大宫"。这世界五大宫的年代不一、规模不一、历史不一，但人所共知的是，它们都是煌煌大国的代表性宫殿，都有其不可取代的历史地位。

世界这五大宫可谓尽人皆知，但它们究竟是如何发展起来的，北京的故宫在其中又具有哪些非同寻常的特征呢？对此却很少有人论及。然而一旦把这个话题展开，我们从中看到的，将不仅是世界上一座座辉煌的宫殿，更是北京紫禁城在人类文明史上留下的瑰丽身姿。

● 法国凡尔赛宫

凡尔赛宫位于巴黎西南郊，是法国著名的皇家宫殿。此地原为森林和沼泽荒地，1624年法国国王路易十三以1万里弗尔的价格在这里买下了117法亩荒地，建起了一座二层红砖楼房，作为狩猎行宫。该行宫拥有26个房间，一层为家具储藏室和兵器库，二楼为国王办公室、寝室、接见室、藏衣室和随从人员卧室。1664年法王路易十四开始在此地建造宫殿，经过长达十余年的精心建造，法兰西宫廷于1682年5月6日正式迁入此地。1688年，凡尔赛宫主体建筑全部落成，连同御花园在内总共占地110万平方米。其中园林面积占了绝大部分，有100多万平方米，建筑占地仅6.7万平方米。全宫拥有2300个房间，楼阁加厅堂的建筑总面积约计11万平方米。

从1682年起，凡尔赛宫作为法兰西皇家宫廷的历史长达107年。1789年10月6日，法王路易十六被民众逐出凡尔赛宫，凡尔

法国凡尔赛宫

赛宫的宫廷史至此终告结束。在随后的法国大革命中，凡尔赛宫多次被洗劫，宫中的名贵家具、壁画、挂毯、吊灯和陈设物品被劫掠殆尽，宫殿门窗也被砸毁拆除。1793年，宫内残余的艺术品和家具全部运往卢浮宫，凡尔赛宫从此沦为废墟。直到40年后，1833年奥尔良王朝的路易·菲利普国王才下令修复凡尔赛宫，将其辟为历史博物馆。

● 英国白金汉宫

白金汉宫位于伦敦市西部，占地18万平方米，其中皇宫花园占地16万平方米，建筑占地约2万平方米。这是英国君主在伦敦的寝宫及办公场所，也是英国举行国家庆典和欢迎外国元首的地方。

早在1703年，白金汉公爵就于此地建造了一座建筑，称白金汉屋，意思是"他人的家"。1761年英王乔治三世购得此宅，改建成王后的寝宫，称女王宫。此后从英王乔治三世到乔治四世，宫殿的扩建工程持续了75年，终于建成了富丽堂皇的"白金汉宫"。

1837年维多利亚女王登基后，白金汉宫正式成为英王的宫殿，之后英国历代国王皆居住于此。它的主体建筑是一座规模宏伟的三层长方形大楼，长达110米，有600多个厅室。1931年用石料装饰了宫殿的外墙面，白金汉宫遂成如今的模样。

英国白金汉宫

二战期间白金汉宫遭到德国空军的轰炸，礼拜堂被一枚炸弹摧毁。当时的国王乔治六世始终坚守在宫中不躲避，成了英国人民勇气和毅力的象征。宫内的女王画廊于1962年向公众开放，展示皇家藏品，其中不乏米开朗琪罗、拉斐尔及达·芬奇的作品，极为珍贵。现在每天上午白金汉宫都会举行隆重的皇家卫队交接仪式，成为英国王室文化的一大景观。每当看到王宫上方飘扬着英国君主的旗帜，就知道英国国王正在宫中。

- **俄国克里姆林宫**

克里姆林宫坐落在莫斯科市中心的莫斯科湖北岸，占地27.5万平方米，主要建筑建于15～16世纪，曾是俄国沙皇的皇宫，现在是俄罗斯总统府。

　　最初这里仅有一个用木头搭建的小城堡，1320年莫斯科大公伊凡一世开始用橡树圆木和石灰石建造宫室，装饰了复杂精美的雕刻，从此有了宫殿式建筑。1479年伊凡三世建造了金色圆顶的乌斯宾斯基大教堂，此后该教堂成为国家教堂，所有俄罗斯沙皇的加冕仪式都在这里举行。1491年，位于广场西侧的大公寝宫多棱宫建成，俄皇宝座即安放于此。此外又建造了克里姆林宫的三大主体教堂，分别是建于1479年的圣母大教堂、建于1489年的天使报喜大教堂和建于1509年的大天使教堂。沙皇所居的大克里姆林宫是该宫的主体建筑，最终完工于1849年。大克里姆林宫的内部呈长方形，总建筑面积2万余平方米，楼上有露台环绕的700多个厅室。

俄国克里姆林宫

1812年拿破仑下令炸毁克里姆林宫，所幸天降大雨及时扑灭了火焰，大部分建筑得以保存。二战期间又发生了一件怪事，克里姆林宫突然从莫斯科上空消失了！当时克里姆林宫是德国法西斯轰炸莫斯科的主要目标，但诡异的是，哪怕天空万里无云，德军飞行员仍找不到克里姆林宫的踪影。原来为了防止德国空军轰炸，在战争开始后的30天内，克里姆林宫大变魔术，把占地28公顷的宫殿群全部涂上了伪装色，教堂顶端闪闪发光的金色圆顶也用涂料掩盖起来，所有建筑还都蒙上了布，克里姆林宫因此逃过了一劫。

● 美国白宫

美国白宫也称白屋，是一幢白色的新古典风格建筑物，位于华盛顿西北的宾夕法尼亚大道，占地7.3万平方米，是美国的总统府。

白宫始建于1792年，完工于1800年，由主楼和东、西两翼组成，始称"总统大厦"和"总统之宫"。1800年11月1日，美国第二任总统约翰·亚当斯在卸任前几个月住进了白宫，从此这里成

美国白宫

了美国总统办公及居住的地方。1812年英国和美国发生战争，英国军队在1814年8月24日占领华盛顿城后放火焚烧了总统府，只留下了一副空架子。1815年初英美战争结束，美国重建白宫，于1817年9月完工。重建时为了掩盖被大火烧过的痕迹，门罗总统下令在灰色沙石上涂上一层白色的油漆。1902年西奥多·罗斯福总统正式命名其为"白宫"，从此白宫成了美国政府的代名词。

1948年，杜鲁门总统对白宫的安全做了一次全面检查，发现问题严重，于是决定彻底改建。杜鲁门全家搬到宾夕法尼亚大街对面的布莱尔居住，随后从白宫的基础、地下室和钢框架承重结构开始，全面翻新改造，另外还在南柱廊加建了阳台，白宫由此焕然一新。

以上各宫加上北京的故宫，就是人们公认的世界五大宫。首先需要判明的是，这五大宫的始建年代各不相同。

"五大宫"的起建当然要以皇家宫殿的出现为前提，而不能以一般性住宅的源起为依据。基于此，可知凡尔赛宫的宫殿式建筑始于法国国王路易十三修建的二层红砖楼房，时在公元1624年。白金汉宫虽然肇始于白金汉公爵1703年建造的"白金汉屋"，但是英王乔治三世直到1761年才将它改建成一处私人寝宫，所以晚到这时才有了真正意义的王室宫廷建筑。克里姆林宫的宫殿始建于1320年伊凡一世，自那时起便有了该宫殿极具象征意义的圆拱形屋顶。美国白宫则始建于1792年10月13日，历时八年竣工。

至于北京故宫，正如前文所述，它不仅是在元大都宫城的基础上建造起来的，而且它的宫殿式建筑还可一直追溯到金万宁宫之时。现故宫慈宁宫西北有寿安宫，这就是金世宗万宁宫的故址，说明"万宁宫旧地与明清故宫的出现,具有不可分割的历史渊源"[①]。元世祖忽必烈在元朝初年曾屡屡驻銮万宁宫,说明这处金中都的皇家宫苑并未在金末元初的战火中被摧毁,而是一以贯之地保留下来,由此衔接成了一个密合无间的宫廷史。因此,北京故宫皇家宫殿建造史的最初源头,可一直追溯到金大定十九年万宁宫的落成,此即1179年。

巍巍宫城的建造当然不是一朝一夕的事,而世界五大宫的建造工期也确实大相径庭,于是它们的落成年代更是上下悬殊。

凡尔赛宫的主体建筑是在1688年基本完工的,整个宫殿和花园的建设则到1710年才大功告成。白金汉宫的整个建筑工程从1761年起持续了75年之久,直到1837年维多利亚女王迁入的头一年,全部宫殿的建造才最后告罄。克里姆林宫的各大教堂和建筑陆续建成于15~16世纪,沙皇所居的大克里姆林宫更是晚到1849年才最后落成的。美国白宫于1800年11月1日全部完工,美国第一任总统乔治·华盛顿于1797年3月4日卸任,只看到了建设中的白宫,一天也没住进去过。北京故宫则包括皇城在内,全部建成于明成祖永乐十八年,即公元1420年。

综上所述,可知在世界五大宫中,最早出现的皇家宫殿建筑首推北京故宫,事在公元1179年。其次为1320年的克里姆林宫,再次为1624年的凡尔赛宫,白金汉宫和白宫则分列第四、第五。至于全部宫殿的建成,北京故宫是在公元1420年,凡尔赛宫是在1710年,白金汉宫是在1836年,白宫是在1800年,克里姆林宫是在1849年,位居榜首的也是北京故宫。

---

① 景爱:《金中都万宁宫与明清故宫》,《地域文化研究》2017年第1期。

以上事实告诉我们，无论是皇家宫殿式建筑的初现端倪，还是整个宫殿群的大功告成，北京故宫都位居世界五大宫之首。

下面再看五大宫规模的大小。

世界各大宫的范围，都是包括御花园在内的，也都包括了教堂等附属建筑在内。总体上说，凡尔赛宫占地总面积110万平方米，其中仅御花园就占了100多万平方米。克里姆林宫周长2公里多，占地面积27.5万平方米，其中教堂占了很大一部分。白金汉宫占地总面积18万平方米，其中绝大部分是皇家花园，建筑占地则不足2万平方米。白宫的占地面积最小，仅有7.3万平方米，其中建筑面积约为5100平方米。

北京的明清皇城是个全封闭城池，是皇家独享的天地。从功能上说，它不仅包括了宫殿区，还包括了皇家坛庙和三海、景山等皇家御苑，与世界其他皇宫包括宫殿、教堂、御苑的情况完全一致。而明清皇城的占地总面积阔达690万平方米，不仅高居世界五大宫之首，而且位居古往今来世界所有皇家宫廷之冠。倘若仅就宫殿区的占地面积而言，紫禁城占地72万平方米，也比其他各宫高出许多。

这个对比又使我们知道，明清皇宫不仅是世界五大宫之首，规模之大还是不折不扣的"天下第一宫"。

在这个"天下第一宫"里，不算半壁江山的金朝，单从明成祖朱棣永乐十八年（1420年）定鼎北京算起，直到公元1912年2月清末帝溥仪逊位止，先后有24个皇帝临朝主政，前后共计492年。在这近五个世纪中，这里是泱泱中华的权力中枢，不知上演了多少扣人心弦的故事。

至于其他各宫的宫廷史，凡尔赛宫作为法兰西宫廷的历史起于

1682 年，终于 1789 年，共计 107 年；白金汉宫从 1837 年维多利亚女王入住，迄今为止作为英王的宫殿也度过了 187 个春秋；而从 1800 年美国第二任总统住进白宫起，白宫成为美国的总统府也已有 224 年。

克里姆林宫的情况则较为复杂，可以说自从 1320 年伊凡一世建造宫殿式建筑起，克里姆林宫就具有了宫廷的性质。但那时的宫廷尚为莫斯科公国的宫廷，而莫斯科公国的国土面积不大，并且长期是钦察汗国的附属国，与沙皇俄国不可同日而语。公元 1547 年，大公伊凡四世加冕为沙皇，莫斯科大公国改称沙皇俄国，克里姆林宫这才成为整个俄国的皇宫。1712 年，彼得大帝决定迁都圣彼得堡，随后这座滨海城市一直是俄国的首都，直到 200 多年后苏联诞生，才于 1918 年将首都迁回了莫斯科。所以，从伊凡四世加冕为沙皇算起，作为俄罗斯的统治中心，克里姆林宫前后相加共有 270 年。

北京紫禁城 492 年、莫斯科克里姆林宫 270 年、美国白宫 223 年、英国白金汉宫 186 年、法国凡尔赛宫 107 年，由上可知，在世界五大宫中，作为一国统治中心时间最长的，也当属北京故宫。

"天下第一宫"里究竟隐藏着多少秘密？

叙论至此，则完全有理由说，纵览天下，无论是西方还是东方，若论建造年代之早、整体规模之大，以及作为统治中心时间之长，北京故宫都是当之无愧的"天下第一宫"。这就是隐藏在世界五大宫中的秘密，也即紫禁城在人类文明史上留下的非凡身姿。

结语

本章上中下三节，第一节论都城，第二节论皇城，第三节论宫城，由此浓缩了一部完整的北京建都史。

综合以观，北京城的都城史是从辽会同元年（938年）开始的，迄今已有悠悠一千余载。通过钩沉辑佚的条分缕析，又可知今日之大北京居然来自小小的琼华岛，琼华岛便是北京建都的"定心石"。这个小岛不但决定了今北京城的位置，而且由辽南京萧太后的"梳妆台"起，它从头到尾串联起了一部完整的北京建都史，把辽金的都城史和元明清的都城史紧紧衔接起来。北京建都史最辉煌的结晶，当然是那座建成于明永乐十八年（1420年）、跨越六百余年后至今犹在的紫禁城。它不仅是古都北京的群宫之首，而且是世界五大宫之首，是当之无愧的"天下第一宫"。

这里需要特别强调的是，北京的都城史不仅持续了上千年，而且从元大都新城开始，这座城市再未遭受整体性的重创，一直完好无缺地保存下来。若从元至元九年（1272年）春二月忽必烈诏告"改中都为大都"算起，截至目前这已经穿越了750余年。此后由于清朝大军入城时不仅对明王朝留下的整座北京城照单全收，而且对北京城的皇城与宫城也呵护有加，使得从明成祖永乐十八年（1420年）建成的紫禁城和皇城都完好如初地保留下来。此期间北京城不仅经历了改朝换代的兵连祸结，也经历了天塌地陷的自然灾害，同样命运多舛。但堪称奇迹的是，除了八国联军侵占北京时造成的破坏外，北京城如得天佑，历经种种天灾人祸而始终巍然挺立。这就是北京城的"保全史"，是一座城市经受了各种考验后始终坚如磐石的历史。整整 750 年，试问天下还有哪座身处历史旋涡的城市会有如此造化呢？显然是绝无仅有的。

经过七个半世纪的稳步发展，北京城终于成长为一座风华绝代的历史文化名城。它那雄浑大气的城郭、巍峨高大的城门、平衡对称的中轴线、经纬通达的街道、金碧辉煌的紫禁城、鳞次栉比的宫苑、星罗棋布的四合院，无不凝聚着中华文化的深厚底蕴，无不表现出令人震撼的伟大创造力。这固然是北京的奇迹，也是中华民族的奇迹，更是全人类的奇迹。

一座都城，如此千年不衰、千年不改，由此所展现的，已不单单是一座城市的历史了，而是一个民族的执著与坚守，一个国家的合力与定力。时至今日，人们心向北京，心向首都，在男女老少"我爱北京"的深情咏唱中，传递的不仅是对北京的向往，更是对这个国家的深情挚爱，是对未来的无穷信心！

第七章
坛庙一炷香，所敬究是谁

老北京人都知道，北京有一组历史悠久的"九坛八庙"。"九坛"即天坛、地坛、社稷坛、朝日坛、夕月坛、祈谷坛、先农坛、太岁坛和先蚕坛；"八庙"即太庙、奉先殿、寿皇殿、历代帝王庙、孔庙、传心殿、堂子和雍和宫。它们当中除了雍和宫是喇嘛教的寺庙外，其他都是明清王朝的祭祀性建筑，可以归总为"九坛七庙"。

这"九坛七庙"分布在北京的四面八方，具体位置是：

九坛

天坛：位于东城区天坛东里。

地坛：位于东城区安定门外大街。

社稷坛：今中山公园，位于天安门西侧。

朝日坛：亦称日坛，位于朝阳门外日坛北路。

夕月坛：亦称月坛，位于西城区月坛北街。

祈谷坛：天坛公园内，位于天坛内坛北部。

先农坛：现北京古代建筑博物馆，位于西城区东经路。

太岁坛：位于先农坛东北侧。

先蚕坛：今北海公园东北角，位于西城区地安门西大街。

七庙

太庙：今劳动人民文化宫，位于天安门东侧。

奉先殿：紫禁城内东侧，位于今故宫博物院内。

寿皇殿：景山公园北部，位于西城区景山西街。

历代帝王庙：位于西城区阜成门内大街。

孔庙：又称文庙，位于东城区国子监街（成贤街）。

传心殿：位于紫禁城内文华殿东侧。

堂子：初建于长安左门外，金水桥东。《辛丑条约》签订后，东交民巷一带成为使馆区。清廷为了保全面子，被迫将堂子迁至南河沿南口，即今北京贵宾楼饭店处。现已全部拆除，是"九坛七庙"中唯一没有保存下来的。

以上坛庙除了久已不在的堂子，其他"九坛六庙"既有紧傍老北京城东南西北四隅的，也有位于北京城正中心的。其中位于四隅的以坛墠为多，位于城中心的则以庙宇为著。这些坛庙虽然在北京四方星罗棋布，但毫无例外都是古都北京的标志性建筑，也毫无例外都是明清的皇家建筑。当然，作为元明清三朝古都，北京留下的坛庙建筑还有很多，甚至有老北京人数来数去，说应该是"十一坛八庙"或"十七坛八庙"。其实这样一一数下去，古都北京的坛庙显然还不止此数，即便找出个"二十坛十二庙"来也非难事。于是问题来了，北京为什么会有这么多的坛庙呢？

在中国古代，坛庙文化是中华文明的一大特质，很早便已源起。突出一例见于辽宁凌源牛河梁红山文化女神庙，它位于牛河梁主梁顶部，是一座半地穴式神殿，带有前室和侧室。其中供奉了大量泥塑女神像，年代在距今五六千年间[①]，这就是中国最早的坛庙。此外如良渚文化的祭坛遗址，发现于浙江余杭瑶山山顶，是一座方形坛台，这也是专门用来祭祀神祇的，年代在距今5300~4500年间。[②]以上都是中华坛庙文化的早期实例，至于到了秦以后，几乎可以说哪里有华夏古都，哪里就有皇家坛庙，有的还被整体发掘出来。典型之例如唐长安城的祭天遗址，这是一座8米高的四层圆坛，全部由素土夯筑，没有一砖一石，坐落于西安唐长安城南郊，是隋皇、唐皇祭天的圜丘台，它便于1999年被全部揭露出来。[③]

可是，走遍中华大地，还有哪座城市或哪个古都像北京这样，有如此之多的坛庙呢？显然是无处可寻的。据文献记载，明代初年朱元璋定都南京，在都城四周建造了不少坛庙，其中尤以合祭天地的大祀坛为朱元璋所重，几乎每年都要去那里拜祭皇天后土。可是600多年过去后，虽然明明知道这个大祀坛在哪里，如今却连个踪影都没有留下。至于朱元璋建的其他坛庙，那就更是如堕雾里云中了。事到今日，一代帝都的大南京城除了各宗教的寺庙外，只剩了个祭奠孔子的"夫子庙"还算和北京的坛庙文化多少沾了一点边。

受中国坛庙文化的影响，中国民间的祭祀性坛庙也不乏其例，但它们却与北京的"九坛六庙"大不相同。其主要区别是，见于各个城市，只要该城市不是华夏古都，那就无论它的历史有多长，规模有多大，只能建些地方性的孔庙、社坛、土地庙，此外无非再加上各家各户祭祀先祖的宗祠，其他坛庙则一概杳无。

[①] 辽宁省文物考古研究所：《辽宁牛河梁红山文化"女神庙"与积石冢群发掘简报》，《文物》1986年第8期。

[②] 浙江省考古所：《余杭瑶山良渚文化祭坛遗址发掘简报》，《文物》1988年第1期。

[③] 安家瑶：《西安隋唐圜丘的考古发现》，《文物天地》2001年第1期。

那么世界上呢？世界上的情况看似复杂，实则也很简单。其中与北京坛庙文化相关联的只有两种特例：一种是玛雅人祭天祭神的金字塔，这是玛雅人精神崇拜的产物，为玛雅民族所特有；另一种则是越南顺化的历代帝王庙和韩国首尔的宗庙等，它们是中华坛庙文化的衍生物，是受明清王朝坛庙文化的影响而产生的。

而于此之外，在世界其他历史文化名城中，寻常见到的无非是各个宗教的庙宇而已。姑不论东南亚国家清一色的佛教寺庙，也不论法国、意大利、墨西哥等国家一家独大的天主教堂，更不论中东、阿拉伯半岛无所不在的清真寺，即便是宗教信仰多元化的城市，满眼所见也都只是宗教性建筑。突出之例如耶路撒冷，城内既有象征犹太人信仰和团结的"哭墙"，又有基督教各大教派共管的圣墓教堂，还有闻名遐迩的伊斯兰教金顶清真寺，统统是宗教建筑。再如大马士革，古往今来的清真寺不计其数，最多时达到了400余座，著名的有公元705年建造的倭马亚大清真寺等。大马士革城内外的基督教堂也不知凡几，总计不下70余座，著名的有凯桑门和圣保罗大教堂等。再如贝鲁特，也是犹太教、基督教、伊斯兰教的集聚地，其城内既有公元4世纪建造的基督教建筑，也有奥斯曼帝国修建的伊斯兰教建筑。但毫无疑问，这些宗教庙堂与"九坛六庙"的祭祀性建筑完全不同，彼此大相径庭。

这就不能不让人认真思考了——放眼世界，为什么独有北京有这么多祭祀性建筑呢？长期以来，人们对此早已见怪不怪，甚至熟视无睹，除了想当然地把它们一概视为"礼制建筑"外，并不觉得它们还有什么特别之处。可是上面的简单比较已经告诉我们，举世罕见的"九坛六庙"才是古都北京最绝世独立的一大特征，它们当中一定隐藏着什么不为人所知的秘密。

那么，这到底会是什么秘密呢？原来，这和中华民族的传统信仰有关，和华夏文明的精神特质有关。换言之，这"九坛六庙"是中华民族传统信仰的标志性产物，是我们民族信仰在古都建设中的最直观、最物化反映。

民族传统信仰

信仰是一个民族的灵魂，是民族意志的体现，集中代表了这个民族的价值取向。没有信仰的民族，无从建立整个社会的纲纪法度，无法形成统一的意志和行动，甚至连正常的社会秩序也难以维持，民族的凝聚力就更是无从谈起。在中华民族传统信仰这个大问题上，长期以来形成的观点无非有二：一是说中国自古以来从未形成过真正意义的国家宗教，因此也就没有信仰；二是说儒学就是古代中国的唯一信仰。国学大师梁漱溟说："宗教在中国卒于被替代下来之故，大约由于二者：一、安排伦理名分以组织社会；二、设为礼乐揖让以涵养理性。二者合起来，遂无事乎宗教。……在中国代替宗教者，实是周孔之'礼'。"[①]此论一则说中国"无事乎宗教"，二则说周孔之"礼"取代了宗教，恰恰涵盖了上述两义。

纵览全球，世界各大文明古国都有自己的代表性宗教。典型之例如两河流域的古巴比伦宗教、古埃及的太阳神教、古印度的婆罗门教和后来的印度教、古代巴勒斯坦地区的犹太教、古伊朗的琐罗亚斯德教等等，不一而足。中国也是举世公认的文明古国，怎么会没有自己的信仰或宗教呢？其实稍加辨析便不难看出，这种说法是

---

① 梁漱溟:《中国文化要义》，上海学林出版社，1987年版，第108～109页。

根本站不住脚的，因为它与基本的历史事实相背离。

一是从纵向的发展上看，中华文明不但是世界上最古老的四大原生态文明之一，而且是人类历史上唯一一个从未间断的文明，有着西方学者所公认的"举世无双的连续性"①。倘若说这样的民族竟然连可依可持的信仰都没有，岂非咄咄怪事？反过来说，如果一个维系了数千年文明而不衰的民族没有基本信仰，那不等于说民族信仰或民族宗教本来就是可有可无的吗？

二是从横向的联系上看，今天中国的56个民族大都是由古代延续下来的，发展至今已相生相济出一个称为"中华民族"的大家庭。如果没有统一信仰，试问这几十个民族怎么可能在长达数千年的岁月中始终凝聚在一起？纵观整个人类社会，一个民族分裂成若干国家的现象并不鲜见，不可思议的反倒是中国由56个民族汇集成了一个国家，而且世代聚合不散，堪称人类一大奇迹。在数量上，这个大家庭集中了人类的五分之一人口，凝聚力之大更是举世无匹。事既如此，怎么能说这个民族没有自己的信仰体系和价值体系呢？

三是从历史的发展上看，众所周知的是，"曾有许多游牧民族侵入中国，甚至还取某些王朝而代之；但是，不是中国人被迫接受入侵者的语言、习俗或畜牧经济，相反，是入侵者自己总是被迅速、完全地中国化"②。既然所有入主中原的少数民族无一例外地融入了汉文明，那么这个文明难道仅仅是由方块字、四大发明和婚丧习俗构成的吗？难道除了这些形式上的东西之外，汉文明就没有更

---

① [美] L.S. 斯塔夫里阿诺斯：《全球通史——1500年以前的世界》，吴象婴、梁赤民译，上海社会科学院出版社，1999年，第137页。

② 同上注第278页。

深层的精髓吗？一个没有精髓的文明，就如同一个没有骨架的动物，是不可能有这么强大的体量和博大的胸襟的，所以答案无疑是否定的。

至于说儒学是古代中国的唯一信仰，同样碍难成立。其道理很简单，一是儒学最早肇始于孔子（前551～前479年），时代不早于春秋末期。而于此之前，中华文明已经生生不息地传承了两三千年，华夏民族也早已在四方部族的基础上集结而成，怎么可能只待孔子来创造精神依托？二是孔子之学与佛教、伊斯兰教、基督教截然不同的是，它不是由域外传来的，而是在中国本地土生土长的，必有其自身的渊源。孔子自称"述而不作，信而好古"①，说他只是整理和阐发前人学说，没有个人的独创，这就再清楚不过地说明了儒学的根基在先古。此外，孔子以"克己复礼"为己任，复的是先世的道统和礼制，这也说明了他的历史承继性。总之，结论只有一个，即早在孔子之前，中华民族早已有了传承有自、根深蒂固的精神信仰。国学大师钱穆说："我们与其说孔子与儒家思想规定了此下的中国文化，却更不如说：中国古代文化的传统里，自然要产生孔子与儒家思想。"② 斯言诚是。

毋庸讳言，说中华民族没有传统信仰，无非是说古代中国没有举国一致的宗教而已。但事情的本质是，一个民族的信仰并不等于一定要崇信佛教、伊斯兰教或天主教、基督教。换言之，并非只有崇信这几大宗教的民族才有信仰。

那么，中华民族根深蒂固的传统信仰到底是什么呢？揆诸史实，无论是从华夏的正统观念出发，还是从民间的伦理道德考察，

---

① 《论语·述而》。
② 钱穆：《中国文化史导论》，商务印书馆，2023年，第59页。

这就是"天、地、君、亲、师"崇拜体系。

《荀子·礼论》云:"礼有三本:天地者,生之本也;先祖者,类之本也;君师者,治之本也。无天地恶生?无先祖恶出?无君师恶治?三者偏亡,焉无安人。故礼,上事天,下事地,尊先祖而隆君师,是礼之三本也。"荀子是先秦百家的集大成者,这段言论就是对中华民族"天、地、君、亲、师"信仰的经典表述。它告诉人们,天地乃人之所生,先祖乃人之所出,君师乃人之所治,倘若没有天、地、君、亲、师,就没有人类的一切。此文还特别强调,"三者偏亡,焉无安人",即"天、地、君、亲、师"中少了哪一项都是不行的,少了谁都会天下不宁。

及至汉代,大史学家司马迁"厥协六经异传,整齐百家杂语"①,通过系统总结先秦历史与文化,在《史记·礼书》中说:"天地者,生之本也;先祖者,类之本也;君师者,治之本也。无天地恶生?无先祖恶出?无君师恶治?三者偏亡,则无安人。故礼,上事天,下事地,尊先祖而隆君师,是礼之三本也。"此文除了省略掉《荀子·礼论》开头的"礼有三本"几个字外,其他则完全照搬,充分显示了司马迁对荀子理论的高度认可。尤有甚者,在汉儒对先秦思想进行系统阐释与总结的《大戴礼记》中,又几乎一字不差地重复了荀子之论。其在《礼三本》中说:"礼有三本:天地者,性之本也;先祖者,类之本也;君师者,治之本也。无天地焉生?无先祖焉出?无君师焉治?三者偏亡,无安之人。故礼,上事天,下事地,宗事先祖,而宠君师,是礼之三本也。"以上《史记》和《大戴礼记》,都是成文于汉代的经典著作,一个是"史家之绝唱",

---

① 《史记·太史公自序》。

一个是国学之精粹，都对后世产生了极大影响。而它们一再强调，敬畏与崇拜上天、大地、君王、先祖、贤师，不仅是一切礼制的根本，而且也是国之根本。

百姓堂屋里供奉的"天地君亲师"牌位

以上所述，即中华民族的传统信仰。数千年来，这个信仰在神州大地上世代相传，深入人心。一个最普通不过的事实是，直到上个世纪前半叶，甚至直到"文革"大破四旧前，不少地方的家族祠堂及堂屋里还供奉着"天、地、君、亲、师"牌位，默默诉说着这个信仰的源远流长和影响至远。

诸多事实证明，这个信仰是东方文明的核心，中华文明大厦就是以它为基干支撑起来的。

首先，正是由于"天、地、君、亲、师"信仰，东方民族才形成了极具自身特点的伦理道德和行为规范，如敬天厚地、父慈子孝、君仁臣忠、师道尊严等，进而构建起"上下有义，贵贱有分，长幼有等，贫富有度"[1]的社会秩序。

---

[1]《管子·五辅》。

其次，这种信仰还渗透到政治生活中，成为治国之宏谟、为政之纲领。《礼记·礼运》论证为君之道时说："天生时而地生财，人其父生而师教之，四者君以正用之。"东汉章帝钦定的《白虎通·礼乐》也说："夫礼者，阴阳之际也，百事之会也，所以尊天地，傧鬼神，序上下，正人道也。"以上文献阐述了君与天、地、亲、师的关系，强调为君之道就是要敬天地尊亲师，唯其如此才能天人相济、政通人和，为人君者也才能"立于无过之地也"[①]。

再次，正是这种信仰的流传有自，孕育出了以"敬天法祖"为核心的中华礼制文明。前引《荀子》之文着重指出，礼制之本就是"上事天，下事地，尊先祖而隆君师"，其义已不言自明。《史记·礼书》称"上事天，下事地，尊先祖而隆君师，是礼之三本也"；《大戴礼记·礼三本》说"上事天，下事地，宗事先祖，而宠君师，是礼之三本也"，也都说明了同样的道理。换言之，正是因为有了"天、地、君、亲、师"崇拜体系，才派生出"敬天法祖"的礼制文明。

总之，伴随文明的演进，"天、地、君、亲、师"信仰逐步融汇到中华民族的思想意识、道德规范、社会秩序、政

乡间祠堂里供奉的"天地君亲师"神位

[①]《礼记·礼运》。

治制度、礼制文明中，构建出一个完整的中华古文明体系。

于史可稽，"天、地、君、亲、师"这五大崇拜偶像，涵盖了华夏先民宇宙观的不同方面，各有其独立的起源道路。比较之下，对天神、地祇、祖先的崇拜形成得最早，肇始于远古时代；君主崇拜次之，但不迟于文明初兴之时已经形成；对师的崇拜是成熟时间相对较晚的一个，但再晚也晚不过周公制礼之时。见于《尚书》《曾子》《荀子》《吕氏春秋》《礼记》等古代典籍，对师道的推崇比比皆是，便充分说明了先秦时期的师道大倡。总之，完整体系的"天、地、君、亲、师"信仰，不迟于西周时期便已成形。

皇家坛庙

我们之所以说"天、地、君、亲、师"是中华民族的传统信仰，最充分的理由是，这个信仰不仅镌刻在中华典籍里，还巍然矗立在京华大地上。

综观一切"政教合一"国家，其城市建设无不打上鲜明的宗教烙印。而由于"天、地、君、亲、师"信仰的存在，古代中国的城市建设也具有了鲜明的特点，尤以都城为著。它的表现就是，随着"天、地、君、亲、师"信仰的兴起，随着"国之大事，在祀与戎"[①]传统的形成，历朝历代都在都城建起了国家级的"天、地、君、亲、师"祭祀场所。它们之所以集中在都城，是因为这都是国家级信仰，各类祭祀活动都是由中央政府直接控制的，甚至由天子所垄断。因此，这些祭祀场所也就只能见于都城了，而且势必出自皇家。

---

① 《左传·成公十三年》。

见诸史乘，在都城建坛立庙的做法早已有之，甚至在虞舜、夏禹时便已初现端倪。《礼记·祭法》云："天下有王，分地建国，置都立邑，设庙祧坛墠而祭之。"《墨子·明鬼》载："昔者虞夏商周，三代之圣王，其始建国营都，曰必择国之正坛，置以为宗庙。"以上说的就是都邑的坛庙建设，一直追溯到了"虞夏商周"之时。考古学提供的例证也不晚于此时，典型之例见于河南偃师二里头夏代都城遗址，其中有一组建筑基址便和"天、地、人"的祭祀场所有关[①]。夏商周三代以后，随着"天、地、君、亲、师"信仰体系的不断成熟，都城内的皇家祭祀场所逐步规范化，建造此类建筑便成了古代都城建设的重大政治工程和文化工程。

作为辽金和元明清的都城，北京城的殿宇楼台甚多，坛庙亦多，这是毫无疑问的。但在鳞次栉比的皇家建筑中，体现"天、地、君、亲、师"崇拜与信仰的建筑却个个秀出班行，是其中的最出类拔萃者。仅就前述"九坛八庙"而言，除了喇嘛教的雍和宫和已经消失的堂子外，其他绝大多数便是祭祀"天、地、君、亲、师"的礼制建筑。按照它们各自的功能分类，这些建筑是：

祭祀上天诸神：天坛、日坛、月坛（附祈谷坛）；

祭祀地祇和江山社稷：地坛、社稷坛；

祭祀天地诸神：山川坛（附先农坛）；

祭祀当朝君主列祖列宗：太庙（附奉先殿、寿皇殿）；

祭祀历代有道明君和功臣名将：历代帝王庙；

祭祀孔子：孔庙、文华殿。

上述建筑无一不是举行国家祭祀大典的地方，也无一不是最高

---

① 参考拙作《人类文明的圣殿：北京》（修订版）第444页。

规格的皇家建筑。它们都是纯礼制性场所，不具有实用功能。但惟其如此，它们才有了极大的象征意义，成为中华民族传统信仰、礼制文明的鲜明标志。在北京的皇家顶级建筑中，唯一的例外是紫禁城。它作为封建王朝的大内皇宫，具有极强的"君"崇拜及国家崇拜的象征意义，但又有明显的实用性。

上述建筑全面涵盖了"天、地、君、亲、师"信仰的方方面面。正是它们的存在，无可置疑地证实了中华民族传统信仰的源远流长和影响至远。

● 祭天：天坛、日坛、月坛（附祈谷坛）

古云："惟天为大，合其德者弗违。"[①] 天神是古人心目中世间万物的主宰，是至高无上的主格神，人们对它的敬畏与崇拜无以复加。这一则表现在"法天"上，即要不折不扣地循天道行事；二则表现在"事天"上，即要以最虔诚的心态和最丰厚的祭品来侍奉天神。

《诗经·大雅·大明》曰："维此文王，小心翼翼，昭事上帝。"这首诗说，周文王、武王为了求得皇天庇佑，小心翼翼地服侍上帝，不敢稍有怠慢。《荀子·礼论》曰："上事天，下事地，尊先祖而隆君、师。"此文说的也是对天神的侍奉。而古人事天的最直接途径，便是对天神的祭奠。

在古代各类祭祀活动中，祭天仪式是规格最高的，堪称国家第一重典。要言之，其特点大致有七：

一是"天秉阳"[②]，即上天主阳，而城南为阳，故祭天仪式都在

[①]《旧唐书·北狄传》引唐太宗诏书。
[②]《礼记·礼运》。

城邑的南郊举行，称为"郊祀"。《礼记·郊特牲》云："郊之祭也，迎长日之至也……兆于南郊，就阳位也。"以上说的就是"就阳位"的祭天活动。

二是商末周初时形成了"天圆地方"的概念，即以天为圆、地为方，故此祭天的坛台皆为圆形的台丘状，称圜丘坛，以此象天。

三是祭天的圜丘坛一定要做成"以达天地之气"的露天状，否则后果很严重，甚至会因"不受天阳"而致"丧国"。事如《礼记·郊特牲》所言："天子大社，必受霜露风雨，以达天地之气也。是故丧国之社屋之，不受天阳也。"

四是祭天的主要形式为积干柴于坛台上，将供奉的牲体、玉帛以火燔之，称燔祭或燎祭。根据古人的想象，天神在上，故而当坛台的袅袅青烟扶摇直上时，贡品与祝辞便可直达苍穹，通于天神。《周礼·大宗伯》云："以禋祀祀昊天上帝，以实柴祀日月星辰。"《礼记·祭法》云："燔柴于泰坛，祭天也。"以上所言就是祭天的燔祭或燎祭。

五是根据周礼，每年定时于孟春、夏至、秋分、冬至四个时节郊祀上帝。其中最隆重的是冬至日的郊祭，因为在古人看来，"阴阳之别于日冬、夏至"，即冬至一过阳气便开始上升，此时祭天"则天神皆降"[1]。于是便如《周礼·春官·大司乐》所云："冬日至，（祭天）于地上之圜丘。"

在规定的节令之外，每逢大事也要随时祭祷天神，其中最不能免的就是帝王登基时的祭天大典。因为只有通过这个隆重的仪式，才能证明帝王受命于天，正式加冕为天子。

---

[1]《汉书·郊祀志下》。

六是祭祀天帝既是天子的特权，也是天子的责任。《汉书·郊祀志下》云："帝王之事莫大乎承天之序，承天之序莫重于郊祀，故圣王尽心极虑以建其制。"此文说承天之祐的帝王必须对天神感恩报德，"尽心极虑"地把祭天场所建设好，并躬行祭天大典。

七是祭天的规模很大，礼仪极为隆重。《汉书·礼乐志》记述汉武帝祭天的场景说："正月上辛用事甘泉圜丘，使童男女七十人俱歌，昏祠至明。"仅祭天时唱颂歌这一项，就要由童男女七十人彻夜唱到天明，场面之隆重足见一斑。

据史乘所载，每逢祭天大典，天子都要身穿大裘，内着衮服，头戴旒冕，亲率百官至郊外圜丘，西向恭立于圜丘东南侧。仪式开始，急管繁弦，鼓乐齐鸣，"合八音之调，作十九章之歌"[①]，以此报知天帝降临享祭。而后天子牵着献给昊天上帝的牺牲到祭案前亲自宰杀，再把牺牲、玉圭、玉璧、缯帛等祭品放在柴堆上，由天子点燃。再后一个仪式就是迎"尸"，这个"尸"是天帝的代表，由活人扮演，替天帝接受祭享。"尸"就位后，天子次第献牲血、玄酒、全牲、肉汁、菜汤、黍稷等。献祭后天子遥拜上天，"百官侍祠者数百人皆肃然动心焉"。以上是周代古制，此后成为祭天的基本模式，最大的改变就是用神主牌位代替了活人扮演的"尸"，天子的宰牲也成了纯粹的表演。

金朝在燕京正式建都后，就在金中都建造了首座皇家郊坛。女真族金人早有拜天之俗，但形式相当古朴。《金史·太祖本纪》云："五月五日、七月十五日、九月九日拜天射柳，岁以为常。"这里说的"拜天射柳"，就是金人入关前的祭天仪式，无非是拜拜天、射

---

① 《汉书·礼乐志》。

射柳。但在建都燕京后，金人很快一扫旧俗，按照中原礼制建立起正规的祭天制度。

《金史·礼志一》载金世宗对宰臣说："本国拜天之礼甚重，今汝等言依古制筑坛，亦宜。我国家绌辽、宋主，据天下之正，郊祀之礼岂可不行？"此言明确了金廷对郊祀祭天的重视，并确立了按中原"郊祀之礼"筑坛祭天的原则。于是，在金中都正南丰宜门外，很快筑起了一座祭天的坛墠，其故址就在今丰台区。

金中都的南郊坛早已被黄沙掩埋，但它既然是按中原规制建造的，想必和中原帝都的圜丘别无二致。事有凑巧，在陕西西安唐长安城南郊，至今仍保留着隋皇、唐皇祭天的圜丘台，已由考古发掘出土。此圜丘为四层圆坛，台壁和台面均用黄泥抹平，所有外露部分皆涂有白灰面。圆坛最下层直径约54米，顶层直径约20米，总高8米。每层圆坛都设有十二道台阶，均匀分布在圆坛四周，分别朝向12个方向，以此象征天宇十二辰。《金史·礼志一》载："南郊坛，在丰宜门外，当阙之巳地。圆坛三成，成十二陛，各按辰位。壝墙三匝，四面各三门。斋宫东北，厨库在南。坛、壝皆以赤土圬之。"以上所述即金中都的南郊坛，其"成十二陛，各按辰位"，"坛、壝皆以赤土圬之"云云，确与隋皇、唐皇的圜丘如出一辙，说明金中都的圜丘坛就是仿照隋唐长安城圜丘坛建造的。

蒙元统治者君临中原后，初时仍沿袭过往旧俗，由皇帝祭天神于漠北日月山，其仪式也无非是供奉牺牲及泼洒马奶子酒。此后，成宗大德九年（1305年）参酌汉制，在元大都城"丽正、文明门之南丙位"[1]修筑了一座合祀天地的郊坛。丽正门是元大都南垣的中

---

[1]《元史·成宗本纪四》。

门，文明门是元大都南垣的东门，丙位即东南位，故知元的郊坛在大都城南郊偏东。

今北京城南部的天坛，是明清两朝举行祭天大典的地方，位于明外城永定门内东北方。它始建于明成祖朱棣决定迁都北京的永乐四年（1406年），竣工于永乐十八年（1420年），历时一十四载。开始时明廷在此合祭皇天后土，称天地坛。明世宗嘉靖九年（1530年）决定分祀天地，遂将此处改为专事祭天的场所，称天坛。清乾隆年间对天坛做了整体翻修，提高了主体建筑的规格，还按照《周易》《礼经》的记述营造出更加浓郁的天人感应氛围。由明初到清末，共有22位皇帝在此举行过654次祭天大典，超过每年一次。

这座天坛总共占地273公顷，是中国历史上最大的祭天场所，也是世界上最大的坛庙建筑，规模几近紫禁城的四倍。其坛址分内外两重，有两层围墙，均作南部方、北部圆的形制，寓意天圆地方。坛内建筑布局严谨、结构奇巧、装饰瑰丽，充分显示了帝王对祭天场所的"尽心极虑以建其制"。其主体建筑有圜丘坛、皇穹宇、祈年殿等，从南到北依次排列在内坛的南北轴线上。

圜丘坛位于天坛内坛的南部，坐北朝南，是皇帝祭天的地方，亦称祭天台。此台是明嘉靖九年（1530年）重建的，扩建于清乾隆年间，周长534米，高5.2米，分上、中、下三层。《周易·系辞下》云："阳卦奇，阴卦偶。"古人以奇数为阳、偶数为阴，而天属阳，九为阳数之极，故此圜丘坛的坛面直径、各层台阶、四周望柱以及每圈石块的数目等，均为九或九的倍数，以此表示上天的至阳至尊。

尤为玄妙的是，为了体现"天人感应"的效果，古人殚思竭虑，利用声波反射传播原理，把圜丘坛建成了享誉中外的回声建

筑。每当举行祭天大典，皇帝伫立于圜丘坛正中心的天心石，抬头仰问上苍，就会有回声从四面八方传来，如同天、地、人之间交相感应出"天闻若雷"的回响，足

天坛圜丘天心石

以摄人魂魄。此中的玄妙是，圜丘的坛面相当光滑，声波得以快速向四面传播，碰到周围的石栏后又反射回来，与原声汇合，遂使音量顿时加倍，于是便有了这般奇效。

皇穹宇位于圜丘坛外壝北侧，是供奉天帝神位的场所。皇穹宇大殿直径 15.6 米，高 19.02 米，由八根金柱和八根檐柱共同支撑，三层天花藻井层层收进，构造十分精巧。巨大的殿顶为鎏金宝顶单檐攒尖顶式，用蓝色琉璃瓦铺设，象征朗朗乾坤。殿正中有汉白玉雕花的圆形石座，供奉着"皇天上帝"牌位，左右配享当朝先皇的神牌。正殿东西各有配殿，分别供奉日月星辰和云雨雷电诸神牌位。

皇穹宇也建造了不止一处回音设施，其一是皇穹宇大殿外长长的回音壁，其二是大殿前的三音石。回音壁是一道环绕在皇穹宇正殿和配殿前的圆形围墙，墙高 3.72 米，厚 0.9 米，直径 61.5 米，通长 193.2 米。因为围墙的墙体坚硬光滑，是声波的良好反射体，又因为其圆周曲率十分精准，声波可沿墙的内面连续反弹，故而只要有人站在墙壁的一端发出私语，声波就会沿着墙面连续折射前进，传到近二百米外的另一端。回音石位于皇穹宇台阶下，是三块石板，站在不同的石板上击掌，就会听到不同的回声效果。

祈年殿位于天坛南北纵轴线的北端，原称大祀殿，始建于明永乐十八年（1420年），明嘉靖皇帝重建后改称大享殿，清朝改为祈年殿。这是祈谷坛的主要建筑，皇帝每逢年初都要在这里祷祝苍天风调雨顺，赐予丰年，因而坛称祈谷坛，殿称祈年殿。

祈年殿是一座雄伟壮丽的圆形大殿，高38米许，直径32米许，伫立在汉白玉叠砌的平台上。整个平台分三层，逐层收缩，每层都有雕花的白玉栏杆，远望如镶嵌在台基上的美丽花环。大殿的屋顶做镏金宝顶三层檐攒尖式，明代的三层檐从上到下分别采用蓝、黄、绿琉璃瓦，以蓝色象征昊天，以黄色象征帝王，以绿色象征黎民。清乾隆重修时将三层檐全部改覆蓝琉璃瓦，以此象征碧蓝天宇。整座殿为砖木结构，没有大梁长檩，全靠28根木柱和36根枋桷支撑。大殿内层有4根擎天大柱，中层有12根大柱，分别代表一年四季和12个月。大殿外层也有12根大柱，代表一天的12个时辰。

天坛祈年殿

总之，无论是圜丘坛、皇穹宇还是祈年殿，天坛的建筑无不辉映着大自然的节律，无不体现着"象天法地"和"天人合一"的玄妙意趣。恰如世界遗产委员会评价天坛时所言："无论在整体布局还是单一建筑上，天坛都反映出天地之间的关系，而这一关系在中国古代宇宙观中占据着核心位置。"

古代的天体崇拜除了笼而统之的"天"以外，还有特指的日和月，尤以万神之主的日神为尊。于是，京城内除了天坛外，还有专门祭祀日、月的日坛和月坛。

日坛原称朝日坛，又称大明坛，是春分时节旭日东升时皇帝恭祭大明神（太阳）的地方。其主体建筑为祭台，又称拜神台，坐东朝西。祭祀时皇帝迎旭日而入，登台向东方行礼。月坛原称夕月坛，又名夜明坛，是秋分时节即将入夜时皇帝恭祭夜明神（月亮）的地方。其主体建筑亦为祭台，坐西朝东。祭祀时皇帝迎皓月而入，登台向西方行礼。

北京的日坛、月坛始建于金朝，当时各按阴阳之位建在了中都城的东西两侧。居东的是朝日坛，地处中都城东部的施仁门外东南；居西的是夕月坛，地处中都城西部的彰义门外西北。[①]

元大都未建日坛、月坛，明嘉靖九年（1530年）重新起建，各称朝日坛和夕月坛。这两坛至清朝沿用不废，由此保存下来。

明清的日坛（朝日坛）在北京朝阳门外东北部，祭台呈正方形，周长64米，用汉白玉石砌成。为了表示大明神的至阳至尊，祭台四面均采用了阳数之极的九级台阶。祭坛坛面开始铺的是红琉璃砖，清朝前期改为青色方砖墁地，以象征青天昊日。光绪中期为表

[①]《金史·礼志一》。

灿灿红日，重新恢复了红琉璃坛面。

明清的月坛（夕月坛）位于北京阜成门外月坛北街，祭台亦作正方形，用白石砌成，大小规格均较朝日坛略逊一筹，周长仅56米。为表月夜之阴，祭台四周各以偶数作六级台阶，坛面用白琉璃瓦铺砌，以象征皎皎明月。

● 祭地：地坛、社稷坛

对地神的祭祀也是国家典仪中十分重要的一项，其特点亦大致有七：

一是"地秉阴"①，即大地属阴，而城北为阴，故祭地仪式都在城邑北郊举行，又称祀北郊。事如《汉书·郊祀志下》所云："瘗地于北郊，即阴之象也。"

二是出于天圆地方的认知，祭地的方式是在城北郊的地面上修筑一座方形坛台，称方丘或方泽坛。

三是其坛墠也和祭天的圜丘坛一样，要做成"以达天地之气"的露天状。

四是祭地的形式主要有两种，一种是《礼记·祭法》所说的"瘗埋于泰折，祭地也"，一种是《周礼·大宗伯》所说的"以血祭祭社稷、五祀五岳"。所谓"瘗埋"，就是将祭品埋于地下，以示对地神的报答。而"血祭"，则是将血滴于地下，以血祭地。古人认为"气为阳，血为阴，故以烟气上升而祀天，以牲血下降而祭地，阴阳各从其类也"②。即在古人看来，鲜血下渗可将所祭之物和祈祝的心愿传递于深居地宫的地神，故祭地时特以"血祭"为重。

①《礼记·礼运》。
②（清）金鹗：《求古录·燔柴瘗埋考》。

五是祭地的时节也有定规，"夏（朝）以五月，商（朝）以六月，周（朝）以夏至"①。西周以后，历朝历代皆沿袭周制，固定在夏至之日祭地。

六是地祇的主祭权意味着江山的主宰权，因此更是天子当仁不让的特权，这由"天子祭天地，诸侯祭社稷"②之语已足见一斑。

七是祭地时旌旗蔽日，载歌载舞，祭以太牢，场面之大丝毫不亚于祭天。

金中都在海陵王后"始有南北郊之制"，开始祭地于北郊。据《金史·礼志一》载："北郊方丘，在通玄门外。"通玄门是金中都的正北门，其外的方丘正合北郊之制。金人遵循周制，于每岁"夏至日祭皇地祇于方丘"，礼仪颇为隆重。

元朝虽然承袭了祭天祭地的中华典仪，却合祀天地于元大都南郊坛。据《元史·祭祀志一》的记载，元廷合祀天地的场所在"国阳丽正门东南七里"，但其坛内仍分设了昊天上帝、皇地祇两座坛墠，以使天、地各有所祀。

明朝初年曾分祀天、地，后来明太祖朱元璋突发奇想，认为《孝经》既然说天地是帝王之父母，父母焉能分居？是故于洪武十二年（1379年）"始合礼天地于南郊"③，开始合祭天地于南京城南郊。明成祖朱棣迁都北京时尊奉太祖之制，依旧合祀皇天后土于北京南郊的天地坛。此后为了合乎古制，明世宗嘉靖九年（1530年）订立四郊分祀制度，于是在城南的天坛之外，又在城北新建了一座地坛。

---

①《元史·祭祀志一》。
②《礼记·礼运》。
③《明史·太祖本纪二》。

地坛

明的地坛初称方泽坛，嘉靖十三年（1534年）改称地坛。坛址位于今安定门外东侧，面积37.3公顷，是天坛的七分之一。全坛设有两重墙垣，将整个坛址分为内外两部分。外垣周遭环绕水渠一道，称"方泽"，以此象征水泽环绕大地。地坛的中心建筑即方泽坛，是皇帝祭拜皇地祇的地方，俗称拜台。方泽坛周围还建有皇祇室、斋宫、神库、神厨、宰牲亭及钟鼓楼等。

方泽坛为汉白玉砌成的正方形露天坛台，坐南朝北，方向恰与天坛圜丘相反。坛台做上下两层，坛面均用黄琉璃砖铺砌，青白石包砌。古人认为偶数为阴，而地属阴，故方泽坛举凡层数、台阶数、每层的石板数乃至台阶尺寸、石板尺寸、水渠的长宽深等，均为二的倍数。

在地坛坛台的下层，东、西两方各有两个雕刻精美的石座，称东一坛、东二坛及西一坛、西二坛。这是分别祭祀五岳、五镇、四海、四渎的地方，中华大地的名山大川都在这里得到了祭祀。

清朝也在明的地坛祭祀皇地祇，雍正、乾隆年间曾全面翻修，把皇祇室和地坛祇墙覆盖的绿琉璃瓦全部改为黄琉璃瓦，把坛面的黄琉璃瓦改为墁石，还增设了望灯、牌坊等附属建筑。从公元1531年到公元1911年的近四百年间，明清两朝共有15位皇帝在此拜祭地神。

地神最初只是一个自然神，人们崇拜的是它的自然属性。但随着社会的发展，"大地"崇拜逐渐延伸为具有社会意义的"社"崇拜。

"社"的本义即土地神。班固《白虎通·社稷》云："社者，土地之神也。"许慎《说文·释社》云："社，地主也，从示土。"以上都明言"社"的初义即土地。后来随着社会的不断发展，"社"的初义逐渐衍变，先是引申为祭土神的活动，后引申为祭土神的场所，再后引申为一方土地神，更后引申为"方六里名之曰社"[①]的地缘概念，最后由地缘概念引申为"王者封五色土为社，建诸侯"[②]的国之疆土。其间的变化虽然层出不穷，但趋势却是一个，即"社"逐渐由自然神演变为国家和地方神的象征，进而升华为国家和地方的保护神。

最玄妙的变化是，当"社"有了领土的含义后，便和代表五谷神的"稷"字相联，成了"国家"的代名词。《孟子·尽心下》云："民为贵，社稷次之，君为轻。"《礼记·曲礼下》云："国君死社稷。"《礼记·檀弓下》云："能执干戈以卫社稷。"以上的"社稷"即指国家。其中的道理很简单，盖因中国古代是农业大国，土和谷乃国之根本，于是二者相联便特指国家了。

因为寓意国家，所以祭社稷就成了国之重典。《周礼·大祝》

[①]《管子·乘马·士农工商》。
[②]《尚书·禹贡》汉孔安国传。

载，举凡国有大事，如建邦立国、分封诸侯、重要盟会、军归献捷、帝王亲征或巡游四海等，都要祭告于社。《尔雅·释天》云："起大事，动大众，必先有事乎社而后出，谓之宜。"这里也说国有大事必须先祭告于社，否则便会诸事不利。

虽然社稷代指国家，但其所祭者无非一是土，二是谷，配享者也是土神和稷神。祭社稷的程序也和祭地大致相同，尤其重在"血祭"。事如《管子·揆度》云："不能治田土者杀其身以衅其社。"可见祭社稷时不单用牲血，甚至要用人血，而被当作人牲的，则是貌似"不能治田土"的奴隶。

皇家的社稷坛又称大社、太社、大稷、太稷，以此区别其他社坛。如同圜丘坛、方泽坛一样，皇家社稷坛亦作露天状，最大特点是其坛台一定要用五色土填充，以此代表全国的疆土。中国自古以来就有用不同颜色的土壤来代表各方的传统，一般是东青、南赤、西白、北黑、中黄。而为了表示五方之土统归天子，表示"溥天之下莫非王土"，皇家社稷坛就必须按这五色土来铺垫。事如《白虎通·社稷之坛》所云："天子有大社焉，东方青色，南方赤色，西方白色，北方黑色，上冒以黄土。"

社坛还有一个特征，就是要在土中栽植一树，树种不限，可随意采用当地的宜植之木。宋以后，此树多以石柱代之，例如金朝在中都的社坛就是"其主用白石，下广二尺，剡其上，形如钟，埋其半"[①]。

祭谷的稷坛则更为简单，一般是用黄土覆盖在露天的祭坛上，以此表示滋养谷神，祈求五谷丰登。

---

①《金史·礼志七·社稷》。

自从有了社稷之祭，每逢新的王朝降生，就一定要创建代表本朝的社稷坛，以示江山有主。不仅中原王朝如此，接受了汉文明的少数民族政权亦如此。例如金朝，早在迁都燕京之前就在上京会宁府建造了社稷坛，地在今黑龙江省哈尔滨市阿城区白城子。迁都燕京后金廷又建造了一座新的社稷坛，建于金世宗大定七年（1167年），地在中都城的东郊。建造这座社稷坛时适逢金朝盛世，当时中都城内"群臣守职，上下相安，家给人足，仓廪有余"[1]，社稷坛的建造不啻为金朝的盛世又增添了一道风景。

元大都的社稷坛建于元世祖至元二十九年（1292年），位在和义门内。和义门是元大都的西城门，社稷坛的位置就在此门偏南，位处皇城右侧，恰合《周礼·考工记》所说的"左祖右社"之制。元祭坛的四周有两重砖垣，内置社、稷各一坛，东、西分立。其坛墠"方五丈，高五尺，白石为主，饰以五方色土，坛南植松一株"[2]，凡此都遵循了中原古制。

明清两朝的社稷坛迁到了承天门（今天安门）西侧，占地约24公顷，始建于明永乐十八年（1420年）。其形制与元大都社稷坛相仿，不同之处唯在于其合社稷两坛为一坛。清朝入京后相沿不改，于乾隆二十一年（1756年）增补重修。

明清社稷坛即今之中山公园。其主要结构是作内外两道围墙，主要建筑集中在内墙内，中心建筑即祭坛。此祭坛位于内墙中心偏北，四周壝墙分别铺以青、赤、白、黑四色琉璃瓦，各按东青、南赤、西白、北黑的方位排列，每墙正中皆有一座汉白玉石门。坛台呈方形，有汉白玉垒砌的二层台基。坛上按不同方位铺垫了五色

---

[1]《金史·世宗本纪下》赞语。
[2]《元史·世祖本纪十四》。

社稷坛

土，中央立有一个两尺见方的土龛，内埋象征土地神和五谷神的方形石柱，名为"社主石"，又称"江山石"。皇帝主持的祀典于每年春、秋两季举行，仲春致祭旨在祈求五谷丰登，仲秋致祭意在报答社稷神的庇佑。每次祭祀前都要更换坛台上的五色土，新土由各地专程奉送，以示江山一统。

● 合祭天地：山川坛（附先农坛）

浩渺天宇除了日月星辰外还有风云雷电，苍莽大地除了旷野平畴外还有河流山川，这都是古人心目中的神祇。特别是高耸入云的山峰，传说是神仙居住的地方，又是通往天国的阶梯，更令古人"高山仰止"。于是，在古代北京，就有了一座合祀山峦河流及风云雷电的皇家坛墠，此即山川坛。

山川坛始建于明成祖永乐十八年（1420年），当时明王朝尚合祭天地于一处，没有单独的地坛，山川坛的兴建正好弥补了这个缺环。该坛位于城南郊，在今永定门内大街路西，与东面的天坛隔街相望。其围墙亦作北圆南方，寓意天圆地方。坛中主祭的神祇包括五岳、四镇、四海、四渎、京畿山川、都城隍、钟山之神、天寿山之神以及风云雷雨、太岁、四季月将等，可谓众神的会所。但其主要祭享的仍是天神、地祇，故而明嘉靖十一年（1532年）将山川坛分为天神、地祇两大部分，更名为"天神地祇坛"。为了使诸神各安其位，其中坛址、神龛甚多，仅正殿就有七坛，两庑又有六坛。

对于农业大国来说，祷祝天地的最直接目的莫过于祈求丰年，而和农作物的丰歉最息息相关的，则莫过于山川坛内奉祀的风云雨雪和河流山川了。因此，山川坛内祭奠的还有一个神祇，这就是农神。中国自古就把传说中最先教民耕作的人奉为农神，其突出代表一是炎帝神农氏，二是周之先祖后稷。《逸周书·尝麦》云："神农之时，天雨粟，神农耕而种之，作陶、冶斧斤，破木为耜、钮、耨，以垦草莽，然后五谷兴，以助果蓏藏实。"这是关于炎帝神农氏为先农的记载。《史记·周本纪》云："周后稷，名弃……好耕农，相地之宜，宜谷者稼穑焉，民皆法则之。帝尧闻之，举弃为农师，天下得其利，有功。"这又是关于周人始祖后稷为先农的记载。综合此类记载可知，祭祀先农的习俗很早便已产生，至少不迟于商周时期便已流行。

对封建帝王来说，风调雨顺、五谷丰登才能国祚永昌，因此祭先农也是皇家的一件大事。饶有兴味的是，皇家祭祀先农时还要做一个表面文章，即天子要亲执农具躬耕于田。《礼记·月令》载："天子亲载耒耜……帅三公九卿诸侯大夫，躬耕帝藉。"按《礼记》的这个说法，皇帝亲耕的传统似乎可溯之于上古，但实际上真正将此举制度化了的是西汉初年的汉文帝。《史记·孝文本纪》载，西汉文帝前元二年（前178年）诏曰："农，天下之本，其开籍田，朕亲率耕，以给宗庙粢盛。"以上说的就是汉文帝的亲耕"籍田"。所谓"籍田"，即帝王亲耕之田，也称"帝藉"，它的收成专供皇家宗庙献祭之用，"以给宗庙粢盛"。

天子亲耕虽然只是一个仪式，但在表明"劝率天下，使务农"方面不无垂范之意。自汉文帝正式下诏"开籍田"起，汉景帝诏令"朕亲耕，后亲桑，以奉宗庙粢盛、祭服，为天下先"[1]，汉武帝亦"亲耕籍田以为农先"[2]，西汉诸帝纷纷起而效仿。自此而后，"至汉以耤田之日祀先农，而其礼始著，由晋至唐、宋相沿不废"[3]，这成了世代相沿的传统，成了皇家恪守的典仪，直至清朝覆亡。

元朝曾在大都城内建造了一处祭祀先农的先农坛。《元史·世祖本纪四》载：世祖至元九年（1272年）"始祭先农如祭社之仪"。《元史·世祖本纪六》载："祀先农东郊。"以上说的就是元大都的皇家先农坛，位于大都城的东郊。

明成祖兴建北京城时也建造了先农坛。《明史·礼制三》载："永乐中，建（先农）坛京师，如南京制，在太岁坛西南。"这段记载说明，明北京的先农坛建造于明成祖永乐中期，位置在太岁坛西南。太岁坛是明成祖兴建的山川坛的一部分，当时为了"如南京制"，特将先农坛与太岁坛（山川坛）合并在了一起。

明先农坛的台基呈方形，四面各八级台阶，坛北有正殿，面阔五间，内供"先农神"牌位。明嘉靖帝修建了地坛后，万历皇帝将山川坛更名为先农坛，专门祭祀先农。对于"天子亲载耒耜"之事，明朝的皇帝不如汉朝皇帝勤勉，只在登基时躬耕籍田装装样

---

[1]《汉书·景帝纪》。
[2]《汉书·董仲舒传》。
[3]《明史·礼志三》。

先农坛观耕台

子，其他年份则由顺天府尹代祭。可是到了清朝，来自塞外的爱新觉罗氏却格外重视先农的祭祀，每逢仲春时节皇帝都要脱下朝服换上亲耕服，在为皇家准备的一亩三分地上亲耕。其过程是先由皇帝亲自扶犁耕田，三推三返后皇帝登上观耕台，观看王公大臣和耆老农夫完成这片土地的耕种。据统计，在清朝入关后的 267 年中，清帝至先农坛行耕耤礼的记录就多达 248 次[①]，几乎每年一次。其典礼是如此的隆重，其影响又是如此的深远，以至远在西方的法王路易十五听说后，也在 1756 年（乾隆二十一年）仿照中国皇帝举行了一次耕田典礼。

- 祭君：历代帝王庙

早在文明初兴之时，中华民族就形成了许多传说，颂扬那些曾经带领民族奋勇崛起和追求真理的领袖人物。在中华民族的心中，他们都是至尊至圣的神，而且是永生不灭的神。在古希腊、罗马的神话世界中，有很多人格化的神，如主宰万物的宙斯、播撒火种的

[①] 凌琳：《先农神坛与祭先农》，刊《燕都说故》，北京燕山出版社，1996 年，第 129 页。

普罗米修斯、太阳神阿波罗、月亮女神狄安娜、智慧女神雅典娜、爱神阿芙洛狄忒等。这些西方古神都有人的外形、人的性格、人的七情六欲，但他们却无一例外都是天神，与凡间的人和事无关。而与此截然不同的是，中华民族崇尚的则是神格化的历史人物，是确有其人的"人神"。《大戴礼记·盛德》说："民善其德，必称其人，故今之人称五帝三王者，依然若犹存者，其法诚德，其德诚厚。"此文明确指出，正是由于五帝三王"其法诚德，其德诚厚"，故而"民善其德，必称其人"，以至他们"依然若犹存"，永远活在民族的记忆中。中华民族是个深怀感恩之心的民族，正是这种崇德报功情怀，铸就了华夏子民对先圣王的追思和崇敬，也铸就了中华民族崇祀古昔帝王的历史传统。

观诸先秦时期，这种崇祀主要分为以下几种形式：

一是在各部族的宗庙之祭时对先古帝王加以崇祀。如《国语·鲁语上》云："有虞氏禘黄帝而祖颛顼，郊尧而宗舜；夏后氏禘黄帝而祖颛顼，郊鲧而宗禹；商人禘舜而祖契，郊冥而宗汤；周人禘喾而郊稷，祖文王而宗武王。"以上即把先古帝王的崇祀分散在有虞氏、夏后氏、商人及周人的宗庙之祭中，而且所祭帝王因族系的不同而各有差异。

二是在祭天帝时以太昊、炎帝、黄帝、少昊、颛顼等先皇先君配祭。如《周礼·春官·小宗伯》云："兆五帝于四郊。"郑玄注："五帝，苍曰灵威仰，太昊食焉；赤曰赤熛怒，炎帝食焉；黄曰含枢纽，黄帝食焉；白曰白招拒，少昊食焉；黑曰汁光纪，颛顼食焉。"以上即在祭祀五天帝时以太昊等先皇先君配祭。

三是帝王在巡幸途中对路遇的先皇冢茔或庙宇予以祭奠。如《史记·秦始皇本纪》云："（秦始皇）行至云梦，望祀虞舜于九疑山……上会稽，祭大禹。"以上即帝王在巡幸途中对经过的先皇冢茔或庙宇予以祭奠。

由上可知，秦以前对先皇先君的崇祀，无论是在祭祀的时节、地点、对象上，还是在祭祀的方式和规格上，并无统一的规定。到了秦以后，历经西汉、北魏及隋朝的改革，到了唐朝中期天宝年间，历代帝王的崇祀制度终于发生了一个根本的转变，即在都城之内有了一个合祭历代帝王的场所，这就是历代帝王庙。

《新唐书·百官制三》载："（唐玄宗）天宝三载，初置周文王庙署；六载，置三皇五帝庙署；七载，置三皇五帝以前帝王庙署；九载，置周武王、汉高祖庙署。"《唐会要》卷二十二载：唐玄宗天宝七载（748年）诏令"其三皇以前帝王，宜于京城内共置一庙，仍与三皇五帝庙相近，以时致祭天皇氏、人皇氏、有巢氏、燧人氏"。由上可知，唐玄宗在都城长安专门建造了一座合祭历代帝王的庙宇，其规制是：

1. 把传说中的"三皇以前帝王"统统纳入了祀典，其中既包括了天皇氏、人皇氏、有巢氏、燧人氏等，又包括了"三皇五帝"伏羲、神农、轩辕、少昊、颛顼、高辛、唐尧、虞舜，中华始祖由此一个不少地纳入了国家祀典。

2. 所谓"宜于京城内共置一庙""与三皇五帝庙相近""置周武王、汉高祖庙署"云云，无不表明唐京城此时有了一处集中在一地的先古帝王庙。按文献所载，当时应该是三皇和五帝每人各一庙，但集中在一起，而三皇以前的先君则如文中强调，是"于京城内共置一庙"，并且紧傍三皇五帝庙。

3. 秉承隋朝开创的制度，以功臣配祀帝王。

4. 主祀者截止到汉高祖，包括了三皇五帝之后的周文王、周武王、汉高祖，但不含秦始皇。

以上就是唐玄宗创建的历代帝王崇祀制度，其特点一是突出了"厚古薄今"的原则，把祭祀重点放在了功德昭著的中华始祖身上；二是实现了对先古帝王从分散祭祀到集中祭祀的转变；三是开始把传统的个体祭祀转化为群体祭祀。

明朝创建之初，朱元璋大力革除淫祀，但对历代帝王和功臣的崇祀却极为重视。史载洪武三年（1370年），明太祖朱元璋遣使寻访先代陵寝，各行省共呈报上来79人。后经礼官考定，入选的"功德昭著者"有"伏羲，神农，黄帝，少昊，颛顼，唐尧，虞舜，夏禹，商汤、中宗、高宗，周文王、武王、成王、康王，汉高祖、文帝、景帝、武帝、宣帝、光武、明帝、章帝，后魏文帝，隋高祖，唐高祖、太宗、宪宗、宣宗，周世宗，宋太祖、太宗、真宗、仁宗、孝宗、理宗，凡三十有六"[①]。以上祭祀的历代帝王一下子增至36人，可谓前所未有。不仅如此，朱元璋还亲制祝文，遣专官前往各陵寝祭奠。

此外朱元璋的一大举措是，继唐玄宗于国都长安创建先古帝王庙后，又一次在京城建起了集于一地的国家级历代帝王庙。

《明史·吉礼四·历代帝王陵庙》云：洪武六年（1373年）朱元璋"以五帝、三王及汉、唐、宋创业之君，俱宜于京师立庙致祭，遂建历代帝王庙于钦天山之阳"。此即明代初年建于京城的历代帝王庙，地点在南京钦天山（今南京鸡笼山）之阳。这座历代帝王庙的构造为同堂异室制，即历代帝王在同一殿堂之中分处各室。其中有正殿五室，中一室祀三皇，东一室祀五帝，西一室祀夏禹、

---

① 《明史·吉礼四·历代帝王陵庙》。

商汤、周文王，又东一室祀周武王、汉光武、唐太宗，又西一室祀汉高祖、唐太祖、宋太祖、元世祖。

洪武二十一年（1388年），朱元璋"诏以历代名臣从祀"，礼官奉旨进呈了36人名单。朱元璋认为名单中的宋朝开国名臣赵普有负宋太祖，敕令去除，同时增加了"善始终"的汉臣陈平、冯异及宋臣潘美，还对元朝的木华黎等四杰进行了调整。经过一番增删修订后，"于是定……周公旦、召公奭、太公望、召虎、方叔、张良、萧何、曹参、陈平、周勃、邓禹、冯异、诸葛亮、房玄龄、杜如晦、李靖、郭子仪、李晟、曹彬、潘美、韩世忠、岳飞、张浚、木华黎、博尔忽、博尔术、赤老温、伯颜"等三十七人为历代名臣，"从祀于东西庑，为坛四"。

以上这座明代初年的历代帝王庙，便是历史上最终定型的历代帝王庙，它的特点是：

一是最终确立了在都城合祭先古帝王于一庙的制度，其庙宇结构为"仿太庙同堂异室之制"。

二是崇祀对象涵盖了从伏羲以讫元朝的历代先皇先君，贯串了由早到晚的中华史。

三是肯定了"以历代名臣从祀"的制度，使贤臣良将在帝王庙中也拥有了一席之地。

四是明确了"创业之君""善始终之臣"的遴选标准。

五是确定了每岁春秋仲月上旬甲日举行国家祀典的祭祀制度。

凡此种种，皆为后来的历代帝王庙奠定了基础。

后来的京师帝王庙，即明朝迁都北京后的帝王庙。明成祖朱棣迁都北京后，开始时并未在北京建造帝王庙，只是在南郊郊祀时一并从祀历代帝王。但同时朱棣保留了南京的帝王庙，每逢祭日便遣官致祭。明世宗时厘正祀典，于嘉靖九年（1530年）废除了郊祀时附祭历代帝王的做法，"令建历代帝王庙于都城西"。最初拟将此庙建在今西城区灵境胡同的灵济宫，后因地方狭小，改建在了阜成门内保安寺故址。嘉靖十一年（1532年）庙成，正殿取名景德崇圣殿，寓意"景仰德政，崇尚圣贤"之义。建成后的北京历代帝王庙坐北朝南，占地1.8万平方米，"殿五室，东西两庑，殿后祭器库，前为景德门"。

北京的历代帝王庙建成后，在"罢历代帝王南郊从祀"的同时，还"并罢南京庙祭"，这里成了合祭炎黄祖先及历代帝王的唯一场所。同时，这座新建的庙宇还跻身太庙、孔庙之列，成了明京师的三大皇家庙宇之一。降至清朝，这里仍是国家合祭三皇五帝和历代帝王的唯一场所，也仍然是皇家三大庙宇之一。

清雍正七年（1729年），清廷对历代帝王庙做了整体翻修，历四年而竣工。乾隆二十七年（1762年），又对帝王庙的建筑进行了全面升级改造，使其规模更胜从前。改建后的历代帝王庙为黄琉璃瓦覆顶的重檐庑殿式，正殿仍称"景德崇圣殿"，面阔九间，进深五间，以此象征帝王的"九五之尊"。其殿内金砖墁地，立柱皆为金丝楠木，一切都达到了皇家建筑的最高等级。正殿之中供奉着三皇五帝和历代帝王的神位，东西两侧另有宽七间的配殿，是奉祀历代功臣名将的地方。配殿的规格明显低于正殿，皆为黑琉璃瓦覆顶的重檐歇山顶建筑，东殿专祀文臣，西殿专祀武将，以示"文东武西"。每逢春秋两季，这里都要举行盛大的国家祭典，顺治、雍正、乾隆、嘉庆帝皆曾到此祭拜历代先君。

自从有了历代帝王庙，就给当朝君主出了个难题——这么多先朝帝王，究竟谁该进帝王庙，谁不该进帝王庙呢？这里掺杂的因素

历代帝王庙

甚多，不免让人踌躇。但无论每个王朝的立场如何不同，而全然相同的是，入祀的历代帝王无疑是越多越好，因为只有这样才最符合大多数帝王的利益。到了清朝，康熙帝临终前发下谕旨："凡为天下主，除亡国暨无道被弑，悉当庙祀。"[①] 看来康熙爷深谙帝王的心思，于是要求除了因无道被杀和亡国败家之君外，所有曾经在位的历代皇帝皆入庙奉祀。然而在大大"扩编"的同时，康熙帝仍把败坏了明朝纲纪的明神宗、光宗、熹宗清出了帝王庙，以示惩戒。及至乾隆皇帝，更是提出了"中华统绪，绝不断线"的观点，"增祀两晋、元魏、前后五代各帝王"，使中华民族的历史更趋完整。此外，乾隆将历史上平乱的唐宪宗、殉国的金哀宗，以及被明成祖推翻的明建文帝等逐个请入了帝王庙，同时还不忘把政治黑暗的汉桓帝、汉灵帝清了出去。经过如此这般的几番调整后，历代帝王庙中崇祀的帝王由明代初年的 16 位增祀到 188 位，扩大了不止十倍。

---

① 《清史稿·吉礼三》。

- 祭祖：太庙（附奉先殿、寿皇殿）

对祖先的崇祀由来已久，其崇祀的场所在民间称祠堂，在帝王则称宗庙、太庙。《礼记·中庸》云："宗庙之祭，所以祀乎其先也。"《释名·释宫室》云："宗，尊也；庙，貌也，先祖形貌所在也。"按上述解释，可知宗庙的本义是泛指各类人的祭祖场所，凡"先祖形貌所在"之地皆可当之。但后来宗庙成了帝王和诸侯祖庙的专称，大夫以下只能称家庙或祠堂。《礼记·明堂位》唐孔颖达题解引蔡邕《明堂月令章句》云："明堂者，天子大庙，所以祭祀。夏后氏世室，殷人重屋，周人明堂。"由此可知，帝王之家的宗庙在不同时代还有专称，夏朝称"世室"，商朝称"重屋"，周朝称"明堂"，之后统称"太庙"。

皇家太庙的特点之一是，它必须建在都城以内。

《左传·庄公二十八年》云："凡邑，有宗庙先君之主曰都，无曰邑。"许慎《说文解字》亦云："都，有先君之旧宗庙曰都。"以上记载说明，帝王的太庙必须建在都城以内，而且这座城市是因为有了太庙才得以称"都"的，否则只能称邑。至于太庙的位置，按照"左祖右社"的古制，则应建在皇宫的左前方。

太庙的特点之二是，其形制开始是分庙制，后来逐渐改为同堂异室制。

太庙内供奉的是当朝皇帝列祖列宗的神位，即先皇的灵牌和御容。早期太庙实行的是分庙制，一个庙内只安放一个祖宗的神位。从东汉光武帝起，皇家太庙从分庙制改为同堂异室制，即在同一座太庙内分设不同正室以分祀列祖列宗。这种形制后来成为定规，"由是同堂异室之制，至于元莫之改"。上文引自《明史·吉礼五·宗庙之制》，是明太祖"命中书省集儒臣议祀典"得出的结论，故而其言"至于元莫之改"。其实太庙的同堂异室之制不仅延续到了元末，而且一直延续到了清末。

太庙内祭祀的祖宗亦有定规。中国古代宗法制度的原则是"亲尽而迁"，即除了"太祖百世不迁"之外，其他先祖一旦世次相隔过久就要迁出太庙，移入专奉远祖的祧庙。《旧唐书·礼仪六》载："《王制》：'天子七庙，三昭三穆，与太祖而七。'周制也，七者，太祖及文王、武王之祧，与亲庙四也。太祖，后稷也。殷则六庙，契及汤与二昭二穆。夏则五庙，无太祖，禹与二昭二穆而已。"据此可知，夏朝祭祀五代父祖（五庙），商朝祭祀六代父祖（六庙），周朝祭祀七代父祖（七庙）。但也有不循此例的，例如西汉时"每帝辄立一庙"，即无论有多少个先帝，每帝各立一庙。到了唐代，唐玄宗大崇礼法，祭享祖宗的典制也超过了前代，为此特改周以来的七庙为九庙，"立九室，祀八世"，到唐代晚期更增至"太庙十一室并祧庙八室"。

太庙的特点之三是，它不仅供奉当朝先帝，还附祭先帝的功臣。

把已故功臣的神主供奉在太庙两侧的庑廊，称之为配享。配享的功臣一方面表明他们仍在侍奉先帝，一方面可继续享受当朝圣上的香火，是做臣子的最高荣耀。此制源起于唐玄宗，据《旧唐书·礼仪志六》记载，玄宗当年决定，在唐高祖之室配裴寂、刘文静，在唐太宗之室配长孙无忌、李靖、杜如晦，在唐高宗之室配褚遂良、高季辅、刘仁轨，在唐中宗之室配狄仁杰、魏元忠、王同皎，共有十一位功臣入祀了皇家太庙。这显然是仿照历代帝王庙以功臣配祀古昔帝王的做法而来，但把这个制度由古推今，不啻为本朝臣子树立了一个理想的天国，也不失为一个创举。

　　历史上有一个宰辅大臣，曾因配享太庙之事闹得沸沸扬扬，最后甚至弄得君臣二人都下不来台，足以说明配享太庙对当朝臣子来说是多么的重要。此君乃清朝前期的三朝元老张廷玉，他是康熙三十九年（1700年）进士，后来入值南书房，进入了权力中枢，并在雍正时跻身宰辅，位极人臣。因为长期以来辅政有功，雍正临终前遗诏他日以张廷玉配享太庙。及至乾隆朝，张廷玉仍以总理事务王大臣身份辅佐乾隆，并且愈加谨言慎行，恪尽职守。最后总算是功德圆满，乾隆爷也对他甚感满意，张廷玉终于迎来了平安降落的那一天。然而出乎意料的是，当张廷玉年老祈退时，居然在朝堂上逼迫乾隆爷出具一份手诏，保证他死后可以配享太庙。这个不智之举招致了乾隆的怨怼和不满，此后便找种种理由免去了张廷玉配享太庙的特权。后来历经波折，乾隆帝在张廷玉死后思来想去，觉得自己做得确实有点过分，最后还是遵照雍正帝的遗诏将张廷玉的牌位请进了太庙，使其成了清朝近三百年中唯一一位配享太庙的汉臣，待遇远超曾国藩、李鸿章等人。

　　太庙的特点之四是，其供奉的肉品必须是熟食。

　　《周礼·大宗伯》贾公彦疏云："对天言祀，地言祭，宗庙言享。"由上可知，古人祭天言祀，祭地言祭，祭祖曰享。此类记载于史多见，都强调祭、祀、享的不同。其实这些祭祀除了祭祀场所区分为露天坛台和屋状的庙宇外，另一个差异就在于供奉肉品的生与熟。《说文》释"享"："享，献也……象进熟物形。"这里便强调了奉献给宗庙的必须是熟品。这种生、熟之分的缘故其实很简单，无非在古人看来，"天地"等自然神祇都是吃生食的，而君、亲、师都是人神，应和生前一样吃熟食。

以上即源于中原王朝的华夏太庙制度。这个制度不仅源远流长，而且影响至远。正是受此影响，从女真人创建的金朝起，今北京就有了第一座皇家太庙。

据《金史·礼志三》记载，金人开始时没有宗庙，是在接触了汉文明后才在上京创建太庙的，迁都燕京后又建造了一座新的太庙。

一般认为，今北京的第一座金太庙建成于"（海陵王）贞元三年"①，事在公元1155年。但揆诸史实，其实早在此前的金熙宗朝，燕京城内已经有了一座皇家太庙。据《金史·熙宗本纪》记载，天眷三年（1140年）九月金熙宗幸燕京，"己酉，亲飨太祖庙"。此即金人在燕京建的第一座太庙，是专门用来祭祀金太祖完颜阿骨打的，故称"太祖庙"。及至海陵王迁都，"乃增广旧庙"，把太祖庙扩建为奉祀列祖列宗的太庙，还在一旁新建了一座太祖原庙。自此而始，金廷罢上京的太庙之祭，对先皇先君的祭祀只在燕京一地举行。

蒙古人世居漠北，原本也没有宗庙，每逢祭奠祖宗便"割牲、奠马湩，以蒙古巫祝致辞"，即杀牲、泼洒马奶酒外加巫师祷祝以祭祀，仪式十分朴拙。中统四年（1263年）三月，元世祖忽必烈"诏建太庙于燕京"，翌年"初定太庙七室之制"②，创立了元的首座太庙。是时元大都新城尚未兴建，此太庙建在了时称燕京的故金中都城内。忽必烈之所以这样做，是因为按照中华典籍《礼记·曲礼》的规定，都城营造应"宗庙为先，厩库为次，居室为后"，即营建都城需先建宗庙。在元大都全面投入建设后，忽必烈又按"左祖右

---

①《金史·礼志三》。
②《元史·祭祀志三》。

社"之制于宫城东部齐化门内建造了一座新的太庙,故址在今朝阳门内。

明清两朝的太庙建于宫城之东,此即天安门左侧的今劳动人民文化宫。这座庙是明成祖永乐十八年(1420年)仿南京太庙建造的,"前正殿,后寝殿……为同堂异室之制"①。起初明先帝的神主皆合祀于此,但嘉靖帝以为不妥,称"宗庙之制,父子兄弟同处一堂,于礼非宜",遂于嘉靖十四年(1535年)在原址建造了九座庙宇以分祀历代祖先。次年底新庙落成,"庙各有殿有寝",遂移先帝神主于新庙之中。可惜天公不作美,嘉靖二十年(1541年)四月电闪雷鸣,击毁了成祖、仁宗二庙,其他各庙也大有损伤。这令君臣上下不胜惶恐,认为这是新庙不合古制冲撞了祖先,以至上天示警,于是嘉靖帝忙不迭地"乃命复同堂异室之旧"。满清入关后,竟然不介意这是明皇室的祖庙,刚进北京就把明朝历代帝王的神位从里面搬出来,另将清太祖努尔哈赤、孝慈武皇后、皇太极的神主奉安其中。于是,这里转眼成了清的太庙,并且一用就是267年,直至清朝灭亡。

封建帝王自诩"帝王孝治天下,礼莫大乎事亲"②,一个最突出的表现就是对太庙的建造可谓无所不用其极。明清太庙占地近14公顷,坐北朝南,平面呈长方形。经过清朝多次修葺扩建,其整体建筑被三道黄琉璃瓦覆顶的红围墙分隔成前后三进院落。太庙的中心建筑是位在第二进院落的太庙前殿,又称大殿,是皇帝举行祭祖大典的地方。这是我国古代规格最高的建筑之一,坐落在三层汉白玉须弥座台阶上,周围建有汉白玉护栏。主殿面阔十一间,进深四

---

①《明史·礼志五》。
②《清史稿·世祖本纪二》。

太庙

间，屋顶为庑殿二重檐，上覆黄琉璃瓦。廊柱皆用沉香木包镶，殿顶、天花、四柱均粘贴赤金花。其地面铺设的是苏州"御窑"为皇家特制的地砖，俗称"金砖"，据说此砖每块价值一两黄金。

太庙的大殿即正殿，内设历代帝、后的神位。其左右两侧各有庑殿十五间，东庑奉祀皇族杰出成员，西庑奉祀异姓功臣。前殿之后为中殿，又称寝宫，供奉历代帝、后神龛。中殿之后为后殿，又称"祧庙"，专祀努尔哈赤前的四世祖宗神位。

紫禁城内还有一处皇帝家庙，相当于内太庙，此即奉先殿。这是一组独立的建筑群，按"左祖右社"之制设在内廷的东路，专奉当朝皇帝列祖列宗的神位。该殿始建于明永乐年间，清顺治和康熙年间重建，形制"如太庙寝制"。它坐落在白色须弥座上，四周围以白石栏板，为"前正殿，后寝殿"的一殿一寝形式。两座殿均面阔九间，前殿为规格最高的重檐庑殿式屋顶，后殿为单檐歇山式屋顶，都覆以皇家专用的黄琉璃瓦。

景山正北有一组规格很高的皇家建筑群，此即寿皇殿。它始建于明万历年间，清乾隆时仿照太庙改建，成为清廷祭祀先帝的另一场所。它坐北朝南，黄琉璃瓦庑殿顶，面阔 20 米，进深 4.2 米。里面常年供奉着自康熙帝起的历代皇帝肖像，还陈列着神龛、牌位及皇帝生前的一部分服饰、玺印和佛塔等。每逢重大祭日，清皇室都要在这里举行隆重的祭祖仪式。

● 祭师：孔庙、文华殿

对"师"的崇拜是中华民族的特有传统，在历史上曾产生过重大影响。《吕氏春秋·尊师》曰："生则谨养，谨养之道，养心为贵；死则敬祭，敬祭之术，时节为务；此所以尊师也。"以上所言即古人的尊师之道，其原则一是要"生则谨养"，二是要"死则敬祭"。也就是说，对于师者应生前恩养有加，死后恭祭如仪。众所周知，中国古代"师"的典范是孔子，故而封建帝王对师的"死则敬祭"，就集中在孔子身上。

孔子年七十三而卒，葬于鲁城北泗上。《史记·孔子世家》云："鲁世世相传以岁时奉祠孔子冢。"这是关于祭孔的最早记载，祭奠场所就是孔子的茔冢，祭祀者主要是孔子的后人、学生和乡党。

以上是民间自发的祭孔活动，而皇家祭孔的最早记载，则始见于《汉书·高帝纪下》。其云：高祖刘邦"行自淮南还，过鲁，以大牢祠孔子"。这是汉高祖十二年（前 195 年）的事，时在西汉初年，汉高祖开始以皇帝之尊亲祀孔子。及至西汉后期，汉成帝采纳汉儒梅福的建议，于绥和元年（前 8 年）"下诏封孔子世为殷绍嘉公"[1]，孔子由此得到了史上的第一个封号。此所谓"殷绍嘉公"，是

---

[1]《汉书·梅福传》。

封孔子为商汤嫡嗣，让他的子孙以此身份来承续商祀。这虽然十分不伦不类，但总不至于再让孔子"以圣人而歆匹夫之祀"了，也算聊胜于无。

汉成帝之后，历朝历代纷纷给孔子加封谥号，而且一代胜似一代。到清顺治二年（1645年），清世祖加尊孔子为"大成至圣文宣先师"，十四年（1657年）改称"至圣先师"，至此终成定论。

历史上最早的孔庙也肇起于孔子故里。史载孔子卒后第二年（前478年），鲁哀公便将曲阜阙里的孔子故宅立为庙，"庙藏孔子衣冠琴车书"[1]。当时孔子后裔及弟子常在这里演奏乐舞，追思和颂扬孔子的功德。历史上首座皇家孔庙则是由汉廷建造的，地点也在曲阜。《三国志·魏书·崔林传》载："汉旧立孔子庙。"这就是汉廷在曲阜建造的首座皇家孔庙。此庙在东汉末年的战乱中被毁坏，魏文帝黄初二年（221年）下诏重建，"令鲁郡修起旧庙，置百户吏卒以守卫之，又于其外广为室屋以居学者"[2]，曲阜的皇家孔庙由此得以复建。从此以后，曲阜孔庙成了天下儒学传人的圣地，往来瞻仰拜谒者络绎不绝。

东汉光和元年（178年），汉灵帝采纳蔡邕所谏，"遂置鸿都门学，画孔子及七十二弟子像"[3]，王朝都城从此有了第一个祭孔中心。但这只是附设于太学的祭孔场所，以传授孔学为主，祭祀孔子为辅。

降至北魏中期，孝文帝元宏崇尚汉学和汉制，他一改此前从祀孔子于太学或以"先师"身份陪祀于"先圣"周公的成例，首创专

---

[1]《史记·孔子世家》。
[2]《三国志·魏书·文帝纪》。
[3]《后汉书·蔡邕列传》。

祀孔子之礼。《魏书·高祖本纪下》云：太和十三年（489年）北魏孝文皇帝"立孔子庙于京师"。这便是孝文帝建造的首座孔子故里之外的皇家孔庙，地在北魏都城平城（今山西大同）。影响所至，不久后民间也有了建在孔子故里之外的孔庙，事见《魏书·刘道斌列传》："道斌在恒农，修立学馆，建孔子庙堂，图画形像。"刘道斌是北魏恒农郡太守，卒于北魏孝明帝正光四年（523年），可见当时的陕州一带已经有了独立的孔庙。

及至唐朝，《旧唐书·礼仪四》载，唐高宗显庆二年（657年），礼部尚书许敬宗等人奏请"以孔子为先圣"，得到了唐高宗的认可，孔子由此取得了"先圣"地位。此后唐玄宗"追赠孔宣父为文宣王"[1]，孔子正式成为国家公神，得以独立成祀，皇都之内也有了专建的"孔庙"。

综合《旧唐书·礼仪四》等文献的记载，唐高宗、玄宗制定的祭孔礼仪是：

1. 孔庙的神位分主次三大类：居首的是孔子，其次为颜回等十哲人，再次为从祀的七十二子（一说为六十七子）。孔子及十哲立塑像，其余为画像。

2. 祭孔活动从此纳入了国家祀典，"礼令摄三公行事"。

3. 祭孔的国家典仪为中祠。当时"太社、太稷，开元之制，列在中祠"，即社稷之祭尚属中祠，可见祭孔的等级从一开始就不低。

4. 国都的孔庙既为皇家所建，就理所当然成了各地孔庙中的等级最高者。即便是曲阜的孔庙，其建制、礼仪、祭服、祭器等也只能与之相埒，不得僭越。

---

[1]《旧唐书·玄宗本纪下》。

5. "天下诸州亦准此"，全国各州府都依例建起了孔子庙。

唐以后，上述典仪成为定制，国家的祭孔大典也同时在国都和曲阜两地举行。宋代对孔庙的从祀制度做了一番调整，主要是把祭祀对象从唐以来的高低三等变成了五等。居首的还是孔子，孔子以下称"四配"，分别是复圣颜子（颜回）、宗圣曾子（曾参）、述圣子思（孔汲）、亚圣孟子（孟轲）；其次是"十哲"，即孔子的十个优秀弟子；再次是"先贤"，是接受了孔子亲自传授的贤徒；最后是"先儒"，即孔子以后的历代大儒。最后一等"先儒"的设立，无异于给芸芸儒生开启了一个梦想的天窗，即只要成为济世安邦的大儒，死后便可晋身孔庙，成为世所奉祀的圣贤。

辽南京城当时是否建有皇家孔庙，史载阙如，难以考实。但以理度之，此事当无可疑。因为据《辽史·宗室列传》的记载，辽太祖立国之初即"建孔子庙，诏皇太子春秋释奠"，此后辽圣宗再度诏令各州建孔子庙。南京是辽的五京之一，又是辽的汉文化中心，辽帝诏各州建孔子庙，南京无疑是重中之重，而且理应由辽皇敕建。

金人称孔庙为宣圣庙，又称文宣王庙，早在迁都燕京之前就在上都设址建庙。《金史·礼志八》载："皇统元年（1141年）二月戊子，熙宗诣文宣王庙奠祭，北面再拜。"这里说的就是金上都的孔庙，不迟于金熙宗年间便已建成。迁都燕京后，金世宗大定十四年（1174年）依国子监所谏，在金中都又建了一座孔庙。泰和四年（1204年）金章宗诏令各州刺史"州郡无宣圣庙学者并增修之"[①]，更在全国掀起了建造孔庙的热潮。

[①]《金史·章宗本纪四》。

元朝的宣圣庙最早建于太祖铁木真年间，庙址在故金中都城内。元大都建成后，成宗诏令在大都城内再建一座宣圣庙。此庙位于大都城北部，于"大德十年（1306年）秋庙成"①。庙中除主祭孔子外，还配祀了孔门四圣，另有从祀的许衡、董仲舒等十余人。新的宣圣庙落成后，成宗"命江浙行省制造宣圣庙乐器……运至京师"②，祭孔的礼乐更加规范。

明清两朝的皇家孔庙就是在元大都宣圣庙的基础上发展起来的，地在今安定门内成贤街路北。元以后，先是明成祖永乐九年（1411年）在元的旧址上重新建造了孔庙，之后明宣德、嘉靖朝不断修葺扩建，使孔庙的规模累有扩大。明嘉靖朝改孔子塑像为木主，去元帝追谥的"大成至圣文宣王"尊号而改称"至圣先师"，仍以颜子、曾子、子思、孟子配享，从祀的则有先贤一等、先儒一等。明万历二十八年（1600年），将殿顶换成青琉璃瓦，清乾隆二年（1737年）又诏令除祭祀孔子父母的崇圣祠外，其他正殿全部改为黄琉璃瓦，孔庙的规格由此跻身皇家顶级建筑。清朝末年，在内忧外患的四面楚歌中，光绪三十二年（1906年）敕令把祭孔升为大祀，并把大成殿的原七间三进扩大为九间五进，以符帝王"九五之尊"的规制。清朝很快覆亡，这个国家工程尚未完成，一直拖到民国五年（1916年）始告竣工。

如今北京城内的皇家孔庙由元大德十年至今，已经经历了元明清三朝，共七个多世纪。它与西侧的国子监东西毗邻，形成了"左庙右学"的格局。整座孔庙坐北朝南，分前后三进院落：先师门到大成门为第一进，大成门到大成殿为第二进，奉祀孔子祖先的崇

---

①《元史·祭祀志五》。
②《元史·礼乐志二》。

孔庙

圣祠为第三进。祭孔的正殿是大成殿，位于第二进院落，坐落在围以汉白玉栏杆的月台上，顶部是中国宫殿建筑中规格最高的重檐庑殿顶，上覆黄琉璃瓦。大成殿正中神龛内供奉着"至圣先师孔子神位"，两侧配祀的有复圣颜渊、宗圣曾参、述圣孔伋、亚圣孟轲，另有从祀的历代先儒。

　　皇家祭师还有一个重要场所，即紫禁城内的文华殿。文华殿是明清两朝皇帝举行经筵典礼的地方，亦即大臣为皇帝讲经解史的地方。为了体现"敬学与尊师"，侍讲前天子先要跪拜皇师、帝师及孔子，由此这里成了皇帝祭师及祭孔的又一中心。及至清初，清廷还把宫内的祭孔场所进一步扩大到内廷乾清宫西侧的弘德殿。虽然这些都是宫内的祭师场所，起不到在众人面前作秀的作用，但祭祀时"帝御衮服，行二跪六拜礼"，礼仪仍十分隆重。

沿革与发展

　　以上祭祀"天、地、君、亲、师"的皇家建筑，就是中华民族传统信仰给古都北京留下的特殊印记。除了这些标志性建筑，古都北京体现"天、地、君、亲、师"信仰的其他建筑也比比皆是，且一概出自皇廷。例如紫禁城东六宫东侧有一座天穹宝殿，始建于明朝，清顺治朝改建，这也是明帝和清帝祭祀昊天上帝的地方。此外单就景山（万岁山）而言，在不多的楼阁中，既有供奉孔子神位的绮望楼伫立于南，又有供奉皇帝先祖御容的寿皇殿坐落于北，同样是皇家祭祖、祭师的重地。嘉靖二十一年（1542年）宫女谋弑，明世宗朱厚熜迁往西苑长住，在西苑建造了帝社坛、帝稷坛和皇后祭享的先蚕坛，并把举行祭师典礼之一的场所搬到了西苑无逸殿，这里由此成了另一个皇家祭祀中心。乾隆年间在圆明园西北隅建造了一座安佑宫，这也是清帝祭祖的地方。另据《清史稿·仁宗本纪》记载，嘉庆时"上侍高宗遍礼于堂子、奉先殿、寿皇殿"，可见堂子、奉先殿、寿皇殿等无一不是清帝祭祀先皇之所。同此之例尚多，不一而足。甚至可以说，"天、地、君、亲、师"信仰沉淀既久，早已渗透到都城的四面八方，以至处处可见它的踪影。但毋庸置疑的是，在举不胜举的同类建筑群中，前述各项才是最具代表性的，因为它们都是京师同类建筑的翘楚。

　　在仅是辽南京时，"天、地、君、亲、师"的标志性建筑在燕京还远没有形成规模，当时在南京城内能够纳入这套信仰体系的，一是象征君权的皇宫，二是代表师崇拜的皇家孔庙，再就是设在皇城内的"景宗、圣宗御容殿"①。这几处"御容殿"是辽廷在南京祭祀先皇先君的场所，性质与太庙无异。

金中都是女真人创建的都城，其统治集团原本流徙在长白山、黑龙江的白山黑水间。然而寻根溯源，这些女真人终归是先秦肃慎族的后裔，而史称"及武王克商……肃慎、燕亳，吾北土也"②，肃慎原是周之北土，与燕毗邻。因此金之先人并非茹毛饮血之徒，反而有着很深的中华文化底蕴。《金史·世宗本纪中》载："女直（女真）旧风最为纯直，虽不知书，然其祭天地，敬亲戚，尊耆老，接宾客，信朋友，礼意款曲，皆出自然，其善与古书所载无异。"由此可见，金人虽然长期僻处白山黑水，但仍然传承着"天、地、君、亲、师"的古老信仰。于是在君临燕京后，金人对华夏族的坛庙制度接受得相当迅速也相当彻底。

在统驭中都的短短几十年中，金人陆续建造了祭天的南郊坛和祭地的北郊坛，还建造了朝日坛、夕月坛、社稷坛、太庙、宣圣庙。这就是说，除了历代帝王庙外，其他代表"天、地、君、亲、师"信仰的建筑在中都城内已一应俱全。当时金帝"常以冬至日合祀昊天上帝、皇地祇于圜丘，夏至日祭皇地祇于方丘，春分朝日于东郊，秋分夕月于西郊"③，建立了系统的祭祀制度。祭祀的场面也十分壮观，大定十一年（1171年）金世宗亲祀南郊，诏令仪仗减半，但减半之后仍有7000人组成的仪仗队，场面之大足见一斑。

元世祖忽必烈统一中国后，在新大都的建设上虽然刻意仿效汉制，但久居漠北的蒙古人终归汉学根基尚浅，坛庙建设在某些方面

---

① 《辽史·地理志四》。
② 《左传·昭公九年》。
③ 《金史·礼志一》。

甚至不如金人。从时间上说，忽必烈首先建造的是太庙，而且先后在故金中都城内及元大都城内各建了一座。此后忽必烈建造的是先农坛，于至元九年（1272年）"始祭先农"。再后忽必烈建造的是社稷坛，建成于至元二十九年（1292年）。忽必烈在位共34年（1260～1294年），此期间甚至没有建造一座正式的郊坛，仅在城南丽正门外搭建了一座祭台。直到元成宗大德九年（1305年），元朝才在大都城南七里建造了一座郊坛。至于祭孔的宣圣庙，忽必烈时曾有规划，可是晚到元成宗大德十年（1306年）始而建成。

相比之下，元大都的坛庙制度甚至不如金中都，差异主要表现在四个方面：

一是金中都的坛庙在金世宗（在位于1161～1189年）时已基本形成格局，而元大都的坛庙从忽必烈建造首座太庙（1263年）起，直到元成宗建成宣圣庙（1306年）止，前后拖了近半个世纪。

二是元大都的天坛、地坛不像金中都那样分设在城市的南北郊，而是合并在南郊一处，不如金的规范。

三是元大都不仅没有专设的地坛，也没有朝日坛和夕月坛，坛庙系统显然不如金人完备。

四是"自（元）世祖以来，每难于亲其事（祭祀），英宗始有意亲郊，而志弗克遂"[1]，即元朝的帝王躬亲祭礼者甚少。金帝却不然，史载他们"常以冬至日合祀昊天上帝、皇地祇于圜丘，夏至日祭皇地祇于方丘"。两相比照，二者的做法判若云泥。

有此四条，元和金的坛庙制度立见高下。

及至朱明王朝，虽然太祖朱元璋一开始很不情愿接受孔孟之道

---

[1]《元史·祭祀志一》。

的"至圣"地位,但对"天、地、君、亲、师"信仰却尊崇有加。甫一登极大宝,朱元璋就于洪武元年(1368年)"命中书省暨翰林院、太常司定拟祀典"①,下诏对"天、地、君、亲、师"典仪正本清源,逐一实施。明成祖朱棣决定迁都北京后,也立刻颁诏"修治北京祀典神祇坛宇"②,在北京广建太庙、内太庙(奉先殿)、天地坛、社稷坛、山川坛及先农坛,还重建了元的孔庙。明北京的这些坛庙建设"规划悉如南京,而高敞壮丽过之"③,即其格局一概仿自南京,但规模更胜从前。

南京曾是东晋和南朝的国都,此后成为南宋王朝的行都和明王朝的都城,堪称正统汉文化的根基所在。明北京的太庙既然是仿照南京而来,当然会更多继承了汉文明的传统。例如就"左祖右社"规制而言,元大都虽然也是太庙在东、社稷坛在西,但它们与宫城相距遥远,并且不在同一条轴线上,与严格意义的"左祖右社"尚有明显差距。但明北京的太庙、社稷坛却按照儒家经典作了修正,严格对称在皇宫正前方的左右两侧,更合汉典精义。

然而,明前期的北京仍然沿袭明太祖朱元璋合祀天地的旧制,而且没有建造新的历代帝王庙,离坛庙建设的全面成熟也还有一定距离。又经过一百余年后,明世宗"令群臣博考《诗》《书》《礼经》所载郊祀之文"④,于嘉靖九年(1530年)重新厘定了祭祀制度,决定分祀皇天后土。于是在城北新建方泽坛,同时开工兴建南郊圜丘、东郊朝日、西郊夕月三坛,随后将南郊圜丘更名为天坛,北郊

---

① 《明史·吉礼一》。
② 《明太宗实录》卷五十。
③ 《明太宗实录》卷二三二。
④ 《明史·礼志二·郊祀之制》。

方泽坛更名为地坛，天、地、日、月四坛由此遂成定局。之后又经过两年建设，新的帝王庙也于嘉靖十一年（1532年）顺利落成。至此，北京城的"天、地、君、亲、师"建筑格局终于成型，中国古代的坛庙制度从此进入了成熟期。

满清是打着"国家抚定燕都，得之于闯贼"的旗号进入北京的，因此对明的典祀制度毫不避讳，反而采取了全面的"拿来主义"。老北京人所说的"九坛八庙"，除了紫禁城内的传心殿以及功用独特的雍和宫和堂子外，其他都是由明京师的坛庙沿袭下来的。哪怕明的坛庙有所颓圮，清廷也一概是在故址上重建和翻修，既不作位置的调整，也不作用途的更改。而在这"九坛八庙"中，代表"天、地、君、亲、师"信仰的建筑已全部涵盖其中，只不过通过清朝的翻新扩建，它们比前朝更加宏丽壮阔而已。

从祭祀的等秩上看，清廷也承继了以往的古制而有所发展。自隋唐以来，国家祭典分为大祀、中祀、群祀三大等，其中祭天地、上帝、太庙、社稷为唐的大祀，祭日月、先农、先师、太岁、历代帝王为唐的中祀，其他则为等而下之的群祀。及至清朝，继承了这一传统，也将各类祭祀区分为高中低三大等。据《清史稿·吉礼一》记载，清的大祀包括圜丘祭天、方泽祭地、天坛祈谷、太庙祭祖、社稷祭国，此外为中祀的则有"天神、地祇、太岁、朝日、夕月、历代帝王、先师、先农"。以上是清朝初年的情况，此后为了体现以农为本，将祈谷与雩祀（求雨）也升为大祀。祭先师孔子初为中祀，后来同样升为大祀。由此观之，经过不断升级，到了封建社会末期，"天、地、君、亲、师"祭礼已全部成了国家祭典的重中之重。

按照历代礼法，"天子祭天地、宗庙、社稷"，但如若皇帝"有故",这些大祀亦可派朝臣代祭。至于其他祭祀,"中祀,或(天子)亲祭,或遣官。群祀,则皆遣官"[①],皆可由大臣代劳。事实上,帝王们除了主持朝政外,还要纵情享乐,于是即便是国家祭典这样的大事,也往往"难于亲其事"。历史上表现最突出的是元帝,他们倦于这些国家祭祀,以至遣官致祭者多,躬亲践行者少。但同样是少数民族政权,清帝却对这些祭祀活动极为重视,不仅每逢祭日"躬亲行礼",还亲自过问坛庙的建设。据《清朝文献通考》对祭天郊祀的记载,在清顺治到乾隆朝的152年中,福临、玄烨、胤禛、弘历四帝亲自主持的郊祀就多达178次[②],超过每年一次。康熙五十八年(1719年)冬至日,68岁的玄烨疾病缠身,足痛难忍,但仍然坚持亲赴天坛祭天,"量力拜跪"[③]。又如前文所述,即便是列为中祀的祭先农,清朝统治的267年中由清帝"躬身亲祭"的记录也多达248次。乾隆三十七年(1772年)"群臣虑帝春秋高",奏罢天子亲耕,乾隆"不许,命仍依古制三推"[④]。

清廷此外的一大作为,就是在不断提升各类祭祀规格的同时,认真厘清各种祭祀典仪,精心修缮各个坛庙建筑,把这套祭祀制度推向了历史的顶峰。其中一个明显举措是,乾隆朝通过把地坛、历代帝王庙、孔庙的主殿一概升格为黄琉璃瓦覆顶的最高级别建筑,使"天、地、君、亲、师"建筑全部高居于京城建筑之冠,全面完成了此类建筑的升级改造。

---

①《清史稿·吉礼一》。
②《清朝文献通考》卷92、93,《清朝续文献通考》卷148。
③《清史稿·吉礼二》。
④《清史稿·吉礼二·先农》。

从某个角度说，以上"天、地、君、亲、师"建筑格局的逐步健全与发展，堪称古都北京汉文明一体化发展进程的一个缩影。

辽的南京终归是少数民族王朝的都城，加之契丹人始终固守本族的传统不变，故而南京城内此类建筑的系统化建设尚无从谈起。金、元同样是少数民族政权，同样保留了不少民族习俗，但在主流方面却相继融入了汉文化，其"天、地、君、亲、师"建筑因此而基本成形。见于史乘的记载，当年金、元皇廷为辨识汉民族的这些坛庙制度可谓煞费苦心，以至朝野上下长期争执不已，最后仍然歧见纷披。然而恰是这种争辩，使汉文明的传统得以继承，也使汉民族的信仰得以弘扬。明代北京城"天、地、君、亲、师"建筑体系

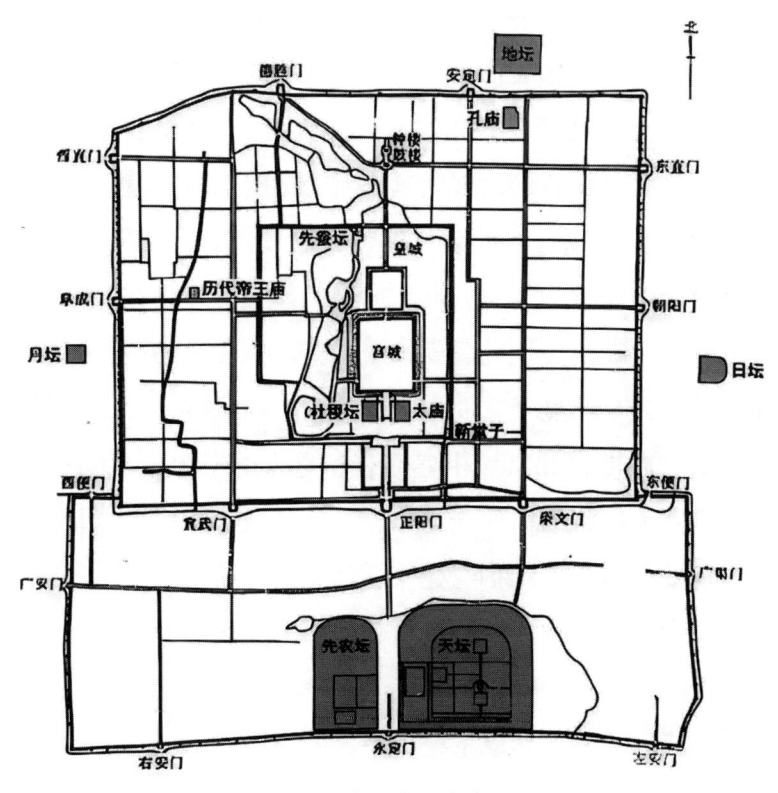

北京坛庙分布图

及祭祀制度的全面规范化，可以说是汉文明的一次历史大回潮，由此把东方坛庙制度一举推向了它的成熟期，尤以嘉靖时期为著。但最不能不说的是清朝，这个少数民族政权在定鼎北京后不仅照单全收了明中期的坛庙制度，而且通过祭祀典仪和建筑规格的全面提升，完成了坛庙发展史上的最后一跃，把它推向了历史的顶峰。

此外，作为东方古都的物化标志，"天、地、君、亲、师"建筑体系的逐步完善，还体现了古代北京城的成长过程。

辽南京仅有的皇家宫殿、皇家祭祖场所、皇家孔庙虽然离系统的坛庙制度相去甚远，但也不是可有可无的，它恰好表明这座城市正向中华帝都的方向转变。金中都、元大都"天、地、君、亲、师"建筑的初具规模，揭开了北京都城发展史上崭新的一页，标志北京已基本上具有了代表都城地位的典型建筑，成了名副其实的中华古都。在马可·波罗等外人看来，元大都的宏伟壮丽举世无匹，但如果就古都北京自身的发展轨迹来看，此时的城市建设尚未进入它的成熟期，更未进入它的鼎盛期。而以"天、地、君、亲、师"建筑格局的全面完善为标志，北京的古都建设显然是在明中期嘉靖朝臻于成熟的，在清中期乾隆朝达于鼎盛。因此不妨说，明嘉靖以后的北京城才完全彰显了它的中国气派和东方风格。

到了清代晚期，北京城由盛而衰，皇家的祭祀大典随之式微。到了"呼喇喇大厦将倾"的光绪末年，清廷虽有扩建大成殿的最后一搏，但这些坛庙制度维护封建王朝体系的作用已一去不返，这一举动已经丝毫无补于奄奄一息的清帝国。下至民国时期，昔日皇家坛庙的辉煌皆成过眼烟云，大部分坛址甚至沦为杂草丛生的废墟，昔日祭祀先农的地方竟然成了枪决犯人的刑场。

但历史终归是历史，既不会从民族的记忆中消失，也未曾从北京的城市建设中抹去。在历尽了世事沧桑之后，这些"天、地、君、亲、师"标志性建筑却个个得以保留，实在令人庆幸！时至今日，它们带给人们的，绝不仅仅是几处可以发思古之幽情的名胜古迹，更重要的是，它们是东方民族传统信仰、伦理道德、行为规范、礼制文明乃至政治制度等一系列上层建筑的产物，是古都北京物质文明与精神文明的双重结晶。在它们的一砖一石中，烙印着中华格局逐步形成的足迹，辉耀着中华古都逐步成长的神韵，值得人们永久的珍惜！

结语

综上所论，"天、地、君、亲、师"信仰既是东方文明的独特产物，也是东方文明的精神主干。它融汇了华夏先民自上古以来的宇宙观和世界观，合"天道""地道""人道"于一体，在"天人合一"观的统摄下，确立了人对自然的尊重与慑服。它在数千年中打造着中华文明的大厦，维系着中华民族的统一，联结着根深蒂固的东方文明。在这个精神主干面前，不仅辽、金、元、清崇信的萨满教"小巫见大巫"，就连世界性的三大宗教再加上道教也是难以匹敌的，故而中华民族才从未产生过覆盖全民族的宗教。

这个信仰给古都北京留下的鲜明印记，就是"天、地、君、亲、师"礼制建筑。这些标志性建筑的存在，充分说明了一个道理——没有宗教并不等于没有信仰。关于中国既无"上帝"亦无"信仰"的说法，是上个世纪初以来由具有批判精神的中国文人率先提出的，前举梁漱溟之说便是一例。但令人遗憾的是，事隔整整一个世纪后，这种看法仍在大面积蔓延，不仅在国际上蔓延，而且在许许多多不谙历史的中国人身上蔓延。这些人悲天悯人地认为，因为缺乏信仰，中国人没有精神支柱，没有道德体系，没有主流价值观，由此导致物欲横流，整体失德。甚至由于缺乏信仰，中国人连起码的罪恶感和内疚感也没有，以致做事不受良心的约束，为达目的不择手段。于是结论只有一个——这是个冷漠的民族，麻木不仁而且没有希望。对于这种谬论，本章开头已通过最基本也最确凿的事实予以了驳斥。而现在，当京华大地上代表民族信仰的建筑——矗立到人们面前时，这种谬见不是更不攻自破了吗？

总之，中国虽无宗教，却有信仰，而且这是兼具自然和社会双重伦理的复合式信仰，是天地人三才统一的信仰，是"天人合一"的信仰。倘若去其糟粕、取其精华，即使站在现代社会的高度，也可以说这是人类思想宝库中最具可持续发展的信仰。

人称"大象无形"，举凡世间至高至极的境界，都是没有一定之形的。但犹如天造地设一般，体现中华民族传统信仰、伦理道德、文明基干的礼制建筑，却在古都北京的城市建设中淋漓尽致地体现出来，恰好构筑了一座有形的精神家园。正像没有凡尔赛宫、卢浮宫、巴黎圣母院、凯旋门和埃菲尔铁塔，巴黎就不能称之为巴黎一样，如果只有竞相耸起的摩天大楼，而没有天坛、地坛、社稷坛、故宫、太庙、历代帝王庙和孔庙，我们这座城市也就不能称之为北京了。正是这些建筑的存在，不仅向人们昭示了中华民族源远流长的传统信仰，还昭示了"东方第一都"的无与伦比和博大精深。在人类城市发展史上，这是一座永恒的丰碑，是一座无法复制的丰碑，将永远屹立在世界的东方！

第八章
古都北京探秘

通过前面各章围绕"城"所做的论述，我们已经了解到，北京城的历史源头可以一直追溯到距今3200年前。在这之后，这座城市又持续不断地发展下来，在千回百折的历史长河中历久弥新。不但如此，它还始终保持着递进式的发展，循着六大文明阶梯一步一步不断攀升。同时它还是一座极具多元色彩的城市，始终能将主流文明的一统性和多元文化的特异性完美结合起来，成为当今全球化时代民族个性与共性和谐发展的成功典范。那么，随之而来的问题是，放眼全国乃至全球，像这样的城市到底有几座呢？或者说，具有这种特性的城市在人类文明史上究竟处于何种地位呢？这应该是每个关心人类命运的人们都希望了解的。因为在这个答案的深处，既包含了对以往历史的审视，也蕴涵了对人类未来的启迪。

若要回答这个问题，就必须放眼世界，做大范围的横向比较。不仅要把北京城和中国的历代古都做比较，而且要和全世界的各大历史文化名城做比较。而通过这种比较我们发现，北京城不但具有戛戛独造的特异性，而且在它历史文化的深处，还一直隐藏着不为人所知的六大奥秘。

北京城六大奥秘

● 第一个大秘密是，在延续至今的大都市中，北京城是起源最早的一个

第一章已论，北京城起源于蓟城，而蓟城的历史至少可以追溯到商王武丁之时，相当于公元前 13 世纪。这个历史源头不可谓不早，体现了北京城的历史悠久性。然而综观大千世界，比这早的古城其实还有许多，甚至多至不可胜数。

人类起源最早的城市，主要集中在美索不达米亚、古埃及、古印度和爱琴海这几大早期文明中。其中美索不达米亚的苏美尔人早在距今 6300 年前就进入了铜器时代，开始建造规模宏大的宫殿和神庙，有了最早的城市。目前所知人类最早的古城就发现在这里，出土于叙利亚东北部一个名叫哈穆卡尔的小村，年代可以早到距今 6000 年前。[1] 此外，古埃及人也早在 5500 年前就在尼罗河沿岸建造了数十个城邦，形成了城市国家。古印度文明最早可以追溯到距今 4500 年左右的哈拉巴文明，从那时起这里便有了规模宏大的城市。至于爱琴海地区的希腊克里特岛，在距今 4000 年前后也进入了青铜时代的全盛期，形成了若干独立的奴隶制国家，相继建起了自己的城邑。纵观以上各例，其古城的年代一概早于蓟城，有的甚至早了几千年。

再看国内，比蓟城年代早的古城同样不胜枚举。例如从中华文明的源头说起，目前发现的龙山时代古城已不下六七十座，时代统

---

[1] "In the Ruins:Tell Hamoukar", New York Times Science Video (January 16 2007).

统集中在距今 4500 ~ 4000 年之间。其中较为重要的遗址有河南郑州西山、淮阳平粮台、郾城郝家台、登封王城岗，山西襄汾陶寺，山东章丘城子崖、邹平丁工、日照两城镇与尧王城，湖北天门石家河，湖南澧县城头山，四川新津宝墩城，浙江余杭良渚等，主要集中在河南、山东、山西一带。于此之外，在陕北、河套、岱海等地还发现了大约 30 座石墙聚落，其年代也大体相当于龙山时期[①]。龙山时代以后，比蓟城年代早的古城同样不一而足，典型之例如河南登封王城岗、河南偃师二里头的夏代古城，以及偃师尸乡沟、郑州二里岗的商代古城等，其年代莫不比蓟城为早。

但根本的问题在于，这些古城还在吗？不在了，一个都不在了，它们全都在人类的厮杀、大自然的侵蚀、改朝换代的火并中沦为废墟。例如前述那座人类最早的哈穆卡尔城，不仅早已被黄沙掩埋，而且早在距今 5500 年前就被侵略者完全摧毁。再如苏美尔文明的中心城邑乌尔城，兴建于公元前 3000 年前，公元前 21 世纪末被埃兰人和阿摩利人破坏，此后再度重建。但从公元前 4 世纪起，

伊拉克乌尔古城

[①] 刘庆柱主编：《中国考古发现与研究》(1949 ~ 2009)，人民出版社，2010 年，第 188 页。

由于战争及幼发拉底河的改道，这座古城便彻底沦为废墟。至于国内那几十座龙山时代古城，都和夏代的河南偃师二里头古城、商代的安阳殷墟古城，以及周代的北京琉璃河燕都一样，很早就成了废都，保留至今的只有扑朔迷离的故事。

历史是如此的无情，大大超出了人们的想象，以至世界上有幸保留到今天的历史文化名城，大都不早于公元5世纪。例如：意大利威尼斯城始建于公元451年，埃及开罗城始建于642年，越南河内始建于621年，日本奈良始建于710年，西班牙马德里始建于715年，伊拉克巴格达始建于762年，德国法兰克福始建于794年，日本京都始建于794年，德国汉堡始建于808年，捷克布拉格始建于928年，卢森堡始建于963年，奥地利维也纳始建于1137年，俄罗斯莫斯科始建于1156年，俄罗斯圣彼得堡始建于1703年，如此等等，其创建的年代都在公元5世纪或以后。

当然，以世界之大，能够保留到今天并且起源很早的城市，并非只有北京一座。例如叙利亚的首都大马士革，自从公元前12世纪闪米特人的一支来到这里后，就建立起以大马士革为首都的"阿拉米大马士革"王国。因此，大马士革被人们称为"人类最古老的城市"，并因此而享誉世界。此外如雅典古城，从公元前9世纪晚期起就有了贵族墓葬，铁器和青铜器生产也兴旺起来，由此跨入了城邦时代。大名鼎鼎的罗马古城据说肇始于公元前753年，但考古发现证明其年代有可能更早一些，甚至能早到公元前900年左右。再如埃及的亚历山大城，是公元前332年由希腊马其顿国王亚历山大大帝攻陷埃及后建造的，在托勒密王朝时成为首都。上述古城都属于如今仍然存在并且历史悠久的城市，然而它们的年代都不早于蓟城。

而如第一章所述,甲文、金文资料证明,作为北京城的源头,蓟城的年代再晚也晚不过殷墟卜辞一期所在的盘庚至武丁时期。这就是说,即使按照最保守的估计,北京城的始建年代也在武丁大帝以前,即在公元前1200年以前,迄今已有三千二百余载。于是,综览全球,在保留至今的世界各大历史文化名城中,北京城可以说是起源最早的一座。

这就是隐藏在北京城市发展史中的第一个秘密,它揭示了蓟城历史文化非同一般的悠久性。

● **第二个秘密是,北京城不仅起源很早,而且一直持续不断地发展下来**

综览全球,起源于纪元前的城市虽然不少,但其中能够永不间断地持续发展下来的,实在寥寥无几。

首先看中国的几大古都。在中华五千年文明史上,北京和西安、洛阳、开封、杭州、南京、郑州、安阳一样,同属华夏历史名都,合称"中国八大古都"。这些古都在历史上具有一定的同质性,是中华大地上自古至今所有城市中最具可比性的。

毋庸赘言,无论是号称"十三朝古都"的西安,还是素有"九朝古都"美誉的洛阳,抑或只统治了半壁河山的宋朝都城开封和杭州,这些古都个个卓尔不群,都有其不可取代的地位。但同样毋庸讳言,在充满各种挑战和考验的历史征程中,它们有的以强劲的爆发力获得了一时的辉煌,有的一路上跌跌撞撞,时而显赫时而湮没无闻。总之,正如《晋书·载记八》所言:"自古有国有家,鲜不极盛而衰",这些古都都经历了时断时续、时起时伏的发展过程,甚至动辄出现历史的断层。

例如西安，其城市文明的源头一直可以追溯到西周的都城镐京、丰京，之后"凡周、秦、汉、晋、西魏、后周、隋至于我唐并为帝都"[①]，它相继成为秦、西汉、隋、唐几大全国性王朝和不少地方性政权的中心，因此获得了"秦中自古帝王州"的盛名。但即便如此，也挡不住它的历史几度中断，几度荒芜。

公元前771年，周幽王被犬戎掠杀于骊山下，周平王仓皇东迁，周室公卿亦随之而去，西安的镐京、丰京很快荒芜下去。《诗经·王风·黍离》形容被周人遗弃的丰镐二京时说："彼黍离离，彼稷之苗；行迈靡靡，中心摇摇。知我者谓我心忧，不知我者谓我何求。悠悠苍天，此何人哉！"《诗经》成文于春秋时期，距离丰镐二京历史的终结并不遥远，但此时这两大名都早已成平芜旷野，不由诗人不感慨万千。直到荒芜了整整四个世纪后，秦献公二年（前383年）迁都栎阳，今西安一带才萌生了新的城市文明。

西安市西周丰镐遗址

[①]《通典·州郡三·京兆府》。

再如洛阳，它的历代古都中既有夏、商、周三代的都城，也有东汉、三国曹魏、西晋、北魏等王朝的都城。然而，自打商代早期的偃师商城衰亡后，直到西周初年兴建洛阳成周城，中间的城市文明整整断裂了不下两个半世纪。

在中国各大古都中，西安与洛阳是最负盛名的，建都的朝代最多。它们的命运尚且如此，其他古都就更是可想而知了。事实上，其他古都的城市文明也都经历了一波三折的起伏跌宕，不仅动辄会出现历史的断层，更难逃沦为县级小城镇的命运。其中较好的是开封，自从形成城市文明后便基本延续下来，几无中断。但它一则肇始于战国时期的大梁城，起步很晚；二则它在被秦国大军荡平后，长达几个世纪中都是县级城镇，规模很小；三则它从秦将王贲水灌大梁起就多次被洪水吞没，屡遭灭顶之灾，命运并不比其他古都好多少。

那么，世界上呢？

在世界历史文化名城的榜单上，首先要谈的当然是人类几大早期文明的历史名城。综合以观，其中最著名的城市有美索不达米亚的哈穆卡尔、乌尔、乌鲁克、巴比伦、比布鲁斯古城，古埃及的孟斐斯、底比斯、亚历山大里亚古城，古希腊的克诺塞斯古城，古印度的哈拉巴、摩亨佐·达罗古城等。不言而喻，这些古城个个都创造过骄人的辉煌，都留下了惊天地泣鬼神的故事。然而殊为遗憾的是，如同前面讲到的哈穆卡尔古城及乌尔古城一样，它们个个都难逃猝然而逝的命运，甚至全部堕入了历史的尘埃。

在全球不幸坠落的城市中，上述名单还只是沧海之一粟，而且无论什么人采用什么方法，也难以将这份名单续写完整。任举一例来说，两河流域的苏美尔文明有12个独立城邦，每个城邦都有一个中心城邑，但今天有幸被考古工作揭露出来的只是少数，其他统统无迹可寻。再举一例来说，公元前4世纪后半期，亚历山大大帝率领希腊联军东征西讨，十年间横扫了欧亚非三大洲，建立起一个西起希腊、东到印度河流域、北抵中亚的庞大帝国。身为希腊大哲学家亚里士多德钟爱的弟子，亚历山大发誓要把希腊文明传遍全世界，于是他以极大的热情在帝国版图内依照希腊样式建造了十几座中心城市。可是辗转至今，除了埃及的亚历山大里亚外，其他十余座城市皆杳如黄鹤，耗费了巨万人力建造的希腊式神庙、宫殿、剧场就这样消失得无影无踪。仅从以上两个事例便不难看出，任何试图开具一份人类失落城市完全名录的努力都是徒劳的。

以上是倏然而逝的古城，至于城市文明的突然中断，那就更是所有起源较早的古城都在所难免的了。其他城市姑且不论，单看有"永恒之城"美名的古罗马和被称作"西方文明摇篮"的古雅典，便可一窥究竟。

罗马城的历史十分悠久，一般认为其"城建日"是在公元前的753年4月21日，相沿至今已有2777载。经过数百年的发展，罗马帝国在公元96～192年的安敦尼王朝进入了鼎盛期，被称作古罗马的"黄金时代"。当时罗马帝国统治了五六千万人口，疆域西起不列颠、西班牙，东至波斯湾，南到撒哈拉沙漠，北及莱茵河、多瑙河，最大时控制了约590万平方公里的土地，泱泱地中海成了它的"内湖"。幸好当时世界的东方还有一个东汉王朝（25～220年），拥有580万平方公里土地和六七千万人口，否则这个地球就是罗马一家的天下了。然而，当公元489年东哥特人入侵意大利后，罗马城便惨遭战火荼毒，只剩下一片蔓延着绝望的残垣颓壁。那座曾经给古罗马人带来过无限狂热和欢乐的竞技场，至此竟沦为

古罗马斗兽场

荒无人迹的采石工地。在一片废墟上度过了将近三个世纪后，直到公元756年，教皇国创建于罗马一带，罗马城才得以复苏。

又如雅典，它是爱琴海地区最早形成的国家之一，早在公元前九世纪晚期就进入了城邦时代。在进入鼎盛期后，雅典曾被爱琴海世界的250多个城邦推举为联盟首领，带领希腊人民一再挫败了来犯的波斯大军，保住了古希腊文明。但自从罗马独裁者苏拉于公元前86年率军团攻陷雅典，残酷地血洗了这座文明之城后，雅典便长期沉寂下去。在拜占庭统治期间，雅典曾一度复苏，但在奥斯曼人统治时期再次沦落，中间竟有长达数百年的历史几为空白。就这样跌宕起伏，直到独立的希腊于公元1834年建都雅典，这座伟大的城市才重现辉煌。

罗马和雅典是两座英雄的城市，堪称西方古典文明最耀眼的两颗明珠。然而如上所述，它们虽然没有像古巴比伦城那样永堕尘埃，但也和中国的各大古都一样，在文明的长河中几度中落，几度凋敝，甚至出现了明显的断层。

而我们的北京，正如第四章所论，最早从黄帝后人的"蓟"开始，直到成长为全国性的都城，它的历史从未中断，始终上演着波澜壮阔的故事。这条历史长河迄今已连绵不断地流淌了三千二百余载，这在全世界都是独一无二的，具有无可比拟的独特性。

这就是隐藏在北京历史深处的第二个秘密，其谜底是，在迄今为止的三千二百多年中，北京是世界上唯一一个持续不断发展下来的城市。

● 第三个秘密是，在保持持续发展的同时，北京城的空间位置也始终固定不变

纵览北京城的全部发展史，它不仅在历史沿革上表现出了异乎寻常的悠久性和持续性，在空间位置上也始终固定不移。

正如第四章所论，古代北京城的空间位置可以区分为前后两大阶段：第一阶段是从黄帝后人的蓟邑开始，直到金中都城的结束，上下纵贯了两千五百余年。此阶段的北京城完全是在今莲花池以东的同一个位置上发展起来的，中间只是因为永定河的改道而稍稍发生了一点位移，但其基本的地理坐标却始终未变。第二阶段是从元大都新城开始，直到今天的北京城，也经历了七八百年。这是北京城历史上一次最大的位移，但移动的结果是，元大都新城与金中都旧城仅间隔了几百米，几乎可以忽略不计。而且即便在元大都建成后，金中都故城仍是这个大都市的一部分，是当时大量涌入元大都城的新居民的集聚地。到了明朝中叶，当明世宗嘉靖帝拓展北京南部外城时，更将金中都以前的老城基本囊括其中。这样一来，自先秦蓟城以来的不同城址在明中期终于合而为一，共同组成了一个老北京城。

与北京城相比，其他华夏古都的空间变化就不啻有天壤之别了。例如古都洛阳，它的夏、商都城都偏在今洛阳市迤东数十里的偃师县，而且不在同一个位置上。从西周开始，西周成周城、东周王城、隋唐洛阳城倒是都建在了今洛阳市，但也分散在各处。汉魏洛阳城则两头不靠，独自处在洛阳以东、偃师以西的居中地带。总之，洛阳的历代都城都散落在古雒河流域上百里的范围内，说它们同在洛阳，无非是就大的行政区划而言罢了。

西安的历代古都甚多，但也分散在各处。以今天的西安市区为基准，西周的镐京、丰京在它西南三四十里处；秦的栎阳都城在它东北约百里处；秦咸阳城初在咸阳市，后来才跨越渭河进入了今西安辖区；西汉长安城则位在西安西北约20里的渭河南岸。唯一与今西安市区大致重叠的，是隋唐长安城，它建在龙首原的南侧，而龙首原就在今西安市的北郊。总之，西安的历代城址最近也相隔几十里，远的如丰镐与栎阳，相距了不下一二百里。

至于开封，后期的城址可谓相当集中，甚至形成了历代城址"城摞城、城套城、门压门"[①]的奇观。但开封城的源头出自"启封"，这是春秋早期郑庄公修筑的一座小城，西汉初年改称"开封"，它却远在今开封市西南约50里处。

远古时期的杭州既无西湖，亦无平川，只有一片随江潮出没的海滩。此后随着钱塘江沉积层的不断加厚，东汉时在浅海滩上筑起了第一道堤坝，西湖这才与大海隔绝，成了一个内湖。因此十分自然地，杭州地区古城邑的发展，都起步于远离浅海滩的西部和南部山麓高地。秦与西汉的钱唐县位于灵隐山麓，隋与唐的杭州城位

[①] 丘刚：《开封宋城考古述略》，《史学月刊》1999年第6期。

于凤凰山麓，就代表了古杭州城前后发展的两大阶段。此后的杭州城是在隋唐杭州城的基础上发展起来的，但无论怎样发展，城市的重心都没有离开凤凰山麓的高亢之地。吴越王钱镠的宫城建在凤凰山，南宋临安的皇城环绕凤凰山，就是历史的明证。

南京的古城分布同样受到了地理条件的局限。该地紧邻长江，四周山环水绕，这就框定了它的整体发展空间。当年明南京的外郭城就是比照这个城市聚落的最大发展空间规划的，以至从楚威王建造的金陵城起，历代的秣陵城、建业城、建邺城、建康城、江宁城无不囊括其中。但在这样一个空间范围内，南京的历代城址却屡屡

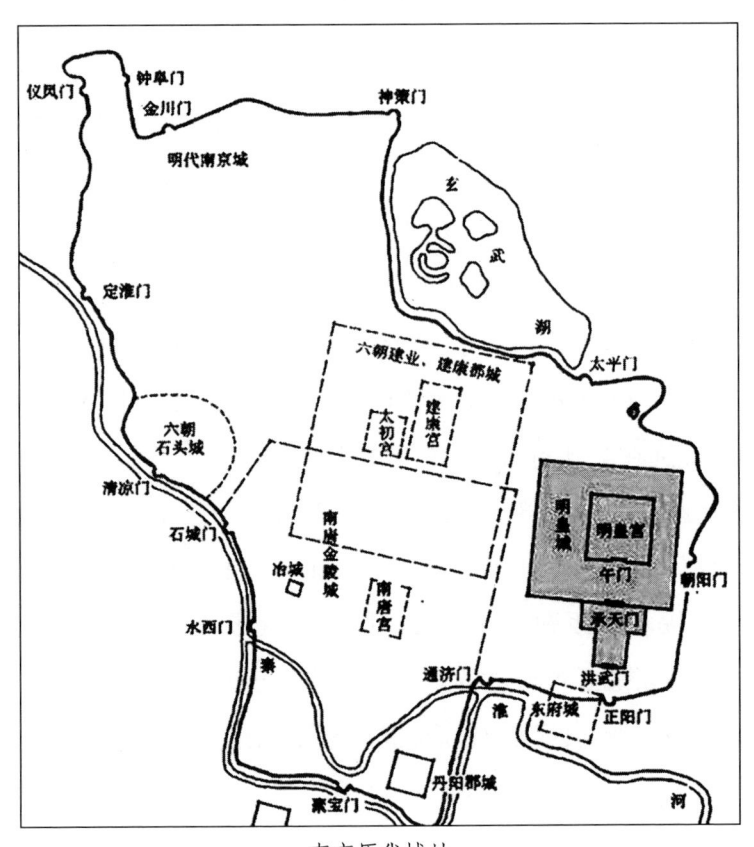

南京历代城址

迁徙不定。例如楚金陵城及孙权所筑的石头城偏在西部，六朝建业城、建康城偏在北部，南唐江宁城偏在南部，明皇城偏在东部，可谓东南西北各霸一方。它们的这种分布状况，恰好见证了时代的兴替，也见证了各古城在时过境迁后难免被遗弃的命运。

比较之下，灼然可见北京城的历史不仅是持续不断的，而且是在同一个地点上发展起来的，属于在同一地理坐标上持续发展的城市文明，这就是隐藏在北京历史文化深处的第三个秘密。

● **第四个秘密是，北京还是一座在几千年中不断保持递进式发展的城市**

北京历史文化数千年来始终保持的上升态势，是它隐藏在历史深处的又一奥秘。正如第四章所论，不管历史的潮流如何跌宕起伏，北京城的发展始终贯串着一条红线，即它总是循着自己的文明阶梯走在逐次提升的轨道上。

或许有人会说，世界上的所有事物都是由低到高、从小到大发展起来的，北京的这种特性不足为奇。当然，如果仅就某一座城市的某一个阶段来看，这无疑是对的。然而我们所说的北京城的递进式发展，是就它的全部历史而言，包括了从源头以迄于今的三千二百余年。而综观中国乃至世界，哪座城市能在三千多年中始终保持递进式的发展呢？又有哪座城市的历史能够摆脱时断时续、盛极而衰的宿命呢？这无疑是很难找寻的。

例如西安，虽然经历了几度辉煌，但在唐朝灭亡后便进入了它的后都城时代，只留下了一座连唐长安十分之一都不到的弹丸小城。事如著名地理学家侯仁之所言："长安城原是歌舞升平的一派繁华景象，但是经此（安史之乱）一番涂炭，竟然一蹶不振，历代名都，从此走上了衰落的道路。"① 即到了唐以后，长安城的繁华便一去不再，再次堕入了它的衰败期。又经过近四百年，直到明洪武三年（1370年），朱元璋封次子朱樉为秦王，下诏重筑西安城，这才有了今西安老城的格局。但即便如此，它也与唐长安城相去甚远。

又如洛阳，虽然也曾历经辉煌，但在北宋以后便一蹶不振，仅余一座方圆8里许的区区小城。及至元明清三代，洛阳城更是只剩下了一座规模仅及隋唐洛阳城东南一隅的城邑。

其他如南京、开封、杭州，无不有过自己璀璨的都城史，也无不有过盛极而衰的陨落史，都未能始终保持由低到高的递进性发展。

众所周知，西方世界的罗马与雅典，最后都摘取了都城的皇冠，都达到了自己城市发展的顶峰。然而与北京逐级而上的发展状况大相径庭的是，罗马城在经历了帝国时代的辉煌后，不仅在君士坦丁一世时丧失了都城地位，在这之后更一度沦为废墟，而且在长达千余年的时间里只是一个面积不大的教皇国的首都。就这样起起伏伏了一千五六百年后，直到意大利王国统一，教皇退居罗马城西北的梵蒂冈，罗马才于1871年重新成为意大利的首都。雅典也不例外，不但在公元前86年被罗马独裁者苏拉残酷血洗后一度成了废墟，还在奥斯曼人统治期间出现了数百年的萧条期，直到1834年才成为希腊的首都。

而北京，从方国之都到封国之都，从封国之都到东北首府，从东北首府到辽金陪都，从辽金陪都到金中都，最后从金中都到元明

---

① 侯仁之：《关于古代北京的几个问题》，《文物》1959年第9期。

清都城，不仅前后密合无间，而且整个发展轨迹始终处在逐次提升的过程中，这就是隐藏在北京历史文化深处的第四个秘密。

从距今三千二百多年的北京城起源算起，北京城的方国阶段持续了三百余年；从西周中晚期之际的燕都北上蓟城算起，北京的姬周封国阶段持续了六百余年；从秦统一算起，北京的东北首府阶段持续了不下一千一百余年。这之后，辽金陪都时期延续了二百余年，金中都时期延续了六十余年，再后便一跃而成全中国的政治、文化中心。由此可见，在三千多年的历史嬗变中，北京的发展不仅是逐次递进的，还在它的后半期呈现出了不断加速的趋势。这固然和此阶段人类发展进程的普遍加速有关，但也和北京地区发展节律的不断提升有关。时至今日，这座古老的城市依然保持着自己固有的活力，大步走在通向国际大都市的行列中。

天安门广场

- 第五个秘密是，北京是东方世界唯一一座千年古都

放眼全球，人类文明的精华全都凝聚在大大小小的城市中，而高踞于城市文明王国之上的，便是各个国家的首都。按常理说，一

国之都最该稳定，最该持久，但事实却并非如此。由于各种各样的原因，一国之都实难稳定，尤难长久，正好应了"自古有国有家，鲜不极盛而衰"的古训。仅以中国的近邻日本言之，在公元6世纪末至8世纪末的200年间，就曾七迁其都，平均每30年不到搬一次家。再从世界近现代史来看，从18世纪末到今天的200多年中，全世界有三分之一以上的国家迁了都。凡此事例无不说明，长期维持一座城市的都城地位何其难哉！

然而，殊为难得的是，人类文明史上总有一些都城，长盛不衰且历久弥昌，在人类文明的发展中起到了定海神针的作用。这当然要以今天仍是都城的城市为准，而且要以延续到今天的都城史为计。那么，这样的"千年古都"究竟有哪些呢？

要说人类历史上寿命最长的首都，恐怕要算欧洲袖珍小国圣马力诺共和国的首都圣马力诺城了。它是由一位名叫马力诺的基督徒于公元301年创建的，至今已有1700余年历史，而且是从未间断的历史。但人所共知的是，这座首都的历史虽长，国土面积却小，只有61平方公里，城市人口迄今不足5000，实际上只相当于一个小镇，因此只能算是个特例。

在绵延千年的世界大都会中，法国巴黎应该是相当突出的一个。巴黎最初只是一个以捕鱼为生的高卢族"巴黎西人"居住的小村落，公元前52年被罗马征服。公元358年，罗马人开始在这里建造房屋，但当时这里只是个局促在塞纳河畔的小居民点，被称为"鲁特西亚"，即"沼泽地"的意思。为了纪念最初居住在这里的"巴黎西人"，该地于公元400年左右改称巴黎。公元486年日耳曼法兰克人夺取了塞纳河流域，法兰克国王克洛维一世于公元508年将巴黎定为墨洛温王朝的首都，用木板搭起了教堂和宫殿，巴黎这才有了城市的雏形。但此时的墨洛温王朝只不过是个部落联合体，而且克洛维一世死后其王国很快被儿子们瓜分，巴黎曾有的首都名分也随风而逝。此后的法兰克帝国的首都在亚琛等地，巴黎充其量不过是个地方性小城镇。

公元 987 年，格·卡佩加冕为法兰西国王，开创了卡佩王朝，正式以巴黎为都。卡佩王朝初建时的法国尚处在封建割据状态，王室的权力不大，其领地也只限于以巴黎为中心的一小块地盘。自 12 世纪起，王室的领地不断扩大，王权不断加强，巴黎这才实至名归地成了全法兰西王国的首都，陆续建起了宫殿、巴黎圣母院、圣塞弗连大教堂等。到 15 世纪末的瓦罗亚王朝时，法国基本上实现了统一，巴黎也发展成了有 30 万人口的大都市，被称为"万城之冠"。

从卡佩王朝起，巴黎一直是历代王朝和历届共和国的都城，迄今已有一千余年。尤为难得的是，巴黎的建都史不仅镌刻在史册里，还烙印在城市的大街小巷中。直至今日，身为法国的首都，巴黎在与纽约、伦敦、东京并列为全球四大国际大都市的同时，还一如既往地固守着中世纪以来的传统，始终不改自己的古典

法国巴黎

风格。徜徉在巴黎的街头巷尾，许多历史悠久的街道和建筑依然毫发不爽地保留着原来的模样，总会给游人带来一丝别样的惊喜和回味。

还有一座城市，在历史名都中的地位和分量也不容忽视，这就是英国的伦敦。公元前54年，罗马人大举入侵大不列颠岛，过了大约一个世纪后，他们于公元50年左右在泰晤士河畔建造了一个军事要塞和港口，取名"伦底纽姆"，此即伦敦城的肇始。公元407年，随着最后一批罗马军团撤离英国，伦敦城被废弃，城内只剩了少数渔民和农民。公元886年，阿尔弗烈德大帝从丹麦人手中收复了伦敦，重新修整了破败的城墙，周围的居民纷纷迁入城内以求保护，伦敦老城这才重现生机。公元1066年，诺曼底公爵威廉征服了英国，设首都于温彻斯特，同时也在伦敦东部修筑了坚固的伦敦塔以防御敌人的进攻。公元12世纪，在诺曼人的统治下，伦敦终于成为英格兰的首都。

诺曼人统治期间，英国的王权得以巩固，教会的势力不断增强，伦敦城也迅速发展起来。14世纪以来，席卷欧洲大陆的瘟疫使伦敦人口骤减，至少有三分之一居民在致命的黑死病中丧生。1666年，伦敦又发生了历史上最严重的一场大火——伦敦大火。据说这场因人为事故造成的大火几乎毁掉了伦敦的全部建筑，导致数以万计的伦敦人无家可归。为了防止这类事件再次发生，英国国王下令此后在伦敦建造的房屋一律改用石头和砖瓦，并由此形成传统。

在经历了种种劫难后，到20世纪初，伦敦人口达到660万，成了世界顶级大都市。今天的伦敦城依然是欧洲的最大都市，稳居欧洲金融中心的地位，并且是世界四大都市之一。

英国伦敦

以上巴黎和伦敦，即延续到今天已有千年左右都城史的世界大都市。其中巴黎的都城史截止到目前已有上千年，伦敦也有了不下八百年。它们犹如两颗明星，双双辉耀在欧洲城市文明的上空，也辉耀在世界城市文明的上空。

此外，还有一个美丽岛国的首都，延续到今天的都城史也已达千年以上，此即塞浦路斯的首都尼科西亚。种种史料证明，尼科西亚自10世纪以来一直是岛国的首都，迄今已有一千多年历史。但殊为遗憾的是，这颗地中海的明珠却是一座分裂的城市。自1974年土耳其出兵塞岛后，市区被一条黄线划分为希腊族和土耳其族两部分，就连政府也是两套。这种对峙给这座千年古都蒙上了一层阴影，至今挥之不去。

毋庸赘言，在辉耀于人类文明上空的"千年古都"中，还有一颗耀眼的明珠，这就是东方的北京。纵观北京城的历史，姑不论距今三千多年的燕国都城乃至更早的蓟国都城，也不论秦朝末年燕王韩广、燕王臧荼以及十六国时期慕容儁、唐中期史思明、五代时期刘守光等地方割据势力在燕京的称孤道寡，更不论几乎终西汉一世以及此后在燕蓟屡废屡兴的诸侯王国之都,单从公元938年辽朝立唐幽州为南京城算起,北京的建都史绵延至今也有了悠悠一千余载。正如第四章所述,北京建都史上最大的间隔出自明朝前期,当时新建的明王朝定都于南京。但除此之外,北京的都城史基本上一以贯之,而且各王朝在这里建都的时间一朝比一朝长,充分印证了在此建都的历史必然性。

正是这千余年光阴,使北京成了名副其实的千年古都,而且是整个东方世界的唯一一座千年古都,这就是隐藏在北京历史文化深处的第五个秘密。

- 第六个秘密是,北京是东方文明的集大成之所

自古至今,城市的风貌犹如一条奔腾流淌的河,瞬息万变的是它的风物景观,永恒不变的则是它留下的故事。特别是每逢改朝换代,城市的风貌往往会焕然一新,尤以都城为最。然而与此不同的是,在古都北京,伴随种种显赫一时的应景建筑倏然而逝的,却是代表"天、地、君、亲、师"信仰的标志性建筑的历久弥新。这些建筑既具有长盛不衰的恒久性,更具有世不二出的典型性,它们才是北京城最无可置疑的地标式建筑。

这些地标都是皇家顶级建筑,个个金扉朱楹,白玉雕栏,宫阙巍然。在共性上,它们无不体现着华夏礼制文明的庄严之美,蕴含着"天人合一"的和谐之美,辉耀着中华古典建筑"中和中正"的对称之美,映衬着庭院组群的幽深之美,折射着红墙黄瓦的色彩之美。而在个性上,天地两坛突出了庄严明朗的氛围,紫禁城突出了威严壮丽的气势,历代帝王庙突出了深邃宁静的境界,太庙突出了严肃静穆的韵味,孔庙突出了高雅亲切的意境,它们又合成了一首

音韵各异的华彩乐章。这些建筑无所不至地展示着东方建筑的浑然天成和大气磅礴，是东方建筑艺术的辉煌成就，更是人类文明的瑰丽奇葩。然而，相对它们的艺术魅力而言，这些建筑更富含人文价值，是中华民族伦理、信仰、情感和大义的物化标志。

在空间方位上，天、地、日、月四坛分踞于都城四隅，恰如"前朱雀、后玄武、左青龙、右白虎"四座尊神，共同拱卫着古都北京。再加上与天坛东西相望的山川坛（先农坛），北京似被诸神环绕，筑起了一道精神的城垣。在它们的簇拥下，大内皇宫居中而立，前方两侧是太庙和社稷坛，后方两侧是历代帝王庙和孔庙，又合成了一组以皇宫为中心的核心建筑群。在这个核心圈内，各大标志性建筑交相辉映，共同撑起了华夏古老文明的大厦，也撑起了京师的政治、文化中心地位。总之，当"天、地、君、亲、师"标志性建筑以醒目的身姿伫立在北京城的东南西北时，北京城就成了汉文明的集大成代表，成了最富内涵的东方文明之都。

放眼全球，还有哪座城市矗立着如此之多的坛庙，把一个古老民族的信仰如此完整而鲜明地展现在城市建设中呢？没有了，一座也没有。这就是隐藏在北京城历史文化深处的第六个奥秘，它向人们揭示，北京城是最具东方文明内涵的城市。

历史的桂冠

综合上述六大秘密，北京城当之无愧地荣膺了两项历史桂冠：

1. 天下第一城

仅就城市文明的发展而言，在地理位置固定不变、城市文明持续不断、都市地位始终不降的三大前提下，由殷商蓟城以迄于今，北京城已走过了三千二百多个岁月。此期间无论朝代如何更替，无论区划如何调整，无论功能如何演变，也无论名称如何改动，蓟城的一脉相承发展却始终不变，它的中心城市地位也始终不变。像这样一座城市，在位置不变、历史不断、功能不减的前提下，竟绵延不绝地发展了三千二百余年，时间之长不仅在中国是首屈一指的，在世界上也是无出其右的，这就使北京当之无愧地荣膺了"天下第一城"的桂冠。

2. 东方第一都

当从古都北京的城市风貌出发，化无形为有形，逐一梳理了各皇家礼制建筑的形成与发展后，无异于从城市的硬件建设上揭示，这是座凝聚了中华民族传统信仰、伦理道德、文明基干的城市，是座最具东方文明底蕴的城市。这些皇家建筑的世代相传，表明"天、地、君、亲、师"崇拜体系早已渗透到这座城市的方方面面，也早已矗立在这座城市的四面八方。而作为这个传统信仰的集大成之地，北京城无可置疑地成了天下无双的"东方第一都"。

以上"天下第一城""东方第一都"，就是历史赋予北京城的殊荣。这是北京历史文化悠久、持续、递进、多元、一统发展的结果，是北京城三千二百多年积淀下的文明结晶，在人类文明史上具有无可比拟的独特性。

天佑中华，永灿京城

叙论至此，又一个无法回避的问题来到了我们面前：广袤世界，何以独有北京城如此卓尔不群，能保持这样悠久、持续、递进、多元、一统的发展呢？要想回答这个问题，就要先从全球视野出发，看看人类曾经经历过什么令乾坤倒转的普遍性灾难。

美国著名历史学家斯塔夫里阿诺斯说："公元前二千纪，欧亚大陆正处于一个骚动时期，即游牧民入侵、古老的帝国被推翻、旧的社会制度瓦解的时期。骚动是猛烈的，整个欧亚大陆都处于一片混乱之中。因此，公元前二千纪是古代文明从历史舞台上消失，由古典文明取而代之的过渡时期。"[1] 这里揭示出，从公元前2000年开始，新兴游牧族在欧亚大草原迅猛崛起，给整个世界带来了一场前所未有的灾难。游牧民族风卷残云般的扩张，除了在中国被以燕国为首的文明卫士拼死抵挡住外，在其他地区则所向披靡，几乎摧垮了整个世界。而随着"古老的帝国被推翻、旧的社会制度瓦解"，不仅欧亚大陆的古老文明从历史舞台上倏然消逝，大多数古代城市也遭受了致命打击，纷纷堕入了历史的尘埃。正如斯塔夫里阿诺斯的《全球通史》把公元前1000年作为世界古代史的终结一样，几乎一切都在这时画上了句号。

一波未平一波又起，又一场世界性灾难来自公元3世纪。当时全球的古典文明刚刚复兴，游牧民族便在全球又掀起了一场疾风暴雨。斯塔夫里阿诺斯的《全球通史》对此专门著有《古典文明的终结》一章，详细叙述了在公元3世纪至6世纪时，"边远地区的游

---

[1] [美] L.S. 斯塔夫里阿诺斯：《全球通史——1500年以前的世界》，吴象婴、梁赤民译，上海社会科学院出版社，1999年，第149页。

牧民最终践踏了这些文明，从而根本改变了世界历史的进程"。这场游牧族对古典文明的打击，丝毫不亚于公元前二千纪游牧族对人类早期文明的冲击，区别仅在于"游牧民的入侵所造成的影响因地而异"[①]。具体来说，中国北部和印度北部虽遭践踏，但仍保持了各自独特的文明；中国南方和印度南方因为与游牧民族相距遥远而幸免于难；拜占庭和波斯帝国势力强大，不断击退了外来侵略者。最不幸的是西方世界，长期遭受日耳曼人、匈奴人、马扎尔人和维京人的侵略，古老文明一再被铁蹄和弯刀无情摧残。

以上事实说明，世界各大古城相继陨落的背景虽然不尽相同，但全然相同的是，正是游牧民族掀起的侵略战争，使它们不由自主地堕入了历史的尘埃。于是便如前文所述，世界上保留至今的历史文化名城，大都只能肇始于第二次大灾难结束之后了。

这两场世界性灾难带来的一个直接后果是，在世界各大古老文明中，唯一一个有幸保留下来的，就是中华文明。这是被西方权威史家普遍认可的事实，代表性的论述即见于斯塔夫里阿诺斯的《全球通史》。斯氏的这部著作问世于1970年，出版后获得了社会的广泛赞誉，被称为"经典中的经典"，并被译为多种文字发行。斯氏在该书中就一再强调说[②]：

"东亚的本土文化有它自己的特点，正是这些特点与外来文化相结合，构成了伟大、独特的中国文明。这一文明以举世无双的连续性从商朝一直持续到现代。"

"独特的中国新石器时代的文化连续地发展为独特的中国文明，

[①] [美] L.S. 斯塔夫里阿诺斯：《全球通史——1500年以前的世界》，吴象婴、梁赤民译，上海社会科学院出版社，1999年，第299页。

[②] 同上注第137、164、278页。

这一文明从商时期一直持续到现在。"

"与印度文明的不统一和间断相比，中国文明的特点是统一和连续。"

"中国的发展情况与印度在雅利安人或穆斯林或英国人到来之后所发生的情况不同，没有明显的突然停顿。"

持同样观点的西方学者大有人在，因为客观事实实在是再清楚不过了，令人无法生疑。更何况，中国文明的长盛不衰不仅体现在文明与历史的连贯上，更表现在许许多多非同寻常的典型事例上。

一如中华民族尊上古时代的黄帝、炎帝为祖先，至今世代相传赓续不绝，前后已绵延了五千年之久。

二如中国的方块字从发明伊始一直沿用至今，即使从文字形态完全成熟的殷商甲骨文算起，也有了三千三百余年历史。

三如"中国"一词最早始见于西周成王时期的青铜礼器"何尊"铭文①，沿用至今已有三千余载。

四如自公元前841年（西周共和元年）有了编年史起，中国的历史每年都有详细记载，一年也没中断，至今已绵延了两千八百余年。

五如自从《春秋经》

青铜何尊

---

① 唐兰：《何尊铭文解释》，《文物》1976年第1期。

问世,从鲁隐公元年(公元前 722 年)开始,中国的历史基本上有月日可循,迄今已不下两千七百余载。

六如孔子家谱世代相传,密合无间,至今已传承到八十余代,前后纵贯了近两千六百年。人们都说欧洲贵族是最讲究家族谱系的,虽然沿袭至今已经没有了太多实际意义,也仍在世代相传。但相比之下,要说世界上最长的家族谱系,显然非孔子家族莫属。

在人类文明史上,以上事例的意义都是不言而喻的。而除了这些典型事例外,中华民族在种族、语言、信仰、文化等方面的一脉相传更是早有定评。斯塔夫里阿诺斯在《全球通史》中曾经说过这样一段妙趣横生的话:"一个生活在公元前 1 世纪汉代的中国人,若在公元 8 世纪初复活,他一定会感到非常舒适、自在。他将发觉当时的唐朝与过去的汉朝大致相同,他会注意到两朝民族相同、语言相同、儒家学说相同、祖先崇拜相同以及帝国行政管理相同。"斯言诚是。

众所周知,文明的连续与否,主要是由城市文明的连续与否表现出来的。而现在我们已经知道,中华文明之所以长盛不衰,不仅是因为中国的几大古都全都从始至终坚守下来,从而共同撑起了中华文明的大厦;也不仅是因为有一批大型城市终古不衰地持续发展下来,从而共同维护了中华文明的生生不息。更为关键的是,早自三千年前以来,就有一座城市始终屹立不倒,无论历史的风暴如何凶猛,无论朝代的更迭如何频繁,都坚定不移地沿着文明的阶梯持续、递进地不断前行,这就是我们的北京。

斯塔夫里阿诺斯在前面的引文中强调,中华文明的连续性是从商朝开始的。其实近年来的考古发现早已证明,中华文明的源头可以一直追溯到远古的龙山时代,比斯氏之说早了一千多年。然而即使以斯氏此说为据，斯氏此文也足以说明，在世界上不晚于中国商朝的古城中，唯一有可能持续发展下来的只有中国的城市。而如前面第一章所述，北京城源起的下限年代刚好就在殷商早期，就在斯氏所说的这个时段。这当然不是巧合，因为从降生的那天起，古都北京就承担起了为中华文明的持续发展而傲立苍穹的使命，于是这才有了一个赓续不绝的中华文明。

可是，为什么独有北京能够躲过一场接一场灾难，没有堕入历史的尘埃呢？这确实是一个令人费解的问题。

考古资料证明，就在第一场世界性大灾难发生之际，约在公元前十九世纪中叶的夏代后期，以畜牧族为主体的夏家店下层文化就曾长驱直入燕山以南，在长达数百年的光阴中占据了今北京地区。[①] 此后，北京平原长期盘踞着以畜牧族为主体的塔照二期文化和张家园上层文化，并且一直延续到了西周早中期。这些文化在北京地区不仅坚如磐石，而且不断呈现出发展壮大之势，甚至一度向南扩展到了华北平原的大清河流域，开始马踏中原。如果对此趋势听之任之，或许北中国早在商周之际就会出现不同的政体了，整个中国的历史也将像其他文明古国一样，或者被拦腰斩断，或者被全面改写。可是恰逢此时，新兴的西周王朝该出手时就出手，做出了扭转乾坤之举，这就是第三章所说的封三公之一的召公奭于燕。在这之后，又如第三章所述，历尽千难万险的燕国终于把畜牧族赶回到燕山以北，并在战国中期反戈一击，"袭破走东胡，东胡却千余里"，把匈奴和东胡等游牧民族向北驱赶了千余里。

时至今日，我们已无法想象燕国究竟是怎样做到这一点的了。

---

① 考详拙作《人类文明的圣殿：北京》，中国书籍出版社，2014年，第400～412页。

特别是鉴于世界上那些强大的帝国在游牧族的践踏下竟是如此的不堪一击，就更难想象当时燕国的处境是何等的凶险了。太史公马迁对此也不知其详，只能笼而统之地说"燕迫蛮貊，内措齐、晋，崎岖强国之间，最为弱小，几灭者数矣"[①]。其中一句"几灭者数矣"，算是道尽了燕国的危如累卵和艰苦卓绝，也表明燕国为了完成这个使命是怎样一而再、再而三地拼死一搏的。

燕国历史上有一件蹊跷之事，或许亦与此有关。这就是，始封的召公奭虽然高居三公之位，但召公以下的九世燕侯在中原典籍中居然全部失载，仅被轻飘飘的一句"自召公已下九世至惠侯"[②]带过。要知道，这可是在所有封国中位列前三的诸侯啊，何至疏漏如此？更何况，周朝是个相当重视历史的王朝，设立了不少专职史官，他们给各主要诸侯国都留下了密合无间的世系及史实，为何独独漏掉了燕国？这确实是件匪夷所思的事，让人百思不得其解。通过房山琉璃河古燕都出土的青铜器铭文，已知召公之后有一代燕侯名叫"克"，此外在传世的青铜礼器中还曾见到"燕侯旨"的铭文，说明召公之后还有一个燕侯叫作"旨"。这"燕侯克""燕侯旨"，应该就是失传的那八世燕侯中的两个，但这终归是地下文物提供的线索，无法取代文献失载的事实。而文献失载的怪诞之象似乎正好说明，当时周天子和中原列国对燕与游牧族的生死搏斗未予援手，甚至坐视不救，以至在中原史官的典籍中只能阙而不载，乃至讳而不言。然而无论怎样凶险，燕国终归是完成了这个使命，否则历史上就没有一个国祚如此绵长的姬周燕国了，也没有一个发展如此长久的华夏文明了。

---

①《史记·燕召公世家》。
② 同上注。

到公元3世纪，当游牧族又在全球掀起另一场狂风暴雨时，北京地区同样难以幸免，很快堕入了北方游牧族逐鹿华夏的"五胡乱华"时期（公元304～439年）。当此之时，游牧族的铁蹄踏平了整个北中国，制造了一场前所未有的大动荡和大分裂。其结果是，鲜卑拓跋氏的北魏王朝在群雄中异军突起，于公元439年统一了整个中国北方。鲜卑拓跋氏原居黑龙江、嫩江流域，以游牧为生，此后游牧到内蒙古一带，是个地道游牧族。但这个游牧族却着实非同一般，他们通过三个非凡之举，给中华文明带来了一个截然不同的结果。

一是这个北方少数民族始终坚称自己是黄帝的嫡亲后裔，说已详第五章。

二是既然自认是黄帝后裔，自持是华夏传人，北魏皇室就不遗余力地推行了自身的汉化。亦如第五章所述，北魏建国后，特别是在北魏拥有了一大片中原土地后，随即全面推行了各项汉化措施，最后终于在服饰、语言、籍贯、姓氏、法律、官制、礼俗、血脉等方面实现了"全盘汉化"。

三是正当自己的鼎盛期，北魏王朝毅然投入了中原的怀抱，移都于洛阳。北魏的第一个都城在塞外盛乐，此即今内蒙古和林格尔县的土城子。之后北魏道武帝拓跋珪于天兴元年（398年）迁都平城，地在今山西大同。又经过近一个世纪，北魏孝文帝太和十八年（494年），正处于发展繁荣期的北魏王朝又迁都洛阳，进入了中原的腹心之地。

既然族源相同、文化相同、地域相同，那还有什么不同呢？于是，通过族源的认宗、文化的融合、地域的归一，鲜卑拓跋氏的北魏彻底融入了汉民族和汉文明的怀抱。

总之，上述两大事实说明，当全球性的两大灾难来临时，世界的东方并不太平，游牧族的进犯从未停止。这是因为，从公元前2千纪起，整个欧亚北部的草原地带全都发生了环境的蜕变，开始走向干旱和苦寒，燕山以北地区同样如此。正是在这种大背景下，不仅促成了欧亚北部草原民族的强劲崛起，而且使得从西方的欧洲多瑙河下游起，直到东方的燕山以北地区，各地的草原民族纷纷刀锋向南，去掠夺和侵略温暖地区的农耕民族。中国长城沿线以南的农耕民族当然也在所难免，而位处燕山南麓的北京地区更是首当其冲，于是便一再陷入了北方游牧族的包围中。然而，正是由于燕国以及两汉王朝不断击溃了游牧族的来犯，也正是由于北魏王朝恰在公元500年左右孝文帝时全面推行了归宗华夏的历史变革，才在武化与文化的双重作用下，造就了一个从未坠落的文明，也造就了一座从未坠落的城市。

以上说的是世界性灾难，此外还有中国古代城市发展史上的普遍灾难，说已详第四章。总之，无论世界性的普遍灾难还是中国的普遍灾难，北京城统统如得天佑，全都有幸躲了过去，从而始终不断地发展下来，成了中华文明的擎天大柱。

结语

一般而言，一座城市的沿革大致包含了五大要素：一是历史起源；二是空间位置；三是发展脉络；四是规模建制；五是现实状况。现在我们已经知道，我们的北京城源起于距今3200年前，此后便持续不断地发展下来，从无间断也从无倒退，反而始终保持了平稳有序且逐次递进的发展。在地理位置未加变动的情况下，它立地生根、枝繁叶茂，终于发展成中华人民共和国的首都，成长为容纳了两千多万人口的超级大都市。

相对那些如流星般陨落的人类古城，相对那些建城时间早于北京但动辄被遗弃的古城，北京城市文明的这种特异性可谓弥足珍贵。正是这种特性，使北京理所当然成了中国古代主流文明的中流砥柱，从始至终维系了中华文明的持续发展。也正是这种特性，使北京成了人类文明的一盏长明灯，在黝暗的时空隧道中亘古不灭，时刻传承着生生不息的文明之光。同样还是这种特性，使北京以3200年持续不断的光辉纪录，在全人类的城市发展史上独领风骚，成为当之无愧的"人类文明圣殿"。

归纳起来，说北京城是"人类文明的圣殿"，是建立在如下基础上的：

这里有不下3200年城市发展史，早在1000年前就跨入了都城时代，并在这之后创造了长达750余年的城市"保全史"，而凡此都是人类文明史上超凡绝伦的记录。自从它诞生的那天起，它的历史、文化、文明就长盛不衰，历久而弥昌，始终保持了持续、递进的发展。在人类充满血腥残杀的民族碰撞中，它奇迹般地将主流民族、主流文明和多元民族、多元文化融汇起来，化对立为统一，化腐朽为神奇，创造了一个多元民族与多元文化共生共荣的完美典型。它始终以大气磅礴的城市风貌展示着东方民族的精神信仰，既是东方文明的集大成之所，也是东方文明的巅峰之作。它至今仍是拥有960万平方公里土地和14亿人口的泱泱大国的首善之区——这就是我们的北京！

后　记

作为一个自小生长在北京的老考古人，借助考古资料来深入探讨北京的历史文化，是我应尽的义务和责任。

什么是"考古"？在考古学已然大昌的今天，这仍然是个歧见纷披的问题。事如著名考古学家严文明先生所言："究竟什么是考古学，并不是每个人都清楚的。有人说考古就是挖掘和鉴定文物的，如果是这样，就不会成为一门学科。"于是，在比较了有关"考古"的种种中外解读后，严先生作出了一个自己的判断："经过再三考虑，似乎把考古学的定义作如下表述更为贴切一些：考古学是研究如何寻找和获取古代人类社会的实物遗存，以及如何依据这些遗存来研究人类社会历史的一门学科。"在这句话之后他又进一步补充道："（上面）前半句话强调了田野考古学，它是近代考古赖以确立的基础；后半句话强调了研究的目的和主要内容，从而明确了考古学的性质。"①

严先生前半句话说的"田野考古"，是门实践性很强的学问，在此无法展开。至于他后半句话强调的"如何依据这些遗存来研究人类社会历史"，倒是早在一百年前的上个世纪二十年代，就有人

---

① 严文明：《考古学初阶》，文物出版社，2018年，第3~4页。

提出了一个可资借鉴的方法，这就是史学研究的"二重证据法"。

"二重证据法"是由史学巨擘王国维先生于1925年在清华大学讲授《古史新证》时提出的。王国维（1877～1927年）字静安，号观堂，清末民初人，有《静安文集》《观堂集林》等存世。在研究中国古代史时，王氏上承乾嘉考据学派的国学传统，又借助刚刚传入中国的西方实证主义史学方法，援引甲骨文及金文资料与文献对勘，取得了许多突破性的成就。对于自己采用的这种研究方法，王国维称之为"二重证据法"，即取地下实物与纸上遗文相互参证、相互补充的研究方法。他说："吾辈生于今日，幸于纸上之材料外，更得地下之新材料。由此种材料，我辈固得据以补正纸上之材料，亦得证明古书之某部分全为实录，即百家不雅驯之言亦不无表示一面之事实。此二重证据法，惟在今日始得为之，虽古书之未得证明者，不能加以否定，而其已得证明者，不能不加以肯定。"[①] 其实在王国维那个时代，现代意义的考古工作尚未起步，其所倚重的"地下"实物，无非是传世的甲骨文、金文材料，还很难说是真正意义的"二重"证明。而今天，当田野考古工作早已漫卷全国，当考古发现早已触目即是，各类地下文物与文献史料的相互参证和相互补充不仅是可能的，而且是必要的，这已成为古史研究方法的不二之选。

从专业角度出发，落实"二重证据法"的途径无非有二：一是历史学者立足传统史学来结合、运用考古材料；二是考古工作者基于田野考古资料来结合、运用文献史料。历史学与考古学是极具亲缘关系的学科，这种结合看似轻而易举。但问题恰恰在于，这两大

---

① 王国维：《古史新证》，湖南人民出版社，2010年，第2页。

学科的理论与方法有很大的不同，以至不能不把它们并列为"国家一级学科"。质言之，如果不深入理解考古地层学、类型学的精髓，历史学者就很难从枯燥乏味的考古资料中读出"活"的文章来，充其量只能人云亦云。同理，深陷盆盆罐罐的考古工作者想要熟稔掌握历史文献亦非易事，想从浩如烟海的文献史料中去伪存真地得出独到见解就更是难上加难，故而对文献的使用也往往有"贴标签"之嫌。于是，正如人们时常看到的那样，虽然历史学者与考古学者不乏共同话题，常常要坐在一起讨论，但往往是仁者见仁智者见智，各说各的话。

先秦史学家沈长云先生说："目前不论在考古界，还是在历史学界，大多数学者都赞成历史应当与考古相结合，并且也是努力这么做的。然而从实际效果看，这种结合做得尚不那么理想……这并不是考古学者与历史学者互不买账，而是其距历史研究的要求确有一些距离。"[1] 著名历史学家、古文字学家李学勤先生对此说法颇为赞同，他认为"这段话确实反映了现实"，并且自我检视说："原因恐怕更多是在我们学历史的一方面。"[2] 其实，这跟学历史出身还是学考古出身并无多大关系，有关系的是，无论立足于考古学还是历史学，都不仅要尽可能地深入考古学文化的堂奥，还要苦心孤诣地研读文献史料，合两专为一专，而这显然是件并不容易的事。

以北京历史文化之悠长，以其享誉中外的历史名城地位，探讨并阐述北京历史文化的著作可谓汗牛充栋，这是毋庸置疑的。但正如我们看到的，出发于历史学的著述虽多，不但有各种版本的通史

---

[1] 沈长云、张渭莲：《中国古代国家起源与形成研究》，人民出版社，2009 年，第 166 页。

[2] 见上书李学勤序言。

类著作，还有探讨北京历史地理、北京城市发展、北京都城建设乃至北京稗官野史的专著，甚至有集数十位专家通力合作的洋洋330余万言的大部头《北京通史》，但它们都几乎和考古资料不沾边。即使其中对某些考古发现不能不有所涉及，也只是简简单单地一语带过，远远谈不上藉考古成果来复原和发掘历史。至于出发于考古学的，积累近一个世纪的北京考古发现，陆续问世的不仅有各种考古资料汇编和考古发掘报告，还有集大成的《北京考古四十年》《北京考古五十年》《北京考古志》等，更有多人合力撰写的大部头《北京考古史》《北京考古发现与研究》等，亦不可谓不丰。但纵观这些考古学著作，除了必须借鉴的历史年代、历史地名、历史事件外，鲜有结合文献史料深入开展研究者。

总之，客观事实是，虽然北京各博物馆、各高校、各科研机构的历史、考古人才济济一堂，但不能不说，百年前王国维倡导的历史学与考古学研究相结合的"二重证据法"，仍是一个有待开拓的领域。随着考古学从小众走向大众，随着它越来越被公众所关注，北京的考古人也开始写一些普及性读物，开始结合历史文献来挖掘考古资料中蕴藏的故事。这给枯燥的考古事业增添了不少生趣，是件令人欣喜的大好事。但这却不是"二重证据法"的初衷，更不是考古学的终极目的。正如考古学大师夏鼐所言，考古学的终极目的"在于根据古代人类通过各种活动遗留下来的实物，以研究人类古代社会的历史……论证存在于古代社会历史发展中的规律"[①]。即其根本目的在于发掘与发现历史，揭示历史文化的总体特征与规律。

因此，实实在在地融历史与考古于一体，切实秉承考古学科的

---

① 夏鼐、王仲殊:《考古学》,《中国大百科全书·考古学》,中国大百科全书出版社,1986年,第1页。

根本目的,深入探索北京历史文化内在的基本属性和基本规律,就是我们应当为之努力的方向,也是本书的宗旨。

努力的方向有了,那么本书的写作应该遵循一个什么原则呢?这也是需要认真考虑的。幸得华夏出版社人文历史编辑中心主任杜晓宇先生和编辑刘伟先生的指点,给出了"轻学术"三字真经。这三个字的意思是,学术性还是要的,否则便会沦为人云亦云的通俗读物,从而丧失自身的特点。但事情的另一面是,学术性却不宜过重,要尽可能轻一些,"轻"得让非专业人士也能读懂,甚至能让所有对北京历史文化感兴趣的人都能读懂,这也是不言而喻的。

扪心自问,拙作的"学术"二字还是当得起的,主要表现在:

一是书中保留了必要的原始史料和考古资料,保留了这些核心史料的原始出处,以此尽可能做到言之有物、言之有据。

二是全书从始至终都认真遵循了"二重证据法"的原则,综合运用历史学与考古学的史料来探讨北京的历史文化,而这本身就是一种学术性探索,是一种纯学术行为。

三是拙作不乏学术新论,道出了许多前人未曾道的创新之见。其中最核心的是,全书各章对隐藏在古都北京深处的历史密码做了逐一解析,而由于它们的一一揭示,北京历史文化的种种奥秘得以剖解,北京历史文化的独特性也得以展现。总之,全书从头到尾新见迭出,而且所论诸事皆与北京历史文化的发展脉络、基本属性和总体特征有关,由此把古都北京的面貌更加准确、鲜明、生动地呈现到人们面前。

那么,怎样才能在确保学术性的基础上,实现"轻学术"的"轻"呢?

2014年底,拙作《人类文明的圣殿:北京》初版问世,不期然于 2015 年 5 月被大名鼎鼎的北京人大附中列为向全校推荐的经典图书。在人大附中这次推荐的九本图书中，拙作不但忝列胡适、梁漱溟、余秋雨等人的传世之作中，还在不经意中被排在了首位。坦白地说，《人类文明的圣殿：北京》是一部纯学术著作，洋洋洒洒 70 余万字完全是由文献史料和考古资料的考据堆砌起来的。人大附中之所以推荐此书，想必是被它的创新性见解所吸引，而且认定这些新见都是翔实有据的。此事引起了《中国教育报》的关注，为此特意刊发了一篇《知名中学的学生都在看些什么书》的文章，文称："各位爸爸妈妈们，你们是否在苦恼，除了一些世界名著之外，实在不知该给孩子看什么书？而且看过的书籍的类别单一，怎样才能给孩子丰富多元的阅读体验？别担心，小编专门对症下药，今天就为大家推荐人大附中学生们的精品书单。此书单可谓古今中外，各有涉猎，乃良心推荐，各位看官还不快快推荐给孩子？"而《中国教育报》在此文中推荐的第一本书，也是《人类文明的圣殿：北京》。

比较之下，在被北京人大附中和《中国教育报》看好的《人类文明的圣殿：北京》的基础上，本书除了在内容上转为以"城"为重点外，还在写作上遵循了如下原则：

一是尽可能剔除了繁琐的考据性内容，裁减了晦涩难懂的古代文献和考古资料。

二是避开了一切尚待商榷的疑点难点问题。

三是挖掘了一些鲜活的考古故事，增添了一些平实易懂的考古史料。

四是在行文时尽量注意语言的通俗易懂，避免采纳过多的专业术语或复杂的逻辑结构，以求深入浅出。

有了上述各项措施，无异于在《人类文明的圣殿：北京》一书的基础上逐次降低了四级难度，或许算是比较"轻"了吧？

　　当然，如果要降低到小学生或只有初中以下文化程度的人阅读，本书显然还"轻"得不够。然而，那已经超出了"轻学术"的范围，而应当纳入"童书"的范畴了。

　　以上就是在创作本书时所作的思考，特赘述于此，以为后记。

　　最后，衷心感谢本书的责任编辑刘伟先生，正是他对北京历史文化的深入理解，以及对编辑工作的一丝不苟，才使本书得以顺利面世。

王光镐
2025年5月29日

参考文献

一 典籍

（清）阮元校刻：十三经注疏

北京：中华书局影印本，1980年

含《周易正义》《尚书正义》《诗经正义》《周礼注疏》《仪礼注疏》《礼记正义》《春秋左传正义》《春秋公羊传注疏》《春秋谷梁传注疏》《论语注疏》《孝经注疏》《尔雅注疏》《孟子注疏》

二十五史（点校本）

北京：中华书局，繁体字竖排版，分别出版于1959～1977年

《史记》 1959年

《汉书》 1962年

《后汉书》 1965年

《三国志》 1959年

《晋书》 1974年

《宋书》 1974年

《南齐书》 1972年

《梁书》 1973 年

《陈书》 1972 年

《魏书》 1974 年

《北齐书》 1972 年

《周书》 1971 年

《隋书》 1973 年

《南史》 1975 年

《北史》 1974 年

《旧唐书》 1975 年

《新唐书》 1975 年

《旧五代史》 1976 年

《新五代史》 1974 年

《宋史》 1977 年

《辽史》 1974 年

《金史》 1975 年

《元史》 1976 年

《明史》 1974 年

《清史稿》 1976 年

诸子集成（订正本）

北京：中华书局，1954 年

包括《荀子集解》《老子注》《庄子集解》《管子校正》等

（西汉）刘向集录:《战国策》，上海：上海古籍出版社，1985 年

（北魏）郦道元著、王国维校:《水经注校》，上海：上海人民出版社，1984年

（唐）李泰等著、贺次君辑校:《括地志辑校》，北京：中华书局，1980年

（宋）司马光:《资治通鉴》，北京：中华书局，1956年

（元）熊梦祥:《析津志辑佚》，北京：北京古籍出版社，1983年

（明）郭造卿著、邱居里辑录点校:《燕史》（上下），北京：北京出版社，2015年

（明）刘侗、于奕正:《帝京景物略》，北京：北京古籍出版社，1983年

（明）蒋一葵:《长安客话》，北京：北京古籍出版社，1980年

（清）于敏中等:《日下旧闻考》，北京：北京古籍出版社，1985年

（清）励宗万:《京城古迹考》，北京：北京古籍出版社，1981年

（清）潘荣陛:《帝京岁时纪胜》，北京：北京古籍出版社，1981年

（清）富察敦崇:《燕京岁时记》，北京：北京古籍出版社，1981年

二 考古

中国社会科学院考古研究所编:《新中国的考古发现和研究》，北京：文物出版社，1984年

文物编辑委员会编:《文物考古工作十年（1979～1989）》,北京：文物出版社,1991年

文物出版社编:《新中国考古五十年》,北京：文物出版社,1999年

刘庆柱主编:《中国考古发现与研究》(1949～2009),北京：人民出版社,2010年

文物出版社编:《二十世纪中国考古学的发现与研究》,北京：文物出版社,2014年

北京市文物研究所编:《北京考古四十年》,北京：北京燕山出版社,1990年

北京市文物研究所编:《北京文物与考古》(第一、二、三辑),北京：北京燕山出版社,1983年、1991年、1992年

陈光汇编:《燕文化研究论文集》,北京：中国社会科学出版社,1995年

杜金鹏:《幽燕秘史——京都探古记趣》,四川：四川教育出版社,1996年

陈光:《北京市考古五十年》,刊《新中国考古五十年》,北京：文物出版社,1999年

苏天钧主编:《北京考古集成》,北京：北京出版社,2000年

宋大川主编:《北京考古发现与研究》(上下),北京：科学出版社,2009年

郭京宁:《考古北京——破译地下的历史密码》,北京：北京人民出版社,2021年

韩建业:《北京先秦考古》,北京：文物出版社,2011年

贾兰坡、黄慰文:《周口店发掘记》,天津：天津科学技术出版

社，1984 年

裴文中、张森水：《中国猿人石器研究》，北京：科学出版社，1985 年

北京市文物研究所编：《琉璃河西周燕国墓地（1973～1977）》，北京：文物出版社，1995 年

河北省文物研究所编：《燕下都》，北京：文物出版社，1996 年

大葆台汉墓发掘组：《北京大葆台汉墓》，北京：文物出版社，1989 年

骆汉城等：《揭墓：北京老山汉墓发掘秘闻》，江苏：江苏文艺出版社，2001 年

杨志国主编：《考古金中都》，北京：北京燕山出版社，2023 年

北京市文物研究所：《北京金代皇陵》，北京：文物出版社，2006 年

殷玮璋、曹淑琴：《周初太保器综合研究》，《考古学报》1991 年第 1 期

程长新：《北京顺义县牛栏山出土一组周初带铭铜器》，《文物》1983 年第 11 期

晏琬：《北京、辽宁出土铜器与周初的燕》，《考古》1975 年第 5 期

北京市文管处：《北京地区的又一重要考古收获——昌平白浮西周木椁墓的新启示》，《考古》1976 年第 4 期

靳枫毅、王继红：《山戎文化所含燕与中原文化因素之分析》，《考古学报》2001 年第 1 期

赵正之、舒文思：《北京广安门外发现战国和战国以前的遗迹》，《文物参考数据》1957 年第 7 期

北京市文物工作队:《北京西郊白云观遗址》,《考古》1963 年第 3 期

北京市文物管理处:《北京地区的古瓦井》,《文物》1972 年第 2 期

陈平:《释"剄"——从陶文"剄"论定燕上都蓟城的位置》,《中国历史文物》2007 年第 4 期

北京市文物工作队:《北京西郊西晋王浚妻华芳墓清理简报》,《文物》1965 年第 12 期

马希桂:《北京王府仓北齐墓》,《文物》1977 年第 11 期

刘耀辉:《试论北京地区唐墓》,《北京文博》1998 年第 4 期

刘乃涛:《刘济墓考古发掘记》,《大众考古》2013 年 2 期

袁进京、赵福生:《北京丰台唐史思明墓》,《文物》1991 年第 9 期

苏天钧:《北京南郊辽赵德钧墓》,《考古》1962 年第 5 期

阎文儒:《金中都》,《文物》1959 年第 9 期

中国社科院考古研究所、北京市文管处:《元大都的勘察和发掘》,《考古》1972 年第 1 期

景爱:《金中都万宁宫与明清故宫》,《地域文化研究》2017 年第 1 期

王佳音:《清北京皇城布局变迁概说》,《北京规划建设》2013 年第 6 期

三　历史

[英]赫·乔·韦尔斯:《世界史纲》,吴文藻、谢冰心、费孝通

等译，北京：人民出版社，1982年

［英］阿诺德·汤因比:《历史研究》，刘北成等译，上海：上海人民出版社，2000年

［美］L.S.斯塔夫里阿诺斯:《全球通史——1500年以前的世界》，吴象婴、梁赤民译，上海：上海社会科学院出版社，1999年

王国维:《古史新证》，湖南：湖南人民出版社，2010年

白寿彝总主编:《中国通史》，上海：上海人民出版社，1994年

吕思勉:《中国史》，北京：当代中国出版社，2009年

［法］沙海昂注:《马可·波罗行纪》，冯承钧译，北京：商务印书馆，2012年

［罗马尼亚］尼·斯·米列斯库:《中国漫记》，北京：中华书局，1989年

史念海:《中国古都和文化》，北京：中华书局，1998年

朱士光主编:《中国八大古都》，北京：人民出版社，2007年

北京市社会科学院编著:《北京通史》，北京：中国书店，1994年

方彪:《北京简史》，北京：北京燕山出版社，1995年

北京大学历史系:《北京史》(增订版)，北京：北京出版社，1999年

尹钧科:《北京城市发展史》，北京：北京出版社，2016年

朱祖希:《北京城——中国历代都城的最后结晶》，北京：北京联合出版公司，2018年

王光镐:《人类文明的圣殿：北京》(修订版)，北京：华夏出版社，2023年

四　城市地理

侯仁之主编:《北京历史地图集》，北京：北京出版社，1988 年

侯仁之主编:《北京城市历史地理》，北京：北京燕山出版社，2000 年

侯仁之:《北京城的生命印记》，北京：生活·读书·新知三联书店，2022 年

于德源:《北京古代城址变迁》，《京华旧事存真》（第二辑），北京：北京古籍出版社，1992 年

北京城历史沿革简表

注：1. 此表只限北京城的历史沿革，不包括北京市的其他区域。

2. 带"*"号者为学术研究成果。

3. 表中所言"治"即首府所在地。

4. 表中所列年代是北京城纳入该王朝的年代，而非该王朝的起讫年代。

朝代	年代	城名	城邑属性	备注
商	*最晚始于公元前1300~前1200年	蓟	黄帝后人的"蓟国"都邑	*蓟城最晚始建于商王盘庚至武丁时期
两周	公元前1045（武王伐纣灭商）~前226年	蓟燕都	*西周中期以前是黄帝后人的蓟国国都城 *西周中晚期之交（公元前860年左右）燕国都城迁蓟城，此后延续到公元前226年	春秋早期燕桓侯曾由蓟城短暂迁都临易，此后回迁蓟城
秦	公元前226~前209年	蓟	广阳郡郡治	秦始皇二十一年至秦二世元年
秦末汉初	公元前209~前202年	蓟	韩广、臧荼燕国国都	秦二世元年至汉高祖五年
西汉	公元前202~公元8年	蓟	燕国、广阳国国都 燕郡、广阳郡郡治	西汉时期蓟城为诸侯国国都长达198年，属于郡治仅十余年
王莽	9~23年	蓟	广有郡郡治	
东汉	25~220年	蓟	幽州州治、广阳郡郡治 一度划归上谷郡（37~96年）	东汉一头一尾曾短暂建立封国，以蓟为都，其他为州郡府治

续表

朝代	年代	城名	城邑属性	备注
三国魏	220～265年	蓟	幽州州治、燕郡郡治 燕国国都（232～265年）	曹魏灭蜀后，蜀后主刘禅封为安乐县公，地在今顺义
西晋	265～317年	蓟	幽州州治 燕国国都（265～302年）	幽州初治涿（河北涿州），后治蓟
十六国	约304～439年	蓟	后赵幽州州治、燕郡郡治 前燕都城及州郡治所 前秦幽州州治、燕郡郡治 后燕燕郡郡治，设行台于蓟	与十六国并存的是东晋王朝，建都建康（今南京），纪年317～420年
南北朝	399～589年	蓟	各政权的幽州州治及燕郡郡治 北齐增设东北道大行台 北周增设总管府	北魏在北京地区多有封王，但均为虚封，并无实权
隋	581～618年	蓟	初为幽州州治和燕郡郡治 隋炀帝废幽州为涿郡，仍治蓟	
唐	618～907年	蓟 幽州城 燕京	先后为幽州州治、范阳郡治 同时为幽州节度使、范阳节度使的驻节之地 安史之乱时为史思明大燕国国都	唐玄宗开元十八年（730年）改蓟城为幽州城 史思明建都时改幽州城为燕京（759～763年）
五代	907～938年	幽州城	幽州州治 幽州节度使节镇 幽州卢龙节度使刘守光自称大燕皇帝，建都幽州城	刘守光建都为911～913年
辽	938～1122年	南京	辽五京之一的南京 南京道首府	1012年起也称燕京 辽朝末年曾短暂建都
北宋	1123～1125年	燕京	燕山府府治，广阳郡郡治	北宋收回燕京不到三年便再度失去
金	1125～1215年	燕京 中都	燕京路首府（1125～1153年） 金朝首都（1153～1215年）	海陵王正隆六年（1161年）由中都迁汴梁，但当年金世宗再次定都中都
元	1215～1368年	燕京 大都	都行省，称燕京 （1215～1264年） 中都（1264～1272年） 国都，称大都（1272～1368年）	元大都也称汗八里
明	1368～1644年	北平 北京 京师	北平府府治（1368～1403年） 燕王朱棣藩邸（1380年就藩） 国都，称北京，又称顺天府（1403～1644年）	永乐十九年（1421年）起也称京师，洪熙元年（1425年）改称行在，后复称北京
清	1644～1911年	北京 京师	国都 顺天府治	

N